ZHONG GUO CHENG SHI DI JIA ZHUANG KUANG

CLV

2007 中国城市地价状况

国土资源部土地利用管理司
中国土地勘测规划院

地质出版社
·北　京·

图书在版编目(CIP)数据

2007中国城市地价状况/国土资源部土地利用管理司，中国土地勘测规划院编.—北京：地质出版社，2008.5
ISBN 978-7-116-05686-2

Ⅰ.2… Ⅱ.①国…②中… Ⅲ.城市－地价－研究报告－中国－2007 Ⅳ.F299.232

中国版本图书馆CIP数据核字（2008）第067964号

责任编辑：何 蔓
责任校对：李 玫
出版发行：地质出版社
社址邮编：北京海淀区学院路31号，100083
电 话：（010）82324508(邮购部)；（010）82324580(编辑部)
网 址：http://www.gph.com.cn
电子邮箱：zbs@gph.com.cn
传 真：（010）82310759
印 刷：北京顺诚彩色印刷有限公司
开 本：889mm×1194mm 1/16
印 张：9.5
字 数：200千字
印 数：1—1400册
版 次：2008年5月北京第1版·第1次印刷
定 价：160.00元
书 号：ISBN 978-7-116-05686-2

编委会

主管部门　国土资源部土地利用管理司

实施单位　中国土地勘测规划院

协助单位

北京市国土资源局
天津市国土资源和房屋管理局
上海市房屋土地资源管理局
江苏省国土资源厅
浙江省国土资源厅
广东省国土资源厅
重庆市国土资源和房屋管理局
湖北省国土资源厅
湖南省国土资源厅
河北省国土资源厅
山西省国土资源厅
内蒙古自治区国土资源厅
辽宁省国土资源厅
吉林省国土资源厅
黑龙江省国土资源厅
安徽省国土资源厅
福建省国土资源厅
江西省国土资源厅
山东省国土资源厅
河南省国土资源厅
广西壮族自治区国土资源厅
海南省国土环境资源厅
四川省国土资源厅
贵州省国土资源厅
云南省国土资源厅
陕西省国土资源厅
甘肃省国土资源厅
青海省国土资源厅
宁夏回族自治区国土资源厅
新疆维吾尔自治区国土资源厅
南京市国土资源局
无锡市国土资源局
常州市国土资源局
苏州市国土资源局
南通市国土资源局
扬州市国土资源局
杭州市国土资源局
宁波市国土资源局
温州市国土资源局
嘉兴市国土资源局
湖州市国土资源局
绍兴市国土资源局
广州市国土资源和房屋管理局
深圳市国土资源和房产管理局
珠海市国土资源局
佛山市国土资源局
佛山市国土资源局顺德分局
佛山市国土资源局南海分局
东莞市国土资源局
中山市国土资源局
武汉市国土资源局
长沙市国土资源局
石家庄市国土资源局
秦皇岛市国土资源局
太原市国土资源局
呼和浩特市国土资源局
沈阳市规划和国土资源局
大连市国土资源和房屋局
长春市国土资源局
哈尔滨市国土资源局
合肥市国土资源局
芜湖市国土资源局
福州市国土资源局
厦门市国土资源与房产管理局
南昌市国土资源局
济南市国土资源局
青岛市国土资源和房屋管理局
郑州市国土资源局

南宁市国土资源局
海口市国土资源局
成都市国土资源局
贵阳市国土资源局
昆明市国土资源局
西安市国土资源和房屋管理局
兰州市规划国土资源局
西宁市国土资源局
银川市规划和国土资源局
乌鲁木齐市国土资源局

北京首佳房地产评估有限公司
天津市地籍管理中心
上海房地产估价师事务所有限公司
江苏金宁达不动产评估咨询有限公司
常州市土地交易市场
苏州天元不动产咨询评估有限公司
南通市土地市场服务中心
扬州市地价所
杭州信诚地产评估咨询有限公司
宁波远东不动产评估有限公司
温州市东瓯土地价格评估事务所有限公司
嘉兴市广远土地评估有限公司
湖州兴源地产评估咨询有限公司
绍兴市土地交易中心
广州市房地产估价管理所
深圳市房地产估价中心
广东思远土地房地产评估咨询有限公司
北京中土源房地产评估有限公司
佛山市顺德区中毅土地与房地产评估有限公司
佛山市南海恒邦土地房地产评估有限公司
东莞市望安地产估价有限公司
中山置信土地房地产估价有限公司
重庆金地房地产土地资产评估有限公司

武汉市土地交易中心
长沙永信评估咨询有限责任公司
河北师范大学
秦皇岛市土地收购储备交易中心
山西原源地产评估咨询有限公司
内蒙古自治区土地勘测规划院
沈阳市地产咨询评估中心
大连天石不动产顾问有限公司
长春众维房地产评估咨询有限责任公司
哈尔滨国源土地房地产估价有限公司
合肥金土地咨询评估有限责任公司
安徽新天地不动产评估有限公司
福建师范大学 福州市土地矿产交易中心
厦门市大学资产评估有限公司
南昌正信不动产估价咨询有限公司
山东师范大学
青岛衡元德地产评估策划有限责任公司
郑州豫华土地评估咨询有限公司
南宁市国土资源信息中心
海口市土地储备整理中心
四川大成房地产土地评估有限公司
贵州天辰黔地不动产咨询有限公司
昆明超凡地价评估咨询有限公司
陕西华地房地产估价咨询有限公司
兰州市土地评估研究所
西宁市土地估价事务所
宁夏博源估价师事务所（有限公司）
新疆国地不动产评估有限责任公司

目 次

CONTENTS

01 部分 全国主要城市地价总体状况

02 部分 重点区域城市地价总体状况

03 部分 各重点城市地价整体状况

04 部分 附 录

前言

FORWORD

城市地价是城市土地市场信息的核心指标，是反映城市土地资源配置状况的重要信号，也是反映整个宏观市场经济环境的重要指标。为了适时和准确地观测了解城市土地市场状况，满足国土资源参与宏观调控的战略需求，从1999年开始，国家通过新一轮国土资源大调查项目在全国主要城市和重点地区的城市部署了地价调查工作，并从2001年起将工作重点逐步转移到对全国重点城市和重点地区城市的地价状况进行日常监测，加强对城市地价动态变化进行宏观分析，以及向社会提供客观、系统的地价信息的目标上，并建立了国家级的城市地价动态监测系统。

根据国土资源大调查实施纲要的统一部署，全国城市地价动态监测由国土资源部土地利用管理司负责专项计划管理，中国土地勘测规划院负责组织实施。八年来，组织了全国各级国土资源管理部门、科研院所、中介机构、专业公司共200余家作为项目承担单位，共有3000余名专业技术人员参与了城市地价动态监测的基础建设工作。一是对城市土地级别与基准地价进行全面调整和更新；二是在全国60多个城市建立了7800多个城市地价监测点；三是开发建设和运行城市地价动态监测系统，全国城市地价动态监测系统工作正逐步规范化和制度化。

国家级城市地价动态监测主要对全国主要城市和重点地区城市的地价状况进行宏观监测。2007年度城市地价监测的对象重点为全国各省会城市、直辖市和包括长江三角洲地区、珠江三角洲地区、京津地区及长江流域等重点地区的城市地价状况。在今后的发展中，将逐步扩大监测范围，特别是增加对一些重要经济区域的城市地价状况的监测。

国家级城市地价动态监测的主要内容包括四个方面，一是全国大城市和重点地区城市的地价水平总体状况；二是全国大城市和重点地区城市的地价变化的总体趋势；三是全国大城市和重点地区城市的地价的空间结构特征；四是全国大城市和重点地区城市的城市地价与市场及经济环境协调性等。

为全面系统地反映全国城市地价状况，城市地价动态监测实行季度和年度报告制度，本书为2007年全国城市地价动态监测的年度报告。国土资源部土地利用管理司为城市地价动态监测工作的行政主管单位，中国土地勘测规划院负责组织实施和监测技术分析，并组织完成监测报告的编写。本书总体统稿工作由城市地价动态监测分析组完成，各章节初稿编写人员分工如下：前言和概述：中国土地勘测规划院地价动态监测分析组；第一部分：朱道林、李楠、古丽；第二部分：吕萍、甄辉、钟和曦(2007年京津地区城市地价动态监测报告)，朱道林、古丽、李楠(2007年长江三角洲地区城市地价动态监测报告)，林坚、李晓瑭、黄斐玫、张书海、陈辰(2007年珠江三角洲地区城市地价动态监测报告)，王秀兰、陈华飞(2007年长江流域城市地价动态监测报告)；第三部分：中国土地勘测规划院地价动态监测分析组；第四部分：蒋立红、邓医杰、吴涛、郑小凡(2007年我国城市地价与房价关系专题报告)，俞明轩、高丹、周亚楠(2007年我国城市房地产租价比专题报告)。

编者

2008年5月

概 | 述

INTRODUCTION

一、监测范围

2007 年全国城市地价监测的范围如下：

一是全国主要大城市，具体包括各省会、自治区首府所在城市、直辖市及计划单列市。主要包括：北京、天津、石家庄、太原、呼和浩特、沈阳、大连、长春、哈尔滨、上海、南京、杭州、宁波、合肥、福州、厦门、南昌、济南、青岛、郑州、武汉、长沙、广州、深圳、南宁、海口、重庆、成都、贵阳、昆明、西安、兰州、西宁、银川、乌鲁木齐等城市。

二是重点区域的城市，主要包括京津、长江三角洲、珠江三角洲和长江流域地区。其中，京津地区主要选择的城市有北京、天津；长江三角洲主要选择的城市有上海、南京、杭州、湖州、常州、嘉兴、南通、无锡、苏州、扬州、温州、芜湖等城市，珠江三角洲地区主要选择的城市有广州、深圳、佛山、中山、东莞、珠海等城市，长江流域主要选择的城市有上海、南京、合肥、南昌、武汉、长沙、重庆、成都、昆明、芜湖等城市。

为了分析的需要和方便，在地价监测中以经济发展状况为主要因素，以省级行政区域为基础，根据城市地价总体水平等具体情况，将全国划分为东南、中南、西南、华北、西北、东北六个监测区域。其中：东南区域包括上海、浙江、福建、江苏、广东、海南等省市的大城市；中南区域包括江西、安徽、湖北、湖南、重庆等省市的大城市；西南区域包括云南、贵州、广西、四川、陕西等省市的大城市；华北区域包括河北、河南、山东、北京、天津等省市的大城市；西北区域包括西藏、青海、新疆、内蒙古、山西、甘肃、宁夏等省市的大城市；东北区域包括辽宁、黑龙江、吉林等省市的大城市。

二、监测时段

2007 年度城市地价监测时段为 2007 年 1 月 1 日至 2007 年 12 月 31 日。

三、监测数据来源

按照城市地价监测技术规范，2007 年度城市地价监测的数据主要通过市场调查的方式获得，具体分为三大部分，一是监测点的地价数据，在监测点体系的基础上通过市场调查和评估的方式获得；二是土地市场的交易地价数据，通过调查土地买卖价格获得；三是与地价相关的其他数据，主要来源于有关统计资料。

城市地价监测数据由各城市的承担地价监测任务的有关机构采集和提供。

四、地价监测指标体系

根据城市地价监测技术规范和地价监测系统建设运行的实际情况，2007年度全国城市地价监测的指标有：①地价平均值，主要反映地价水平状况；②地价增长率及地价指数，主要反映地价变化状况；③土地供需指标、房屋供需指标、房屋指数等，主要反映地价与房地产市场协调度；④经济增长率、固定资产投资指标等相关指标，主要反映地价与宏观经济的协调度。

五、重要概念解释

⑴地价。地价指正常市场条件下土地使用权价格。本报告所称地价指的是城市整体地价，而不是指具体交易地价或者是城市局部地区地价。

⑵地价水平值。地价水平值是反映地价水平高低的指标，采用平均地价表示。值得说明的是，由于地价水平值所对应的是区域性的土地区位和土地使用条件，主要用来衡量整体地价水平的高低，具有很强的宏观性指标意义。本报告所称地价水平值分为地价综合水平值、商业地价水平值、居住地价水平值和工业地价水平值四种。其中，地价综合水平值不是指综合用途土地的价格水平值，而是三种不同用途地价水平值的平均处理值。

⑶地价增长率。地价增长率是反映地价水平同期增长程度的指标，通过本年度（监测年）与上一年度同期地价水平变化比较计算得到。

⑷监测点地价。监测点地价是指为城市地价动态监测设立的各个监测点的土地价格水平值，通过评估方式取得，是一种技术性的地价。

⑸总体、整体、综合。本报告中，“总体”一般描述一个地区各个城市的平均状况，如“全国总体地价水平值”指反映全国范围各城市的地价水平值；“整体”一般描述某一城市或城市内某一区片的地价平均状况，如“北京市整体地价水平值”指反映北京市范围的地价水平值；“综合”一般描述同一城市或地区的不同用途土地的平均状况，如“地价综合水平值”指不同用途地价平均值的综合。

特别说明：本报告所有数据及结论都基于城市地价监测系统的调查分析技术体系，任何解释都须在此基础上进行。本报告的解释权为全国城市地价动态监测项目组。

01 部分 | 全国主要城市地价总体状况

一、2007 年我国主要城市地价状况分析

（一）地价总体水平

全国总体地价水平增长较快，涨幅明显高于 2006 年。2007 年全国主要城市总体综合地价水平值为 1751 元／平方米，综合地价增长率为 13.37%，与 2006 年 5.19% 的平均综合地价增长率相比，上涨了 8.18 个百分点，增长速度明显高于 2006 年。其中，商业用地平均地价为 2742 元／平方米，增长率为 10.53%，增长率同比上升了 5.91 个百分点；居住用地平均地价为 1941 元／平方米，平均增长率为 15.44%，增长率同比上升了 9.17 个百分点；工业用地平均地价为 561 元／平方米，平均增长率为 15.77%，增长率同比上升了 12.48 个百分点。商业、居住、工业用地平均地价增长幅度均明显高于 2006 年，其中工业用地平均地价增长幅度最为明显（图 1-1-1）。

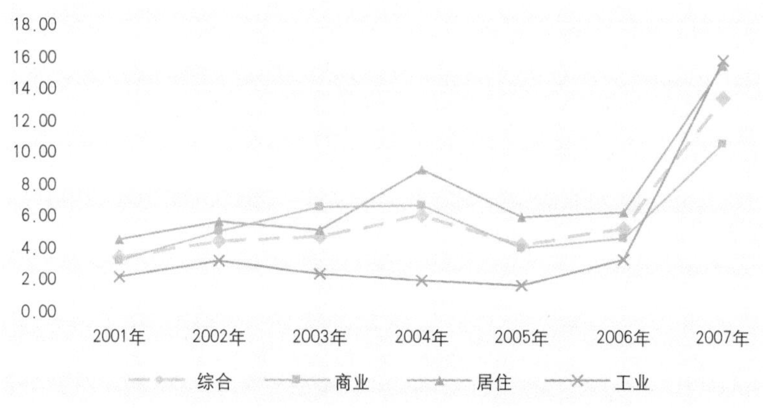

图1-1-1　2001～2007年全国主要城市平均综合地价增长率（%）比较

（二）区域监测结果

全国各区域城市地价水平中，东南区城市地价水平值高于全国平均水平；中南区、东南区、东北区地价增长率高于全国平均水平；西北区的平均地价水平值和增长率均为全国最低（图1-1-2）。

各区域城市平均地价水平由高到低依次是东南区、华北区、西南区、东北区、中南区、西北区，其平均综合地价水平分别为3023元／平方米、1957元／平方米、1635元／平方米、1523元／平方米、1324元／平方米、881元／平方米，其中，东南区和华北区的城市地价高于1751元／平方米的全国平均水平，其他区域均低于全国平均水平。从地价的区域分布来看，从东南到西北，各区域城市地价水平由高到低呈阶梯状分布，各区域城市平均地价水平序位与2006年保持一致。

从不同区域的地价增长率变化情况分析，2007年中南区是全国地价增长率最高的区域，达到17.78%，其中重庆市综合地价增长率最高，达到34.71%，主要体现为居住用地价格涨幅较高，其次为长沙市、南昌市、合肥市，增长率分别为16.05%、15.30%和15.03%，均在15.00%之上；西北区的地价增长率最低，为6.02%，不到全国平均地价增长率13.37%的一半。总体来看，2007年全国不同区域地价增长率的差距较大，最高的中南区几乎是最低的西北区的三倍，二者之间相差了11.76个百分点。

此外，东南区和东北区的地价增长率相近，分别为16.08%和15.52%，仅低于中南区，高于全国平均地价增长率。东南区的厦门市、宁波市、海口市、深圳市、福州市、广州市地价增长率较高，分别为31.79%、24.60%、20.15%、18.23%、18.08%和15.04%，均在15.00%之上；上海市、杭州市和南京市的地价增长率较低，分别为4.25%、5.67%和6.87%，体现区域中心城市土地市场发展进入成熟期；东北区的长春市2007年城市地价异军突起，呈现巨幅增长，主要体现在工业用地，其次为居住用地，城市综合、商业、居住、工业地价增长率分别为39.83%、19.54%、40.48%和71.80%，其各类用途地价水平值均为区域内最高，沈阳市、哈尔滨市、大连市的地价增长率相对较小，分别为6.56%、9.70%和6.00%。

西南区和华北区的地价增长率均低于全国平均水平，分别为9.24%和9.06%。西南区的昆明市地价涨幅较大，主要体现在商业和居住用地，城市综合、商业、居住、工业地价增长率分别为44.71%、57.02%、45.92%和8.45%，但其地价水平值除工业用地外，综合、商业、居住用地仍为区域内最低；仅次于昆明市的是贵阳市，其地价增长率为13.02%；南宁市、成都市、西安市相对较低，其地价增长率分别为7.87%、8.80%和7.28%。华北区中，北京市各用途地价涨幅均为区域最高，城市综合、商业、居住、工业地价增长率分别为22.93%、19.54%、28.14%和20.71%；其次是天津市、郑州市、青岛市，城市综合地价增长率分别为10.83%、8.57%和6.71%；石家庄市和济南市相对较小，地价增长率分别为2.14%和3.20%（表1-1-1）。

表1-1-1　2007年全国分区域不同用途地价增长率及地价水平值

各区域	地价增长率/%				地价水平值/元·平方米			
	综合	商业	居住	工业	综合	商业	居住	工业
全国	13.37	10.53	15.44	15.77	1751	2742	1941	561
东南区	16.08	11.04	19.07	20.90	3023	4464	3584	662
中南区	17.78	10.93	19.25	24.31	1324	2159	1430	545
西南区	9.24	8.90	12.10	6.86	1635	2910	1598	482
华北区	9.06	8.55	10.66	6.85	1957	3084	2118	681
西北区	6.02	6.07	8.29	5.86	881	1287	932	478
东北区	15.52	8.54	16.10	32.59	1523	2162	1837	521

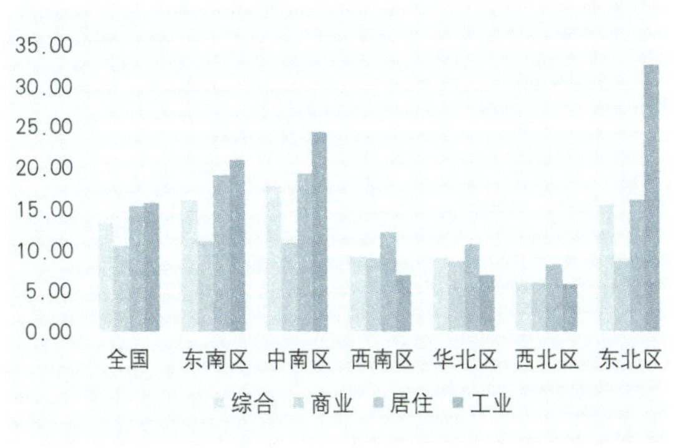

图1-1-2　2007年全国分区域不同用途地价增长率（%）比较

（三）三大重点区域地价变化

重点区域的地价变化情况分析表明，长江三角洲地区综合地价水平最高、增长率最低；京津地区和珠江三角洲地区综合地价增长率水平相当，但珠江三角洲地区商业用途地价水平值仍明显低于其他两个重点区域。

从地价水平来看，三大重点区域的综合地价水平均高于1751元/平方米的全国平均水平。长江三角洲地区综合地价水平在三个重点区域内最高，为3903元/平方米；京津地区次之，为3172元/平方米；珠江三角洲地区相对最低，为2655元/平方米，三个区域就综合地价水平值而言，彼此间都存在一定的差距。2007年长江三角洲、珠江三角洲和京津地区的商业地价水平分别为6786元/平方米、3214元/平方米和5416元/平方米，居住地价水平分别为4441元/平方米、3587元/平方米和3351元/平方米，商业和居住地价水平值均远高于全国平均水平2742元/平方米和1941元/平方米；三个重点区域工业地价水平分别为696元/平方米、724元/平方米、737元/平方米，比全国平均水平561元/平方米高出24.00%以上。

从地价增长率来看，长江三角洲地区城市综合地价增长率最低，为5.60%，远低于全国13.37%的平均水平，但较2006年同比上升了3.75个百分点，在2007年全国地价快速增长的大背景下是三大重点区域中地价增长率最小、地价最趋于稳定的地区。2007年珠江三角洲和京津地区各类用途地价增长率均超过了10%，珠江三角洲地区的综合地价增长率为16.64%，较2006年增加了2.69个百分点，其中广州市和深圳市的综合地价增长率分别为15.04%和18.23%，综合地价水平分别为3394元/平方米和1875元/平方米，均低于上海、杭州、南京和北京市的综合地价水平3789元/平方米、3908元/平方米、4012元/平方米和4469元/平方米；京津地区的综合地价增长率为16.88%，较2006年增加了11.26个百分点，是三大重点区域中增幅最大的（表1–1–2；图1–1–3）。

表1–1–2　2007年重点地区不同用途地价增长率及地价水平值

各区域	地价增长率/%				地价水平值/元·平方米			
	综合	商业	居住	工业	综合	商业	居住	工业
全国	13.37	10.53	15.44	15.77	1751	2742	1941	561
京津地区	16.88	15.43	19.44	14.44	3172	5416	3351	737
珠江三角洲	16.64	11.77	13.60	18.65	2655	3214	3587	724
长江三角洲	5.60	5.45	7.60	4.00	3903	6786	4441	696

数据说明：重点地区平均水平为地区内超大城市的平均值。

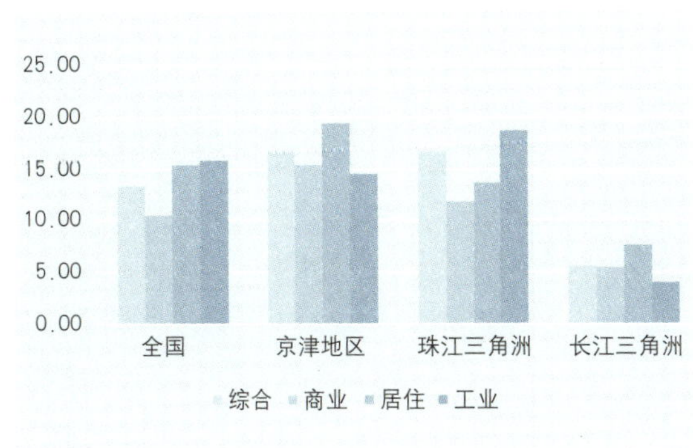

图1-1-3　2007年重点区域不同用途地价增长率（%）比较

（四）全国城市地价增长率变化

各监测城市地价普遍大幅增长，绝大部分城市地价增长率均高于甚至远高于2006年同期水平。

2007年全国51个监测城市中，综合地价增长率在10%以上的有30个城市，占全部监测城市的近三分之二。地价增长率较高的10个城市分别为：昆明市44.71%，长春市39.83%，东莞38.73%，佛山市禅城区36.31%，重庆市34.71%，厦门市31.79%，佛山市南海区30.13%，芜湖29.38%，温州29.10%，秦皇岛26.20%。这些城市的综合地价增长率均在25%以上，大多是由于居住、工业用地价格涨幅较大所致。增长率相对较低的10个城市分别为：大连市6.00%，嘉兴市5.78%，杭州市5.67%，西宁市5.20%，上海市4.25%，济南市3.20%，乌鲁木齐市3.01%，石家庄市2.14%，呼和浩特市2.00%，兰州市1.15%，这些城市的综合地价增长率在6%以下。往年地价增长率较高的城市主要集中在东部和南部地区规模较大、经济发展较快的城市，而2007年这一规律并不明显。

2007年，有36个监测城市综合地价增长率高于2006年，占全部51个监测城市的70%，其中涨幅提高超过10%的城市达到14个，地价增长率有较大幅度提高的城市基本与地价增长率较高的城市分布保持一致。值得注意的是，在地价增长率相比2006年变化不大的城市中，厦门市、福州市、广州市、长沙市、深圳市、中山市、佛山市顺德区等城市保持了连续两年的高增长率，2006、2007年这些城市的综合地价增长率均在10%之上，厦门市由于外销房比例较高，甚至连续两年超过30%。

直辖市和重点区域主要中心城市中，长江三角洲地区的上海市、南京市、杭州市综合地价增长幅度相对较小，综合地价增长率分别为4.25%、6.87%、5.67%，北京市、天津市、重庆市、深圳市、广州市的地价增长率均在10%以上，由高到低依次为：重庆市34.71%，北京市22.93%，深圳市18.23%，广州市15.04%，天津市10.83%。上述8个城市的综合地价增长率均比2006年有所提高，重庆市的上涨幅度最为明显，比2006年高出31.56个百分点，其次是北京市，比2006年高出14.76个百分点。此外，深圳市的商业用地和广州市的工业用地地价增长率分别比2006年同期提高了16.74和17.93个百分点，增长较快。

（五）全国分用途地价增长率变化

从不同用途地价变化情况看，工业地价增长率最高，居住地价增长率次之，商业地价增长率最低；与2006年相比，商业、居住和工业地价增长率均明显提高，工业地价涨幅稍高于居住地价涨幅。

从近四年来地价增长率变化情况来看，2007年是各种用途地价增长最快、变化最为明显的一年，三种用途的地价增长率都超过了10%，工业用地的增长速度超过了商业和居住用地，增长率已经接近2006年的5倍，商业、居住地价增长率也超过2006年的2倍（图1-1-4）。

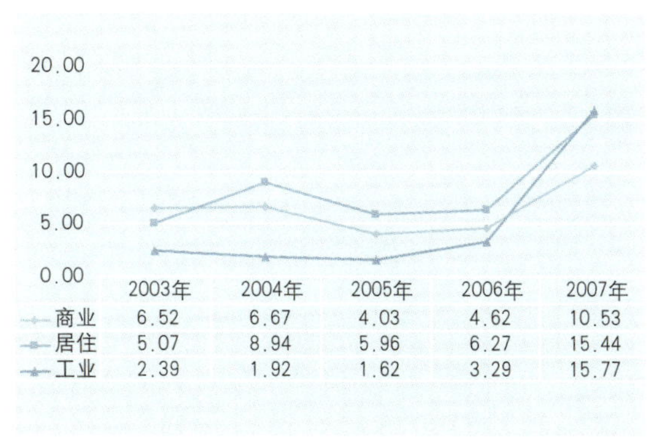

	2003年	2004年	2005年	2006年	2007年
商业	6.52	6.67	4.03	4.62	10.53
居住	5.07	8.94	5.96	6.27	15.44
工业	2.39	1.92	1.62	3.29	15.77

图1-1-4　全国2003～2007年分用途地价增长率（%）比较

三个重点区域中，长江三角洲地区各用途地价增长率均为最低，三种用途增长率均不超过 10%，商业、居住、工业地价增长率分别为 5.45%、7.60% 和 4.00%；京津地区与珠江三角洲地区涨幅均较高，三种用途增长率在 15% 左右。

全国六个分区中，商业地价增长率东南地区最高，为 11.04%，西北地区最低，为 6.07%，各个区域间相差不大；居住地价增长率以东南区和中南区为高，分别为 19.07% 和 19.25%，西北地区最低为 8.29%；工业地价增长率各区存在明显差异，东北区最高为 32.59%，东南区和中南区也分别为 20.90% 和 24.31%，而西南、华北、西北三个区则在 6.00% 左右。因此，2007 年全国六个分区中居住用地和工业用地价格增长差别明显，但总体而言各用途地价增长幅度均高于 2006 年水平。

（六）全国主要城市各季度地价增长率变化

全国主要城市四个季度平均地价增长率总体呈现前三季度逐季度上升、第四季度涨幅回落的趋势，东南区、西南区和华北区稍有差异。

2007 年全国主要城市平均地价水平季度环比增长率为 2.56%。其中，第一、二、三、四季度的地价增长率依次为 1.56%、1.71%、3.75% 和 3.21%，第三、四季度增长加快。

在全国六个分区中，中南区、西北区和东北区的综合地价季度环比增长率变化趋势与全国增长率季度变化趋势相同，均为前三季度环比增长率逐季度上涨，第四季度有所回落；西南区和华北区则属于地价增长率逐季度上涨，东南区第二季度地价涨幅低于第一季度，第三、四季度涨幅回升（图 1-1-5）。总体来看，全国及各区地价增长率呈现出第三季度地价增长率明显高于前两个季度，东北区和中南区表现最明显。

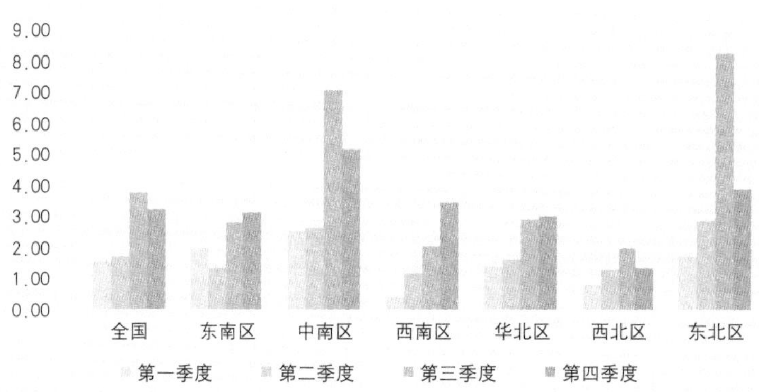

图1-1-5　全国及各分区综合地价季度环比增长率（%）

二、2007年我国城市地价与房地产市场的关系分析

（一）住宅价格和居住用地价格仍呈现快速增长趋势

2001年以来，我国的地价和房价都呈逐步上涨的趋势。根据搜房研究院发布的数据，2007年全国平均商品房销售价格为3885元，增长率为15.38%，高出全国13.37%的平均地价增长率2.01个百分点，见表1-2-1。

表1-2-1　全国综合地价与商品房销售价格的平均增长率

年份	综合地价 元·平方米	地价增长率 %	商品房销售价格 元·平方米	房价增长率 %
2001	1033		2170	
2002	1078	4.39	2250	3.69
2003	1129	4.68	2359	4.84
2004	1198	6.08	2778	17.76
2005	1468	4.20	3168	14.04
2006	1544	5.19	3367	6.28
2007	1751	13.37	3885	15.38

数据来源：城市地价动态监测资料、《中国统计年鉴》、搜房研究院数据。

数据说明：因测算方法不同，地价监测点所属区段、级别有异，2005～2007年地价水平值测算结果与2001～2004年不具有可比性。2007年商品房销售价格采用搜房研究院数据，2001～2006年商品房销售价格采用中国统计年鉴数据。

从统计数据来看，2007年我国综合地价和商品房销售价格的增长率都比2006年有明显的提高，是近年来商品房销售价格和综合地价涨幅最高的一年，即商品房销售价格增长率提高了约9个百分点，综合地价增长率提高了约8个百分点，商品房销售价格增长率高于综合地价增长率。2006年、2007年我国综合地价和商品房销售价格的增长率与2004年、2005年相比，一个最明显的特征就是综合地价增长率和商品房销售价格增长率基本趋于一致。

2007年虽为房地产市场调控政策的落实年，但逐步落实的宏观调控政策效果显现需要一定的时间。根据国家统计局数据，2007年内房地产市场仍存在旺盛的需求，房地产投资过热并没有得到缓解。2007年，全国商品住宅竣工面积同比增长5.00%，比2006年提高5.80个百分点；销售面积同比增长24.70%，比2006年提高11.60个百分点。与此同时，商品住房空置面积继续下降，同比下降16.60%，降幅较上年加快8.60个百分点；在房地产投资上，2007年全国完成房地产开发投资25280亿元，同比增长30.20%，比2006年提高

8.40 个百分点。其中，商品住宅投资 18010 亿元，同比增长 32.10%，比 2006 年提高 6.80 个百分点；办公楼投资 1037 亿元，同比增长 11.70%，比 2006 年下降 9.30 个百分点；商业营业用房投资 2776 亿元，同比增长 17.90%，比 2006 年提高 2.90 个百分点；其他投资 3457 亿元，同比增长 38.10%，比 2006 年提高 26.70 个百分点。总体来看，房地产开发投资在快速增长，但需求大于供给，房地产市场仍存在着结构性供求矛盾。

（二）土地供应总量大幅增加，招拍挂出让面积和居住用地供应所占比例均大幅提高，出让均价提高明显

根据 2007 年全国土地市均动态监测分析报告，2007 年全国土地供应总量比 2006 年增幅明显。其中，招拍挂出让面积比 2006 年有较大增长，招拍挂出让占出让总面积比 2006 年也有所提高。同时，全国房地产开发用地供应总量增加，居住用地比例提高；出让价款大幅增加，出让均价上涨明显。其中，招拍挂出让平均价款增长率高于 13.37% 的同期全国主要城市总体综合地价增长率。

（三）房地产市场受到多方因素综合影响，房价增长与地价增长步调存在差异

除了强劲的需求导致房价持续上涨外，2007 年房价走高的因素还包括钢材、水泥等建筑材料价格在不断上升、土地开发成本上涨、市场上存在着对住房价格继续上涨的预期等原因。虽然房价与地价密切相关，且总体上两者增长方向相同，但由于影响因素的不尽相同，其在各自市场的表现也存在差异。

以东部城市北京、天津、上海、南京、杭州、广州、深圳，中部城市武汉、长沙、南昌，以及西部城市重庆、成都、西安 13 个城市为例。2007 年这 13 个城市的综合地价平均增长率为 13.37%，商品房价格平均增长率为 22.94%，分别比 2006 年高 6.70 和 7.40 个百分点。可以看出，13 个城市的商品房价格平均增长率持续高于综合地价平均增长率，且商品房价格平均增长幅度较大。与全国总体的平均水平相比较，13 个城市的综合地价平均增长率与全国相同，而商品房价格平均增长率高出全国 7.60 个百分点。西安市、南昌市和重庆市的综合地价增长率高于商品房价格增长率，其他 10 个城市综

合地价增长率低于商品房价格增长率，综合地价的变化率和商品房价格的变化率在城市之间差别较大，且变化的协调性较差（图1-2-1）。

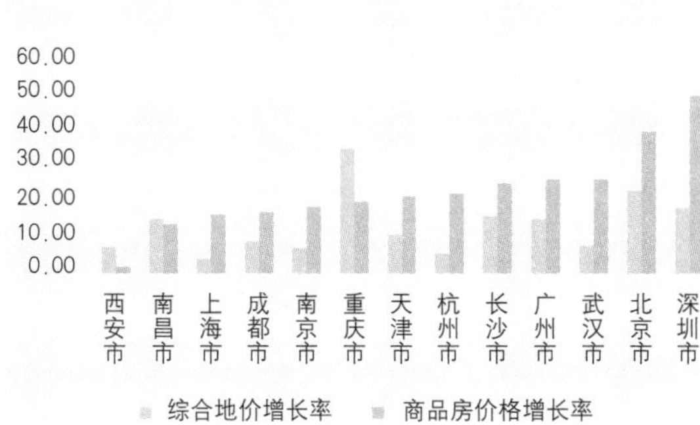

图1-2-1　典型城市房屋价格与综合地价增长率（%）

数据来源：城市地价动态监测资料、《中国统计年鉴》、搜房研究院数据。

从2007年10月份开始，随着央行第五次加息、第二套住房首付提高、物业税试点等一系列政策的效力在房地产市场的显现，一些城市房地产成交量缩减，价格开始下降。沈阳、南昌、昆明等城市11月、12月房地产价格销售与上月环比增长率出现了负值，说明房价有所下降，而这些城市第四季度居住用地价格与第三季度相比仍呈增长趋势，但部分城市涨幅放缓。前期较高的房价为地价增长提供了空间。

（四）主要城市住宅租价比明显下降，住宅价格上涨体现出非理性因素；写字楼租价比略有下降，商铺租价比略有上涨，工业厂房租价比有所上涨

2007年，北京、深圳、上海、杭州、天津、青岛六大城市住宅用途房地产租价比下降幅度比较明显。究其原因，虽然房价和租金水平都在上涨，但房价上涨幅度远高于租金的上涨幅度。几大城市的写字楼房地产租价比与2006年相比略有下降，商铺租价比略有上涨，均属基本正常（表1-2-2）。北京、天津、上海三市工业厂房租价比有所提高，在工业用地最低限价实施期间仍出现租价比上涨，一方面说明通过政策措施提高出让地价以后，部分工业投资者改买为租，增加了租赁市场需求；另一方面也说明工业用地客观需求仍较突出。

表1-2-2　近年几大城市各用途房地产租价比变化情况

单位：%

近五年六大城市住宅租价比					
	2003年	2004年	2005年	2006年	2007年
北京市	7.34	6.68	6.42	6.11	4.83
深圳市	7.17	6.69	6.35	6.02	4.34
上海市	7.10	6.56	6.80	6.92	5.50
杭州市	5.00	5.34	5.74	5.96	5.28
天津市	6.59	6.04	5.87	5.94	5.11
青岛市	6.59	6.76	6.15	6.31	5.30
近三年六大城市写字楼租价比					
北京市	—		7.49	8.12	8.01
深圳市	—		7.73	7.55	7.37
上海市	—		7.78	8.23	8.1
杭州市	—		6.58	7.26	6.76
天津市	—		6.47	6.98	6.83
青岛市	—		7.51	7.39	7.14
近三年六大城市商铺租价比					
北京市	—		8.73	9.02	9.11
深圳市	—		8.96	9.13	9.19
上海市	—		8.87	9.24	9.32
杭州市	—		7.95	8.06	7.67
天津市	—		7.39	7.78	7.42
青岛市	—		8.5	8.78	8.27
近三年北京、天津、上海工业厂房租价比					
北京市	—		4.99	5.31	5.83
天津市	—		4.87	5.22	5.70
上海市	—		5.07	5.54	6.69

三、2007 年我国城市地价与社会经济发展指标关系分析

（一）全国地价水平随 GDP 同步提升，地价增长率近年来首次普遍高于 GDP 增长率

根据国家统计局发布数据，2007 年全国国内生产总值同比增长 11.40%，而全年全国主要城市综合地价增长率为 13.37%，超出 GDP 增长率 1.97 个百分点。一些经济发达城市 2007 年 GDP 涨幅高于城市地价增长率，如上海、南京、杭州三市全年的 GDP 同比涨幅分别为 13.30%、15.60% 和 14.60%，它们的综合地价增长率分别为 4.25%、6.87% 和 5.67%，三个城市的 GDP 增长幅度均大于全国 GDP 增长幅度。与 2007 年不同的是，2006 年仅有极个别城市综合地价增长率大于 GDP 增长幅度，而 2007 年则有较多城市出现这种情况。

（二）全国固定资产投资增幅缓慢下降，地价增长率虽远低于固定资产投资增长，但增速加快，各区域之间存在差异

2007 年全社会固定资产投资同比增长 24.80%，与 2006 年相比增加 0.90 个百分点，符合近几年增长率缓慢下降的总趋势，而房地产开发完成投资增长 30.20%，增速比 2006 年同期提高 8.40 个百分点，房地产开发投资持续快速走高，两者均大于全国地价总体增长率 13.37%。

分区域来看，2007 年西部、东北、中部和东部四个地区固定资产投资分别增长 28.22%、33.68%、33.63% 和 19.69%，东北地区领先。与 2006 年同期相比，除东北地区在 2006 年增长 37.37% 的高水平上回落 3.69 个百分点外，其他三个地区投资增幅均有提高，分别提高 2.35、2.01 和 0.60 个百分点。东部地区占地区合计比例为 45.66%，同比下降 2.32 个百分点，西部、东北和中部地区占比分别为 22.41%、10.91% 和 21.01%，同比分别提高 0.43、0.65 和 1.24 个百分点；东南区、中南区、西南区、华北区、西北区和东北区的平均综合地价增长率分别为 16.08%、17.78%、9.24%、9.06%、6.02% 和 15.52%，与 2006 年相比，6 个地区的平均综合地价增速均有所提高。土地价格增速目前仍低于固定资产投资增速，但增长加快，与房地产投资加快的发展趋势相一致。

四、2007年影响我国城市地价的主要因素分析

（一）我国处在城市化和工业化快速发展时期，国家宏观经济持续快速增长，城市发展对各类建设用地的需求压力是推动地价持续稳定上涨的主要因素

2007年全年国内生产总值达到246619亿元，比2006年增长11.4%，同比提高0.3个百分点，这已是我国GDP连续第5年保持两位数的高增长率；全社会固定资产投资同比增长24.8%，其中房地产开发投资完成额比2006年同期增长30.2%，社会经济发展保持在高位运行。发展中国家的基本国情及良好的经济发展态势，决定了城市化、工业化进程不断加快，经济发展带来的居民可支配收入增加、消费观念更新、家庭结构变化等，在一定时期内都将增加对土地及房地产市场的刚性需求，必然引起地价水平呈持续上升趋势。

（二）近年来房价连续快速上涨，为2007年地价大幅度上涨提供了空间

自2004年来，我国的房地产市场进入了价格快速上涨期，进入2007年以来，房价更是出现了加速上涨的趋势。快速上涨的房价给地价的提升提供了空间。根据中国统计年鉴和搜房研究院发布的商品房销售价格数据，计算得到2004～2007年历年房价的增长率，与地价监测所得各城市综合地价历年涨幅对比，可以看出商品房的涨势从2004年到2007年始终领先于综合地价格的涨幅。2005年两者的增幅均有所回落，2006年房价涨幅继续下降，地价涨幅稍有回升，2007年两者均快速上涨，从2005年开始地价的涨幅逐年提高，并在2007年出现了较大提升（图1-4-1，图1-4-2）。这说明前期拉高的房价为2007年的地价快速上涨提供了空间。

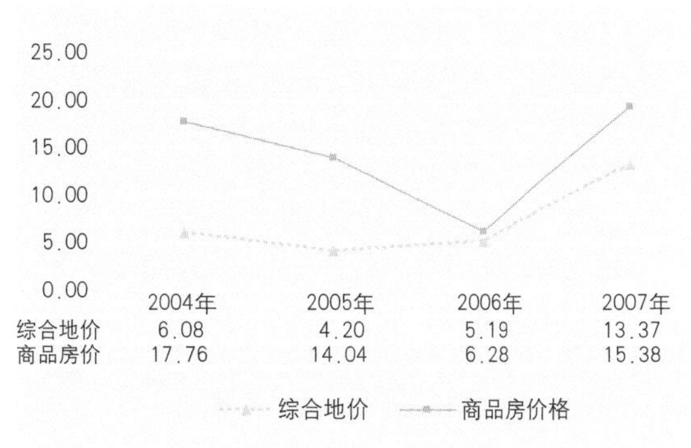

图1-4-1 全国2004～2007年商品房价格与综合地价涨幅（%）对比

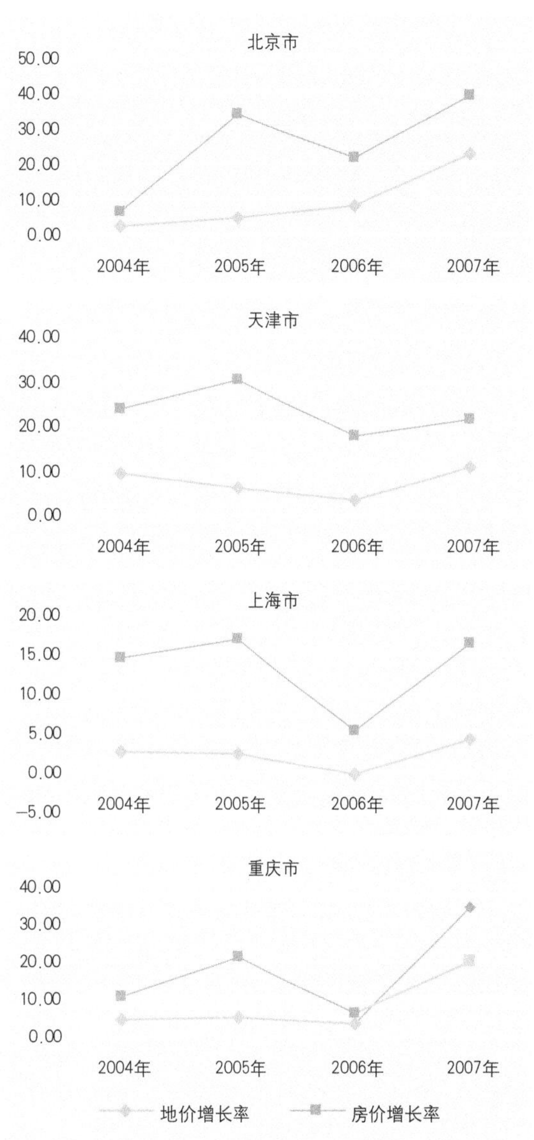

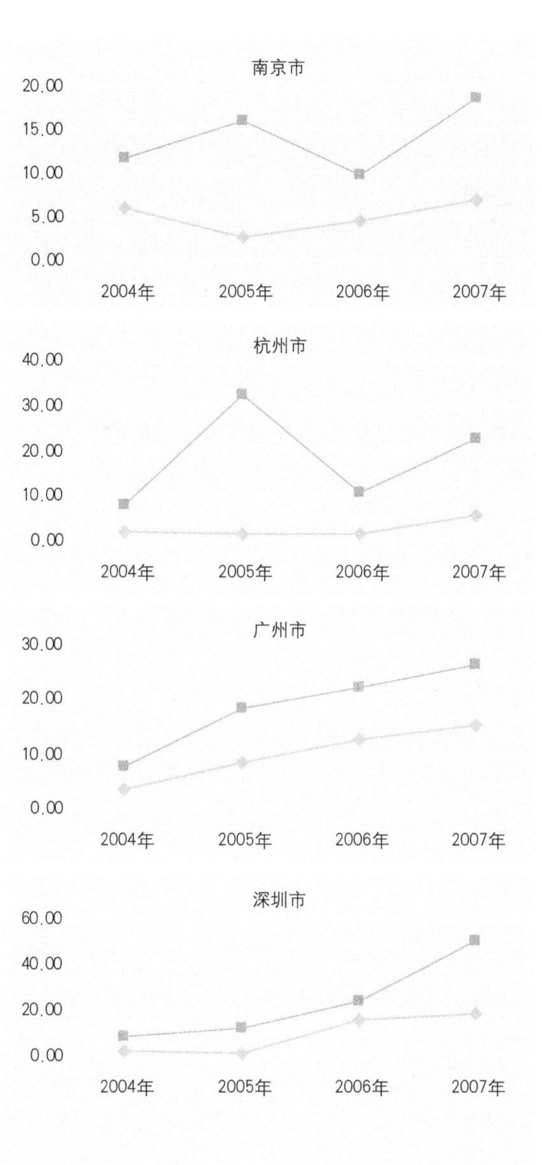

图1-4-2　八城市2004～2007年商品房价格与综合地价涨幅（%）对比

（三）股市成为房地产企业筹集资金购置土地的新渠道，上市房地产企业通过股市圈钱，形成足额资本推高地价

2007年，一方面为了保障民生，国家增加了住宅用地，特别是廉租房、经济适用房和中低价位、中小套型普通商品房用地的供应量；另一方面国家推行了从严从紧的金融、土地政策，使得房地产开发企业上市融资成为一种必然趋势。上市房地产企业通过融资获得大量资金用于购买土地，再以土地为资本在股市进一步融资，如此往复，造成

地价与股价的拉扯与互动。具体流程是：上市房地产企业到股市融资，资金充足后购置土地，造成地价不断上涨，而后投资者由于房地产业的资源稀缺性，即土地资源储备在房地产业盈利预期的特殊地位而看好地产股，上市房地产企业得以不断在金融市场上增发新股继续融资，于是地价推动股价上涨，而股价上涨带来的融资效益使得开发商有足够资本在土地市场竞逐，进而推动土地成交价格不断上涨。2007 年这一机制导致的最明显的现象即是“天价地”频现，各地“地王”记录不断被刷新等。

（四）《全国工业用地出让最低价标准》的实施显化了工业用地真实价格水平，一些地方在具体实施时，考虑到商业、居住、工业三种用途地价内在关系，在工业用地价格显化的同时也提高了商业、居住用地价格

《全国工业用地出让最低价标准》的发布实施，对抑制工业用地过度低水平扩张，提高工业用地集约利用程度，防止低价恶性竞争等方面起到了积极的作用，也直接引起了工业用地价格大幅度上涨。2007 年全国工业用地平均地价水平为 561 元 / 平方米，增长率高达 15.77%，而 2006 的工业地价增长率仅为 3.29%。监测城市中的 31 个城市工业地价增长率都在 10% 以上，最高的芜湖市达到 87.03%。值得注意的是，一些城市在实施过程中存在着理解的偏差，由于考虑到商业、居住、工业三种用途地价内在的高低关系，把这一政策看作了“提高土地价格”的信号，在实施工业用地最低限价的同时也相应提高了商业和居住用地的价格，此种做法的合理性有待进一步探讨。

五、2008年我国城市地价变化状况预测

（一）在新一轮全球农产品和原油价格上涨的大背景下，预计2008年我国通货膨胀压力加大，土地市场和房地产市场价格仍存在上涨空间

根据中国科学院预测科学研究中心发布的《2008年中国经济预测与展望》，预计2008年中国经济将依然保持平稳增长，但增速小幅回落，全年GDP将达到279348亿元，同比增长10.2%左右。根据历年地价监测规律，我国地价水平的变化在总体上与国民经济和社会发展是同步的，市场中在2007年导致房地产价格上涨的原因在2008年仍将继续存在，投资和需求都将会有新的增长。预计2008年，我国城市地价水平仍将保持上涨趋势。

（二）2008年随着住房保障体系逐步完善，房地产市场供给结构发生变化，商品房价格将进一步得到稳定，城市土地价格将由2007年的快速增长趋向平稳

《国务院关于解决城市低收入家庭住房困难的若干意见》、《廉租住房保障办法》、《经济适用住房管理办法》等一系列文件的先后出台，标志着我国政府逐渐认识到解决城市低收入家庭住房困难不能仅仅依靠市场，开始将住房保障制度明确定性为政府公共服务的一项重要职责，中国住房体制的第三次变革已然到来。大力发展保障性住房，将打破房地产市场普通商品房一家独大的供给结构，必将对持续走高的普通商品房价格起到抑制作用。同时，通过调整供地结构，保障廉租房、经济适用房以及中小户型住房的土地供应，打击开发商圈地，城市土地价格将由2007年的快速增长趋向稳定。

（三）2008年工业用地价格水平仍将是上涨走势，但整体涨幅趋缓

2007年，《全国工业用地出让最低价标准》已在全国贯彻落实，工业地价从而有了大幅上涨。各个城市也按照标准的要求重新制定了城市基准地价，在2007年，工业用地价格得到释放，价格调整基本到位。由于工业用地本身的特殊性，其受行业限制较多，同一块土地的竞争用地者相对较少，且多采用挂牌出让方式，大多以最低价水平出让。因此，在2008年工业用地价格将在2007年价格水平的基础上调整性上涨，涨幅趋稳。

02 部分 重点区域城市地价总体状况

一、2007 年京津地区城市地价动态监测报告

（一）2007 年度京津地区地价总体情况

1. 京津地区总体地价水平高于全国平均值，地价涨幅较大

2007 年，京津地区地价综合水平值为 3172 元 / 平方米，高于全国平均水平，也高于珠江三角洲地区的地价平均水平，但低于长江三角洲地区的地价平均水平（图 2–1–1）。

2007 年，京津地区城市综合地价增长率为 16.88%，与 2006 年的 5.62% 相比，涨幅上升 11.26 个百分点，比全国 13.37% 的综合地价增长率高出 3.51 个百分点。与珠江三角洲、长江三角洲地区比较，2007 年京津地区综合地价涨幅高于另外两个重点监测地区（图 2–1–2）。

2. 京津地区各类用地地价水平均有明显上升，居住用地价格涨幅最大

从 2007 年度京津地区各用途土地价格来看，商业地价水平值为 5416 元 / 平方米，高出全国商业地价水平值 97.57%；居住地价水平值为 3351 元 / 平方米，高出全国居住地价水平值 72.64%；工业地价水平值为 737 元 / 平方米，高出全国工业地价水平值 31.38%（图 2–1–3）。

2007 年京津地区平均增长率最高的是居住用地地价，为 19.44%，同比上升了 12.89 个百分点；工业用地地价平均增长率为 14.44%，同比上升 10.4 个百分点；商业地价平均增长率为 15.43%，同比上升 10.13 个百分点（图 2–1–4）。

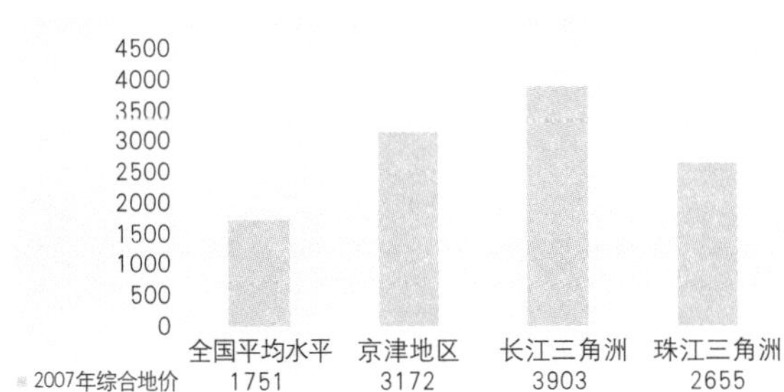

图2-1-1 2007年各地区综合地价水平（元/平方米）比较

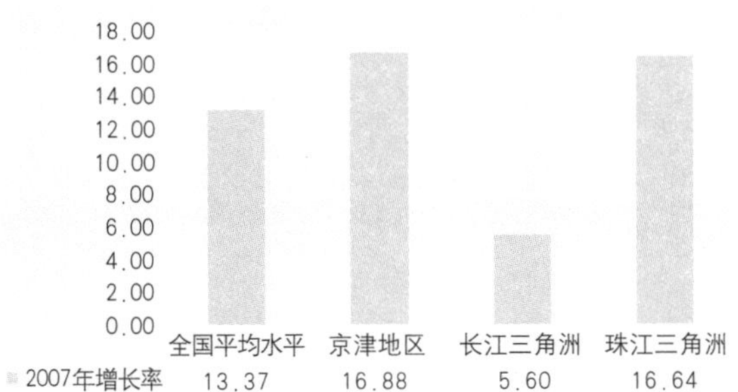

图2-1-2 2007年各地区综合地价增长率（%）比较

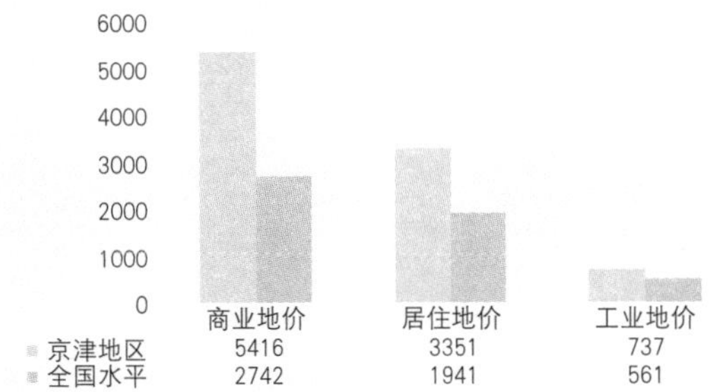

图2-1-3 2007年京津地区各类用地地价与全国水平（元/平方米）比较

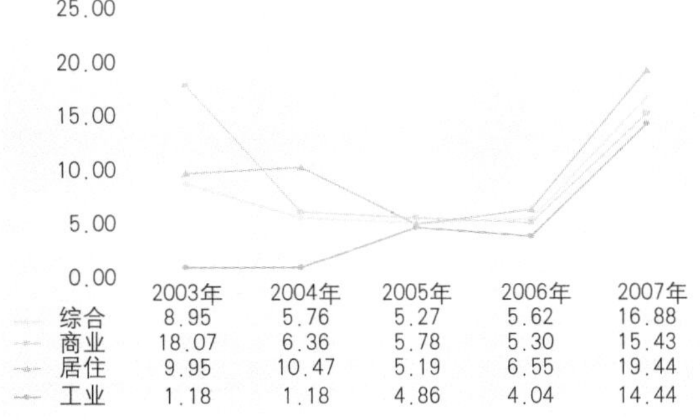

图2-1-4 近5年来京津地区各类用地平均地价增长率（%）比较

3. 京津地区各季度地价持续上涨，第四季度涨幅回落

2007年京津地区各季度的综合地价环比增长率分别为2.94%，2.92%，5.78%和4.27%。第一、二季度增长速度相对较低，且第二季度比第一季度出现了小幅下滑；第三季度和第四季度的增长率较高，第四季度与第三季度相比，增长率有所下降。其中，第二季度比第一季度出现小幅下滑，是与商业用地价格水平涨幅下降有关的，而第四季度与第三季度相比，各类用地的价格涨幅均有所降低（图2-1-5）。

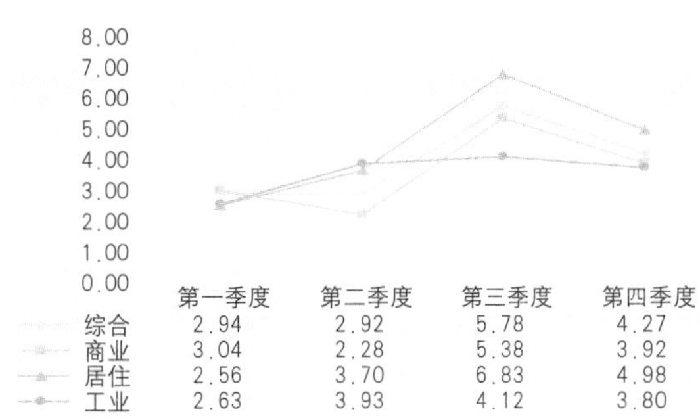

图2-1-5 2007年各季度京津地区地价增长率（%）变化趋势

4. 京津两市地价水平存在差异，北京市地价水平及增长率均高于天津市

2007年京津两市的地价水平存在较大差距，其中北京市的综合地价水平值较高，达到4469元/平方米；综合地价增长率为22.93%，与2006年相比增长了14.76个百分点，在全国属于增长比较快的城市。天津市的综合地价水平值比北京市低，处在全国其他监测城市的中上游，为2031元/平方米；综合地价增长率为10.83%，与2006年相比增加了7.77个百分点，低于全国平均水平（图2-1-6）。

从各类型用地价格来看，2007年北京市的商业、居住、工业用地价格均高于天津市，并且各类型地价增长率都超过天津市同类用地价格涨幅，其中，居住类用地价格涨幅差距最大，达到17.40个百分点（图2-1-7）。

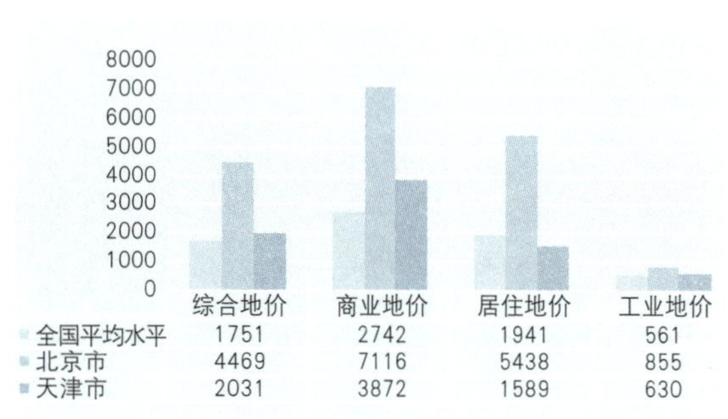

图2-1-6 2007年全国、北京市、天津市各类用地地价水平（元/平方米）比较

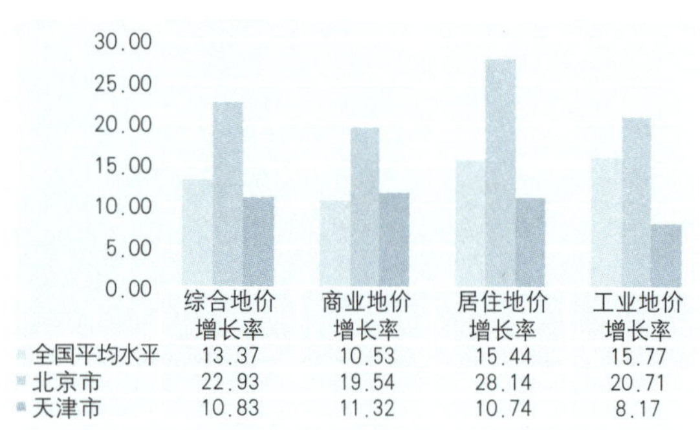

图2-1-7 2007年全国、北京市、天津市各类地价增长率（%）比较

（二）2007年京津地区地价与房地产市场协调关系分析

1. 地价与房价走势基本保持一致，地价涨幅低于房价涨幅

从2007年京津地区地价与房价水平来看，两者走势基本保持一致。北京市综合地价增长率较高，为22.93%，而商品房销售价格增长率为36.53%；天津市综合地价增长率略低，为10.83%，商品房销售价格增长率为15.94%。两个城市的房价涨幅均高于地价涨幅（图2-1-8）[①]。

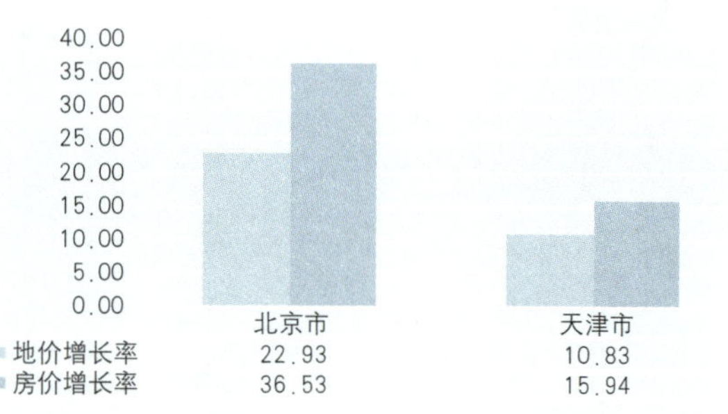

图2-1-8 2007年北京、天津地价和房价增长率（%）

从数据分析得知，北京市房价增幅比地价增幅高出13.60个百分点，天津市房价增幅比地价增幅高出5.11个百分点，可见地区间地价与房价增幅存在差异。这主要是由于影响地价和房价增长的因素是多方面的，除了受到房地产基本属性、国家政策的影响之外，还要受到城市自身土地市场及相关政策的影响。以北京市为例，其房价增幅明显高于地价增幅，最主要的原因在于北京市的首都地位以及2008年奥运会的影响，持续旺盛的住房需求推动房价高位运行。而2007年第四季度房价增幅有所放缓，说明国家相应的调控政策效应开始显现。

2. 土地供应量的变化直接影响着地价水平的变动

2007年，北京市土地供应总量与新增土地供应量较2006年均有所下降[②]，房地产开发用地供应数量偏少，仅占供应总量的20.00%左右，与2006年相比，减少了将近20.00%。供给不足与需求旺盛的矛盾所带来的压力，是2007年北京市商业用地、居住用地两类用地价格涨幅较大的重要原因。

2007年，天津市新增建设用地较2006年增长接近20.00%，由于天津市土地供应总量相对充足，因此各类用地价格涨幅平稳。

① 数据来源：搜房研究院。
② 统计结果来源：2007年全国土地市场动态监测分析报告。

（三）2007 年京津地区地价与社会经济发展指标协调关系

1. 近年来地价与地区生产总值增长态势大致吻合，2007 年地价涨幅超过地区生产总值涨幅

近几年是北京市经济高速发展的时期，地区生产总值的增长率一直保持在 10% 以上，2007 年北京市 GDP 增长率为 12.30%，与 2006 年相比，增长率下降 0.5 个百分点。2006 年以前的地价增长率一直低于 GDP 增长率，而 2007 年地价数据显示，北京市各类地价均出现较快增长态势，地价增长幅度明显高于生产总值的增长幅度。这表明地价与地区生产总值增长态势大致吻合，地价水平在一定程度上反映了社会经济发展状况，但还受到其他因素的综合影响（图 2–1–9）。

近几年来，受益滨海新区的开发建设，以及作为奥运协办城市等因素的积极影响，天津市的经济发展迅速，地区生产总值增长率连续几年都保持在 15% 左右。2007 年天津市 GDP 增长率为 15.1%，同比上升 0.7 个百分点。同时，天津市的地价在继 2004 ~ 2006 年增幅持续稳定后，在 2007 年又出现回升，这也印证了奥运邻近、滨海新区建设进度加快引领土地需求持续增长，对地价产生的影响作用（图 2–1–10）。

2. 固定资产投资增长率呈波动趋势变化，2007 年地价增幅稍高于固定资产投资增幅

2003 ~ 2005 年，北京市固定资产投资增长率逐年下降，继 2006 年有较大回升之后，2007 年出现小幅下降。2003 年起北京市综合地价增长率一直维持小幅上升趋势，与北京市固定资产投资增长率相比，变化较为平稳。在 2007 年，北京市固定资产投资同比增长 17.6%，增幅比 2006 年回落 1.7 个百分点。而分用途地价增长率均高于固定资产投资增长率，其中居住类用地的增长最快，达到了 28.14%，高出固定资产投资增长率 10.54 个百分点（图 2–1–11）。

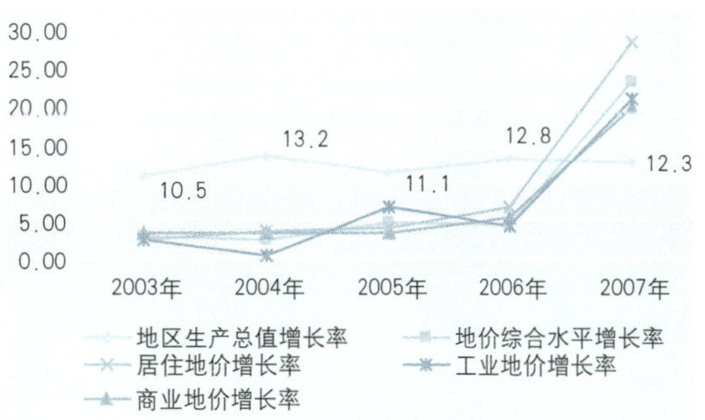

图2–1–9　北京市2003～2007年GDP增长率与地价增长率（%）比较

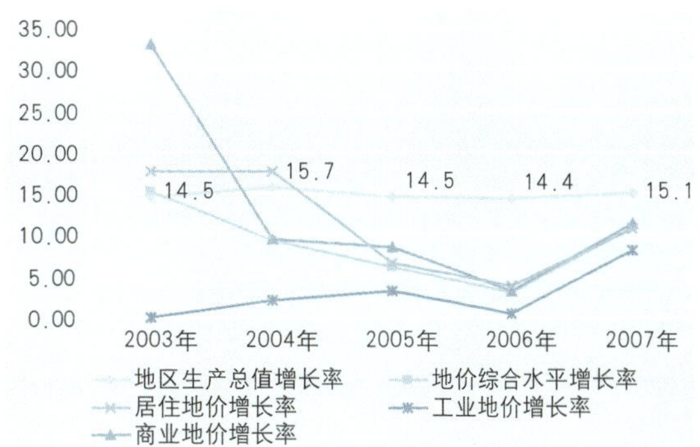

图2–1–10　天津市2003～2007年GDP增长率与地价增长率（%）比较

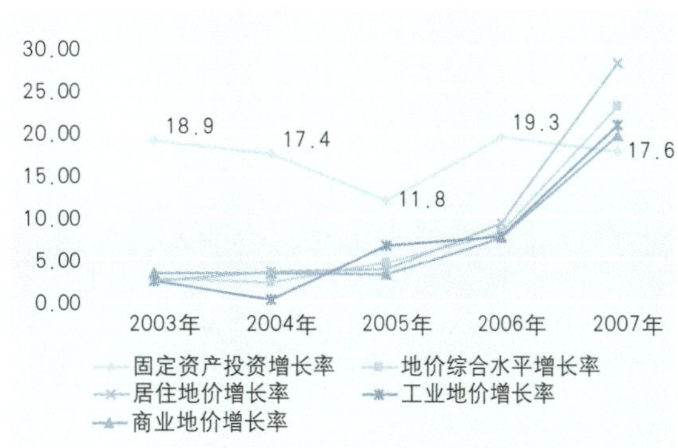

图2–1–11　北京市2003～2007年固定资产投资增长率与地价增长率（%）

相比而言，天津市地价增长率与固定资产投资增长率变化趋势基本保持一致。2007 年，天津市投资快速增长，结构不断优化，固定资产投资增长率为 29.1%，增幅比 2006 年提高 7.1 个百分点；而 2007 年天

津市的综合地价水平增长率达到 10.83%（图 2–1–12）。地价与固定资产投资增长率上升趋势基本一致。

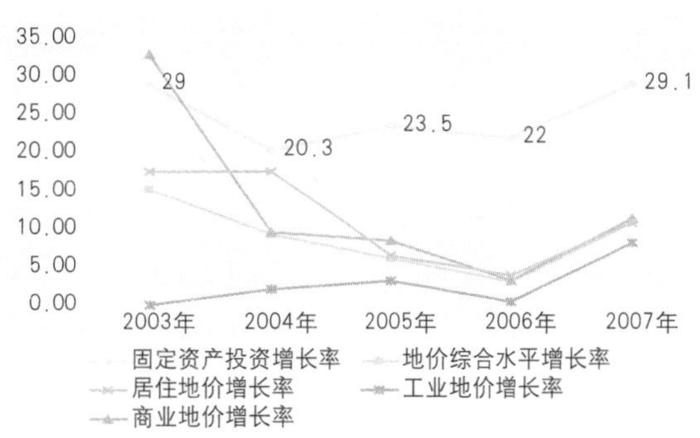

图2–1–12 天津市2003～2007年固定资产投资增长率与地价增长率（%）

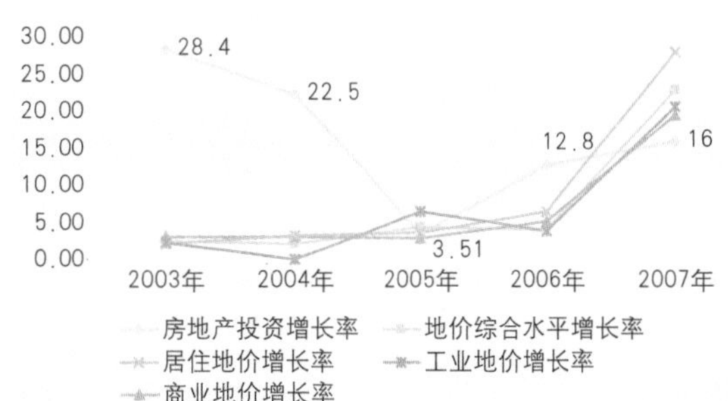

图2–1–13 北京市2003～2007年房地产投资增长率与地价增长率（%）比较

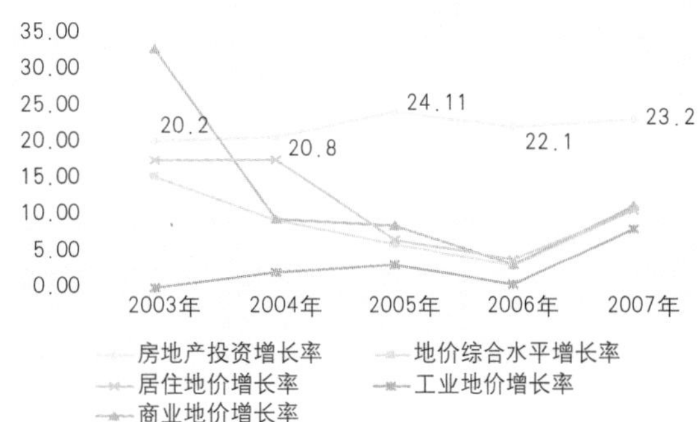

图2–1–14 天津市2003～2007年房地产投资增长率与地价增长率（%）比较

3. 地价与房地产投资增长趋势多为一致，2007年地价涨幅高于房地产投资涨幅

从近年的数据分析来看，除 2005 年、2006 年地价与房地产投资增速走势相反，其他年份北京市地价增长与房地产投资增长趋势大体一致。2007 年北京市房地产投资增长率为 16%，而综合地价增长率达到 22.93%，明显大于房地产投资涨幅，其中居住类用地的地价涨幅超过房地产投资涨幅 12.14 个百分点（图 2–1–13）。

从 2004 年起，天津市地价增长率变化与房地产投资增长率趋势基本一致。2007 年天津市房地产投资总额为 339.5 亿元[①]，同比增长 23.2%，增长幅度比 2006 年有较大幅度回升。由于房地产投资增长的回升，天津市各类土地地价增长率也相应有较大幅度增长，且其增长幅度均高于房地产投资增长幅度（图 2–1–14）。

（四）2007 年京津地区城市地价主要影响因素分析

1. 京津地区作为中国经济第三增长极，宏观经济持续向好成为土地价格上涨的内在动因

2007 年京津地区经济保持持续增长的良好势头，产业结构日趋合理，固定资产投资增长较快，居民收入水平大幅提高，使投资者增强了对地区未来发展的正面预期。同时，京津地区作为中国经济的第三增长极，为北京市和天津市的城市发展注入了新的活力，随着外资企业大量涌入房地产行业以及 2008 年奥运会举办在即，京津地区成为土地投资最为活跃的地区之一，强劲的土地需求带动了地区土地价格的不断上涨。

2. 地区土地市场对城市地价影响显著

北京市居住用地供应计划逐年下降，天津市经营性用地供应量相对较少。

① 数据来源：天津市政务网。

2005年、2006年、2007年北京市居住用地计划供应量分别为1950公顷、1900公顷和1600公顷，供应计划呈逐年下降趋势。尽管2007年居住用地供应量超过计划供应5%，为1684公顷，但预期供应量的减少和供地后不能形成有效供给是北京市居住用地价格上涨加快的重要原因。

2007年天津市中心城区土地实际供应面积为486.95公顷。由于加大城市基础设施改造和道路交通建设，实际供应土地中划拨用地占据主要份额，经营性用地为48.58公顷，仅占实际供应总量的9.98%。土地实际供应结构不均衡，使经营性用地供需矛盾突出，在一定程度上抬升了中心城区的地价水平。另外，从空间分布来看，内环以内经营性用地的实际供应面积占计划供应面积的比例仅为29.67%，大部分的土地供应集中在中环—外环一带，这在一定程度上盘活了中环以外区域的土地市场，使九、十级等外围区域的土地价格出现较大幅度的增长。

3. 居民旺盛的居住需求拉动居住用地价格上涨

北京市户籍人口增长率相对稳定，一直维持在1.2%左右，而外来人口增长率变化较大，在7%～8%之间[①]。这一方面由于北京市社会经济迅速发展，特别是即将承办的2008年奥运会，城市对人才的吸引力更强；另一方面，北京市取消了对外来流动人口的某些收费项目，放宽了政策，促进了外来人口的进入。外来人口的增加，对商品性住房的需求进一步加大，外省及外籍购房群体正在成为北京房地产市场的购买主力，尤其是一些高档房，“三外”买家已经成为购买主力。这在一定程度上拉动了对居住用地的需求，导致居住用地地价与房价进一步上扬。

天津市作为2008年奥运会的协办城市之一，城市改造力度不断加大，城市环境逐渐完善，滨海新区的发展又进一步带动了天津市的经济增长，同时也增加了城市建设对土地的刚性需求。良好的城市环境和快速的经济发展，不仅带来土地升值，提高了居民对居住条件的要求，同时也吸引了很多外地人到天津投资、旅游、就业。外来人口的大量增加，居民收入的较快增长，必然拉动对居住用地的需求，也使居住用地价格不断上涨。

4. 土地政策进一步规范了土地市场，政策重心偏向工业用地出让、保障性住房建设

2007年的土地政策进一步规范了土地市场。2007年1月1日开始实施《全国工业用地出让最低价标准》，2007年4月4日，国土资源部与监察部联合发布的《关于落实工业用地招标拍卖挂牌出让制度有关问题的通知》等政策的出台，对土地供应和土地价格均产生了不同程度的影响。另外，2007年的土地政策中也加大了保障性住房用地的供应。2007年9月30日，国土资源部下发《关于认真贯彻〈国务院关于解决城市低收入家庭住房困难若干意见〉进一步加强土地供应调控的通知》，以及同年11月底国家连续发布了《廉租住房保障办法》、《经济适用住房管理办法》两则保障性住房新规定等，使保障性住房用地比例明显上升，对于稳定城市房价，抑制投机也起到了积极作用。

在国家土地政策的指引下，北京市在2007年7月20日，出台了《北京市人民政府关于全面实行工业用地招标拍卖挂牌出让的实施意见(试行)》，在一定程度上影响了北京市2007年工业用地价格的大幅上涨。另外，在《北京市2007年度土地供应计划》减少了土地供应总量，特别是商品房用地的供给明显减少，这与北京市土地价格总体上涨、居住用地价格涨幅最大是相吻合的（图2-1-15）。

① 数据来源：北京市统计局。

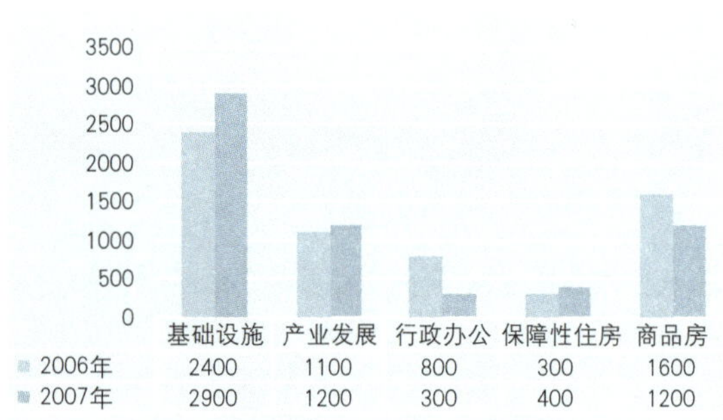

图2-1-15 北京市2006年与2007年供地（公顷）计划比较①

2007 年，北京市提出了“两个一千万”的住房供应政策，即将在三年内建设 1000 万平方米的经济适用房和 1000 万平方米的限价房。由于房地产开发周期长等客观原因，政策效果不会立竿见影，但是供给的增加可以缓解中小户型市场的供需矛盾，对于居住用地价格的稳定作用，必将会产生一个长期的效果。

同时，天津市也出台相应的系列政策措施。2007 年 3 月 1 日，《天津市土地管理条例》开始施行，对于天津市土地市场的规范起到了积极的促进作用；另外，《天津市土地交易有形市场管理办法》对单宗土地出让面积大于 15 公顷、开发建设周期超过 3 年的地块实施严格限制，对土地市场供求和价格变化起到一定影响作用。从 2007 年天津市的土地供地计划来看，2007 年天津市中心城区计划供应经营性土地 218.2 公顷，居住用地仍为本年度经营性土地供应的重点，为 164.43 公顷，占整个供应计划的 75.39%。从空间分布来看，本年度中心城区经营性土地计划供应主要分布在中环线与外环线之间，占总量的 89.93%，这在一定程度上盘活了该区域的土地市场（表 2-1-1）。

① 数据来源：北京市国土资源局网站。

表2-1-1 天津市中心城区经营性土地计划供应面积空间分布表

单位：公顷

	商业	居住	合计	占经营性土地总供应面积比例/%
内环以内	4.35	4.69	9.04	4.14
内环－中环	9.58	3.36	12.94	5.93
中环－外环	39.85	156.38	196.22	89.93

5. 财政金融政策从严从紧，有效地打击土地投机和抑制土地需求，第四季度京津地区各类地价涨幅回落

2007 年 1 月 1 日《关于修改＜中华人民共和国城镇土地使用税暂行条例＞的决定》，以及 2007 年 2 月 1 日《国家税务总局关于房地产开发企业土地增值税清算管理有关问题的通知》等开始实施，加大了国家利用土地税收政策调节土地市场的力度。对于抑制土地需求、压缩开发企业的利润空间，严重打击“圈地”和意欲“圈地”，以及控制地价涨幅等具有积极效果。

2007 年 9 月 27 日，中国人民银行、中国银行业监督管理委员会下发了《关于加强商业性房地产信贷管理的通知》，12 月 11 日再次下发《关于加强商业性房地产信贷管理的补充通知》，政策进一步加强了对商业性房地产信贷的调控，并规定以家庭为单位，购买第二套房贷款首付比例不低于 40%。该政策对于打击市场上圈地、大量占有房源等行为，稳定房地产市场起到了积极作用。

2007 年，央行一年期存贷款基准利率连续上调 6 次，并且 10 次提高准备金率。紧缩的货币政策进一步增大了开发商的融资成本，在一定程度上抑制了其对土地的需求，同时加大了对购房者的还贷压力，也会从一定程度上减少对住房的需求。

（五）2008年京津地区地价变化趋势分析

1.2008年京津地区地价上涨趋势短期难以改变，但幅度将趋缓

由于2008年北京奥运会的影响，2008年京津地区将维持经济较快增长，并使土地需求呈持续旺盛的状况。随着土地供应“闸门”的缩紧，如没有重大政策变动，则土地价格的上涨趋势短期内难以改变。但是，随着各地对保障性住房用地供应的增加，以及出让土地的郊区化趋势，土地价格的上升幅度将趋缓。

另一方面，增量土地资源的供给紧缩，将会促使房地产行业更加注重对存量土地资源的整合，对存量土地的竞争也将加剧。预计2008年物业税、土地监察、经济适用房、廉租房政策等调控措施的出台与实施，将有效抑制土地投机，优化市场环境，使土地供给更加制度化、规范化、透明化和市场化。

2. 北京市2008年的总体地价将维持稳定，工业用地价格保持上升趋势

北京市近年的经济一直发展较快，预计2008年奥运会将带动北京市以更快的速度发展。经济的快速发展对北京市房地产的影响将是显著的，除基础设施用地外，商业用地、居住用地及工业用地的需求都将增加。同时，北京市对经济适用房供地量逐年增加，以及供应土地的位置大多位于五环以外等，对稳定土地价格将会起到一定的作用。但是，随着北京市工业用地“招拍挂”出让方式在2008年全面推行，预计2008年北京市的工业用地的价格将保持上升趋势。

3. 天津市2008年的居住、商业地价仍有一定上升空间

借“环渤海经济圈”的崛起和天津滨海新区快速发展的势头，天津市GDP总量连续几年保持15%左右的快速增长。随着政府对基础设施投入力度的不断加大及基础设施状况的逐步改善，可以推断住宅用地价格在未来几年内有一定的上涨空间。同时，在滨海新区发展的带动下，天津市经济发展将不断加快，中心城区城市职能将进一步完善和提升，市场对商业用地的需求量将大幅增加，未来商业用地价格也将会有所提高。但由于未来几年中心城区工业新增项目较少，并以存量工业项目为多，所以工业用地价格变动会相对稳定，增长率将保持稳定。

二、2007 年长江三角洲地区城市地价动态监测报告

（一）2007 年长江三角洲地区主要城市地价总体水平

1.2007 年长江三角洲地区主要城市地价水平总体呈上升趋势，综合地价水平处于全国领先水平

2007 年，长江三角洲地区城市综合地价水平平均为 3903 元／平方米，比全国平均水平高出 2152 元／平方米，比珠江三角洲地区、京津地区的平均水平分别高出 1248 元／平方米、731 元／平方米。从主要城市综合地价水平来看，温州、南京、宁波、杭州、上海等城市处于第一集团，其综合地价水平分别达到 4455 元／平方米、4012 元／平方米、4006 元／平方米、3908 元／平方米和 3789 元／平方米，其余城市综合地价水平与第一集团存在较大差距，均在 2500 元／平方米以下，其中嘉兴市的综合地价水平最低，仅为 662 元／平方米（图 2-2-1）。

2.2007 年长江三角洲地区城市综合地价增长率低于全国平均水平，也低于珠江三角洲和京津地区的平均地价增长率

2007 年长江三角洲地区平均城市综合地价增长率为 5.60%，与 2006 年的 1.85% 相比，提高了 3.75 个百分点，地价增长率有大幅上升，比全国平均综合地价增长率 13.37% 低 7.77 个百分点。从长江三角洲各城

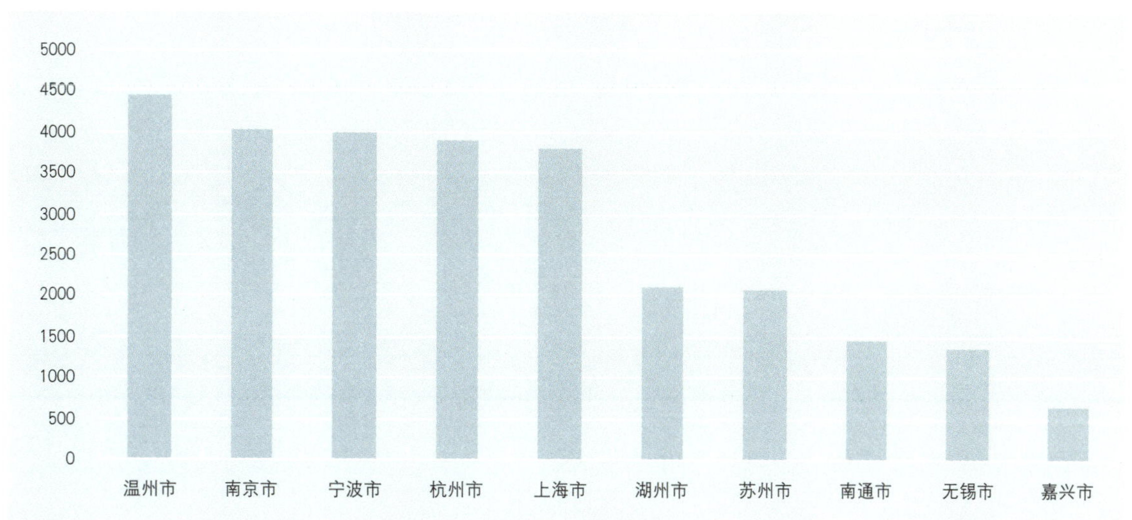

图2–2–1 2007年长江三角洲地区主要城市综合地价水平值（元/平方米）

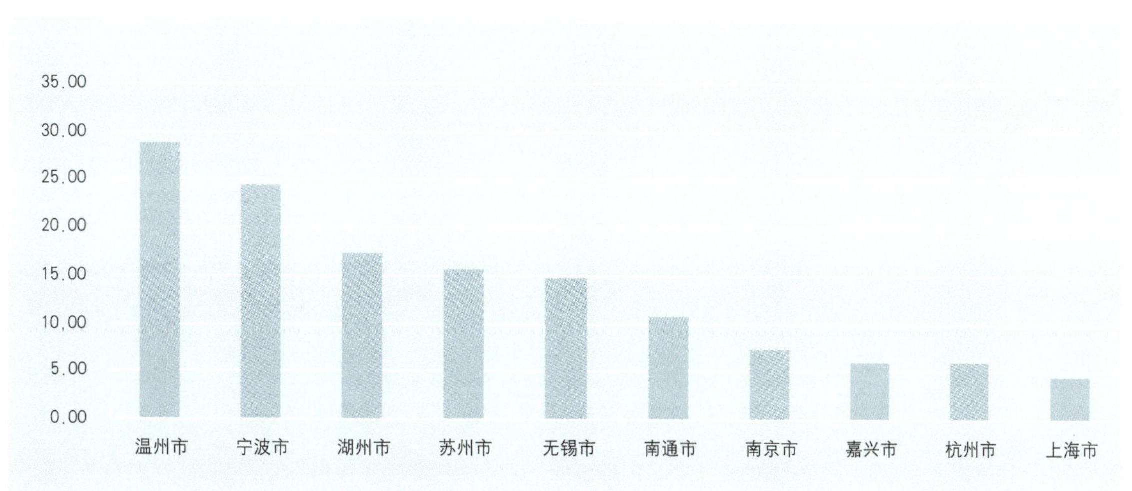

图2–2–2 2007长江三角洲地区主要城市综合地价增长率（%）

市地价变化情况来看，温州市的增长率最高，达29.10%；其次是宁波市、湖州市、苏州市、无锡市和南通市，分别为24.60%、18.00%、15.58%、14.83%和11.43%；南京市、嘉兴市、杭州市和上海地价涨幅较小，增长率在7%以下，反映上海、南京、杭州等区域中心城市的地价变化趋于稳定，土地市场日趋成熟（图2–2–2）。

3. 商业、居住、工业三种用途地价增长幅度较2006年均有明显上升，其中居住地价增长率提高最为明显，工业地价增长率达近年来最高水平

2007年长江三角洲地区各城市商业用地平均地价水平为6786元/平方米，平均增长率为5.45%，与2006年同比提高了2.54个百分点；居住用地平均地价水平为4441元/平方米，平均增长率为7.60%，与2006年同比提高了6.74个百分点；工业用地平均地价水平为696元／平方米，平均增长率为4.00%，与2006年同比提高了3.63个百分点。2007年长江三角洲地区各城市商业、居住、工业平均地价水平值之比为1 ∶ 0.65 ∶ 0.10。

从近五年长江三角洲主要城市商业、居住和工业地价增长率变化情况来看，2005年该地区结束了之前高地价、高增长率的地价变化状态，三种用途地价增长率均出现了较大幅度的下降，2006年地价增长率基本持平，2007年较2006年有明显上升，其中居住、工业地价增长率上升最为明显。长江三角洲地区城市地价增长率的变化情况，与近年来全国整体地价状况的变化趋势基本相似(图2-2-3)。

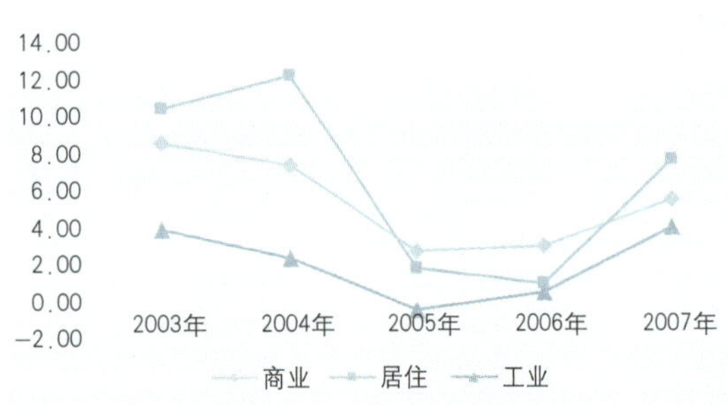

图2-2-3 2003～2007年长江三角洲地区平均地价增长率（%）比较

4.与区域内其他城市相比，三大中心城市地价增长率各有特点

上海市工业地价、南京市居住地价的增长率高于平均水平，杭州市工业地价仍然保持不变，其余用途地价处于平均水平。

从上海、南京、杭州三大区域中心城市地价增长率看，2007年其综合地价增长率分别为4.25%、6.87%和5.67%；商业地价增长率分别为3.83%、5.69%和6.83%；居住地价增长率分别为4.65%、12.11%和6.03%；工业地价增长率分别为7.59%、4.42%和0。三个中心城市地价情况与其他城市以及区域地价平均变化情况相比，上海工业地价增长幅度比长江三角洲平均水平增长幅度大，综合地价及其他用途地价增长幅度都比平均水平低；南京综合地价增长幅度明显比长江三角洲平均水平高，主要是居住地价增幅较大带动的结果，商业地价、工业地价的增长幅度与平均水平基本持平；杭州市综合地价增长幅度与长江三角洲平均水平基本一致，工业地价仍然保持不变，增长率为0（图2-2-4）。

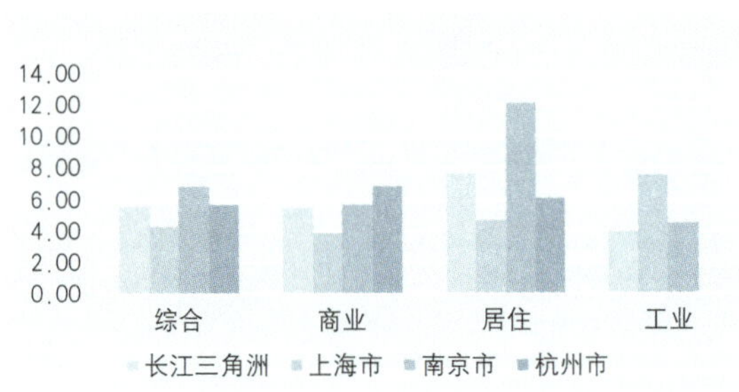

图2-2-4 长江三角洲地区中心城市与大城市平均地价增长率（%）比较

从长江三角洲各城市地价增长率情况来看，综合地价增长率是温州市、宁波市最高，分别为29.10%、24.60%，上海市和杭州市最低，分别为4.25%和5.67%；商业、居住地价增长率都是宁波市最高、嘉兴市最低，宁波市商业、居住地价增长率分别为16.68%和37.72%，嘉兴商业、居住地价增长率分别为1.55%和3.61%；工业地价增长率则嘉兴市最高，达39.78%，杭州市最低，增长率为0。从城市综合地价及分用途地价增长率最高和最低的城市来看，区域一般城市各用途地价变化的波动较大，以宁波市为例，其商业、居住地价增长率为区域最高，而工业地价只是接近全国平均水平。而对于沪、宁、杭三大中心城市：上海、杭州这两个宏观调控大城市由于政策效力相对明显，地价随同房价上涨的趋势受到抑制，南京市地价变化基本代表了长江三角洲地区的平均水平。由此可见，三大区域中心城市的土地市场发展更加完善和规范，地价变化逐步趋于成熟和稳定。

5. 长江三角洲主要城市各季度综合地价增长率持续上升后趋于稳定

2006 年在经历 2005 年增幅降低之后，前两个季度有所回升，之后又逐渐下降。而 2007 年第一季度基本保持 2006 年增幅降低趋势，第二、三季度增幅明显回升，第四季度增幅略有降低并趋于稳定。

从长江三角洲主要城市的综合地价水平来看，2007 年四个季度的环比增长率持续上升，最后略有回落并趋于稳定。而沪、宁、杭三个区域中心城市的平均综合地价增长率变化基本属于持续上升趋势（图 2-2-5）。

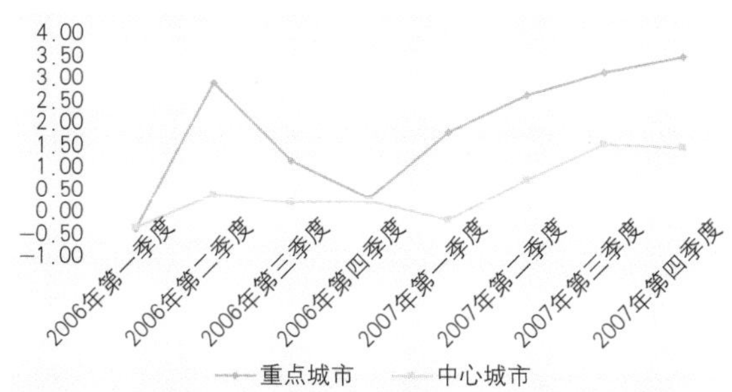

图2-2-5 长江三角洲地区重点城市和中心城市2006～2007年各季度综合地价增长率（%）

（二）长江三角洲地区主要城市地价与房价的关系

1. 2007 年长江三角洲地区的住宅价格、居住地价均呈上升态势，中心城市居住地价增长率低于住宅价格增长率

2007 年全国平均住宅价格增长率为 17.51%，与 2006 年相比上涨了 11.31 个百分点。2007 年长江三角洲地区主要城市房价涨幅在 2006 年增速较缓的基础上有所上升，住宅价格增长率为上海市 14.18%、南京市 17.74%、杭州市 23.91%、宁波市 10.47%、温州市 8.72%、扬州市 6.18%[①]。中心城市中，杭州市和南京市的住宅价格增长率高于全国平均住宅价格增长率，而杭州市、南京市、上海市的居住地价增长率低于全国平均居住地价增长率。从总体看，长江三角洲地区主要城市居住地价增长率和住宅价格增长率走势不完全一致，但从历年地价、房价的监测数据情况来看，中心城市的地价增长率普遍低于房价增长率，与全国情况相符（图 2-2-6）。

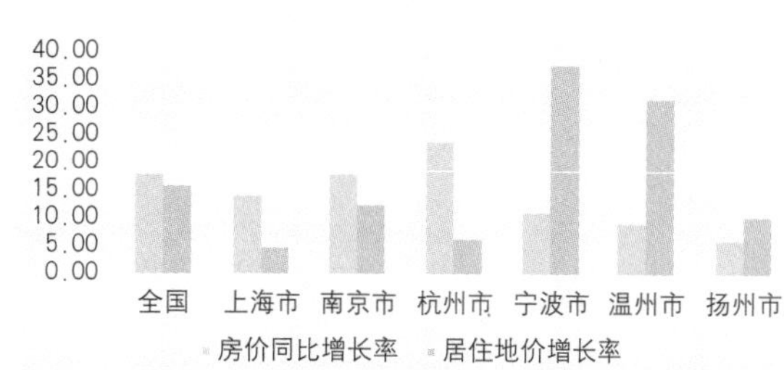

图2-2-6 2007年长江三角洲地区主要城市住宅价格与居住地价增长率（%）比较

① 住宅价格：上海、南京、杭州采用搜房研究院数据，宁波、温州、扬州采用国家发展和改革委员会公布数据。

2. 长江三角洲地区中心城市居住楼面地价占住宅价格的比例与2006年相比略有降低，但变化幅度不大

从图2-2-7中可以看出，2005～2007年期间，长江三角洲地区中心城市居住楼面地价占住宅价格的比例逐年下降，但变化幅度不大。与2006年相比，2007年上海市、南京市、杭州市居住楼面地价占住宅价格比例均呈下降态势，三个城市的变化幅度在2.30%～3.80%之间。这一降低趋势表明居住地价涨幅低于住宅价格涨幅，居住楼面地价占住宅价格的比例在不断缩小（图2-2-7）。

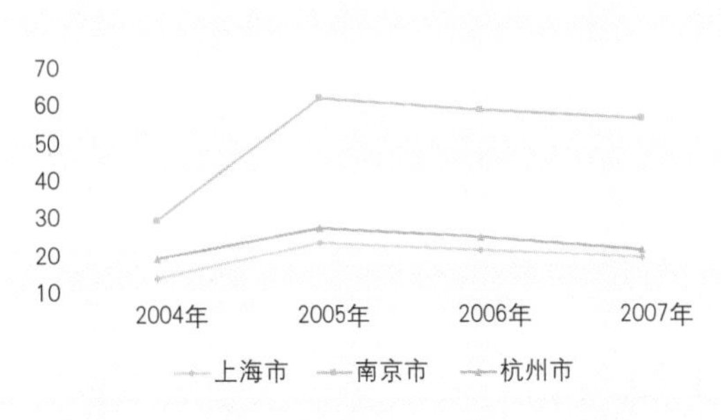

图2-2-7 2004～2007年长江三角洲地区主要城市居住地价占住宅价格比例（%）比较

（三）2007年长江三角洲地区主要城市地价与社会经济发展指标关系分析

1.2007年长江三角洲地区城市GDP稳定增长，中心城市地价水平同步提高，二线城市综合地价增长率接近或高于GDP增长率

2007年全国国内生产总值比2006年增长11.40%，而全年全国主要城市平均综合地价增长率已经达到13.37%，超过了GDP增长率。虽然长江三角洲地区部分城市受宏观调控政策的影响，2007年GDP增长率比2006年有所下降，但仍高于全国平均水平，在13.00%～16.50%之间。长江三角洲地区各城市GDP增长稳定，增长幅度相对一致，其中南通市、苏州市的GDP增长率最高，分别是16.20%和16.00%，上海市、嘉兴市的GDP增长率最低，分别是13.30%和14.40%，最高增长率南通市和最低增长率上海市只相差2.9个百分点。而综合地价增长率各城市增长幅度差距较大，其中宁波市、湖州市增长率最高，分别为24.60%和18.08%，高于全国平均值，上海市、杭州市增长率最低，分别为4.25%和5.67%，最高增长率宁波市和最低增长率上海市相差20.35个百分点。

上海市的GDP增长率为13.30%，综合地价增长率为4.25%；南京市的GDP增长率为15.60%，综合地价增长率为6.87%；杭州市GDP增长率为14.60%，综合地价增长率为5.67%。中心城市变化情况与地区生产总值增长率保持一致，但地价增长率远远低于城市GDP增长率。表现出中心城市在经济发展良好的态势下，地价水平并没有出现巨大波动。二线城市中，嘉兴市、常州市、扬州市、南通市的综合地价增长率低于GDP增长率，宁波市、湖州市、苏州市、无锡市等的综合地价增长率已接近或高于当地GDP增长率。两者之间相关程度并不明显，说明虽然城市地价水平在一定程度上反映其社会经济发展状况，但地价变化还受到许多其他因素的综合影响（图2-2-8）。

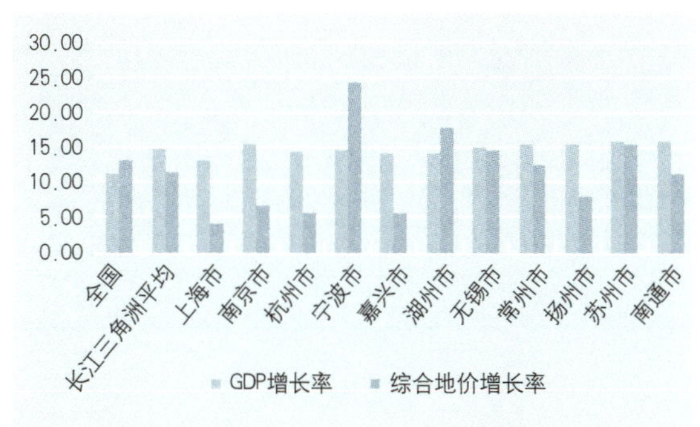

图2-2-8　长江三角洲主要城市综合地价增长率与GDP增长率（%）比较

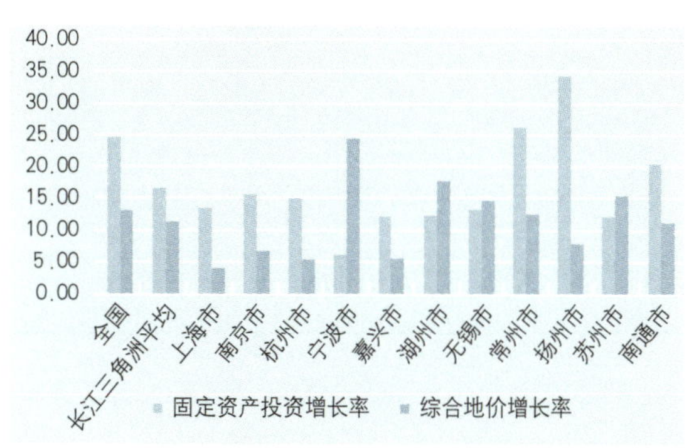

图2-2-9　长江三角洲主要城市综合地价增长率与固定资产投资增长率（%）比较

2.2007年长江三角洲地区大部分城市固定资产投资增幅有所上升，中心城市综合地价增长率低于固定资产投资增长率，大部分二线城市综合地价增长率高于固定资产投资增长率

从近几年总体趋势来看，2007年长江三角洲地区城市在前几年固定资产投资增长率缓慢下降的情况下有所回升，各城市涨幅在6%～35%之间，南京市、杭州市、嘉兴市、无锡市、常州市、扬州市均高于2006年全年涨幅，而综合地价增长率则均高于2006年。

上海市的固定资产投资增长率为13.6%，综合地价增长率为4.25%；南京市的固定资产投资增长率为15.8%，综合地价增长率为6.87%；杭州市的固定资产投资增长率为15.3%，综合地价增长率为5.67%。中心城市地价变化情况与固定资产投资增长率保持一致，但地价增长率低于城市固定资产投资，宁波、湖州、苏州、无锡等大部分二线城市的综合地价增长率已经超过了当地固定资产投资增长率。总的来看，地价变化趋势与宏观经济发展形势总体保持一致（图2-2-9）。

（四）影响长江三角洲地区城市地价变化的主要因素

1.长江三角洲的区域发展战略定位决定了长江三角洲城市对于房地产的需求程度位列全国最高水平，其经济的高位运行导致该区域房价和地价高位、快速、持续上涨

长江三角洲是我国经济最为发达的地区，其经济规模、增长速度、产业结构和居民收入水平在全国都是领先的，这一地区还担负着承接世界产业转移、支持我国中西部发展的重任，因此其在房地产的需求方面十分旺盛，这种需求来自于本地区的产业发展、城市定位、人民群众改善居住条件、海外和国内投资者的住房要求等。2007年全国国内生产总值增长11.4%，长江三角洲地区平均GDP增长率为15.1%，高于全国水平，经济继续保持平稳健康发展的良好势头，增长速度高位运行，大部分城市GDP增长均高于全国平均水平，增长率相比2006年同期有所提高。城镇居民人均可支配收入为13786元，远高于同期全国水平10346元，大部分城市的GDP增长率及城镇居民人均可支配收入增长率都远高于城市综合地价增长率，可见该区域的高经济发展速度、高承受能力给房地产价格及土地价格提供了持续上涨的空间（图2-2-10）。

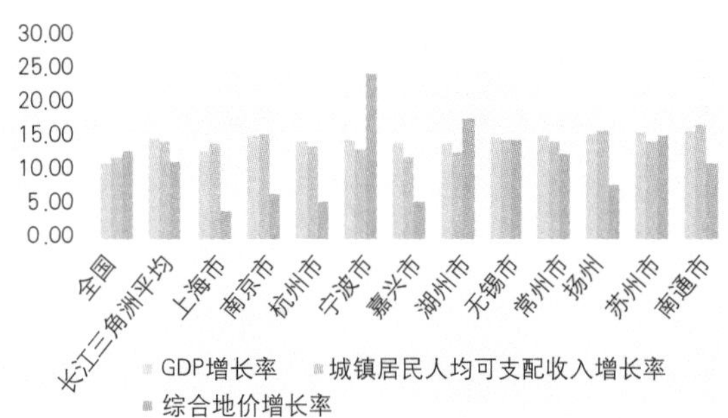

图2-2-10 长江三角洲主要城市GDP、城镇居民人均可支配收入增长率与综合地价增长率（%）比较

2. 随着上海、杭州、南京、宁波等城市地价、房价逐步上涨到位，大量房地产投资开始向二、三线城市注入，刺激了二、三线城市地价快速增长

进入2007年以来，长江三角洲地区地价变化逐渐呈现出的一个主要特征，即二线城市的地价水平涨幅显著，综合地价水平增幅排在前列的宁波、湖州、苏州、无锡、南通等均为二线城市，相反的，上海、南京、杭州等一线城市地价增长速度已明显放缓。

对比长江三角洲地区各城市房地产投资增长率与综合地价增长率，无锡市的房地产投资增长率高于全国平均水平，湖州、无锡、苏州、宁波等城市的综合地价增长幅度高于全国平均水平，长江三角洲大部分城市房地产投资增长率、综合地价增长率均比全国水平低。综合地价增长率高于全国平均水平的均为二线城市，对于2007年来说，主要是二线城市的地价上涨带动了整个区域的地价上涨（图2-2-11）。

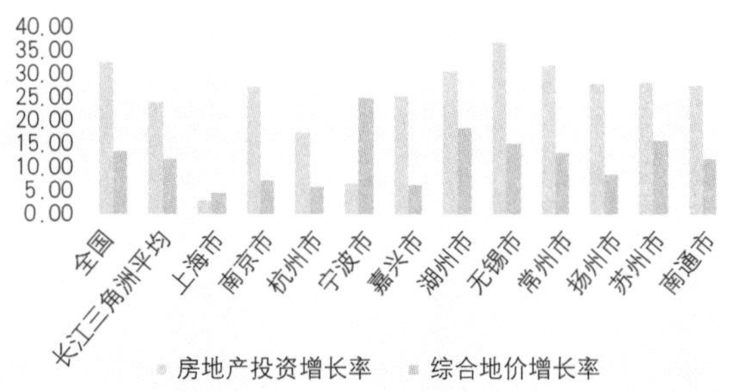

图2-2-11 长江三角洲主要城市房地产投资增长率与综合地价增长率（%）比较

（五）2008年长江三角洲地区城市地价变化趋势预测

1.2008年长江三角洲地区土地价格仍将整体保持上涨态势

长江三角洲地区是我国重要的经济发展地区，一直以来土地需求强劲，地价上升的内在动力较大，2007年经济增长速率有所提高。近几年来，该区域主要大城市的土地市场发展比较成熟，二、三线城市土地市场正在快速发展。同时随着土地市场调控措施的进一步到位，土地供应和结构调整以及土地市场信息的进一步公开，二、三线城市土地市场将进一步得到规范和完善，因此预计2008年地价水平仍将延续平稳上涨的趋势。

2. 二、三线城市地价上涨仍是主体，将带动整个区域的整体水平

根据即将出台实施的《长江三角洲地区区域规划纲要》（送审稿），长江三角洲区域将实行差别化的土地政策，以优化区域内的资源配置和生态环境保护。对沪宁杭沿线，采取最严格措施保护优质基本农田和重要生态功能保护区；对沿江（长江）、沿湾（杭州湾），优先安排建设用地指标；对沿海和宁湖（湖州）杭线及其他沿路发展带，适度安排建设用地；对沿湖（太湖）地区则控制土地开发强度。对沪宁杭沿线的定位将大大缩减这些地区的房地产投资及产业开发水平，而促使其转移至优先开发的二、三线城市。因此预计2008年沪宁杭三大城市土地价格增速缓慢，涨幅较小，区域内二、三线城市土地价格在政策倾斜、旺盛需求的影响下仍将快速增长，从而带动整个区域的整体地价水平。

3.2008年长江三角洲地区的商业地价、居住地价和工业地价都将继续保持上涨的趋势，但涨幅较2007年将有所回落

2007年由于上海、杭州、南京、宁波等城市地房地产开发热引起的地价上涨高潮已基本过去，不会对2008年的地价，尤其是商业地价产生过大的影响；同时2007年下半年各地加大了廉租房、经济适用房和两限房的土地供应，这些措施会在2008年形成有效的房屋供给，居住用地价格变化将会比较平稳；另外，长江三角洲地区在2007年已贯彻落实《全国工业用地出让最低价标准》，工业地价上涨在2007年基本得到释放，价格调整基本到位。因此，在2008年工业用地价格将基本延续2007年的水平，不会出现较大幅增长。

三、2007 年珠江三角洲地区城市地价动态监测报告

（一）珠江三角洲地区城市地价总体情况

1.2007 年珠江三角洲地区主要城市综合地价高于全国平均水平

2007 年，珠江三角洲地区主要城市综合地价水平为 2655 元 / 平方米。

从大区域尺度上来看，2007 年，珠江三角洲地区主要城市综合地价水平明显高于全国平均水平，平均地价高出 900 元 / 平方米以上，其差距较 2006 年更加明显。但对比东南地区，珠江三角洲地区综合地价水平偏低，比整个东南地区平均水平低 369 元 / 平方米。

与长江三角洲和京津地区相比较，珠江三角洲地区综合地价水平仍然远低于长江三角洲地区，仅相当于长江三角洲的 68% 左右，与京津地区也有较明显的差距（图 2-3-1）。

对比珠江三角洲地区内部各城市综合地价水平发现，广州市综合地价水平较高，达到 3394 元 / 平方米；佛山市南海、顺德和禅城三区综合地价水平也较高，达到 2000 元 / 平方米以上；中山市综合地价水平偏低，仅为 883 元 / 平方米，与其他城市差距明显（图 2-3-2）。

2.2007 年珠江三角洲地区主要城市综合地价持续高速增长，增长幅度明显大于 2006 年

2007 年，珠江三角洲地区主要城市综合地价增长率达到 16.64%，较 2006

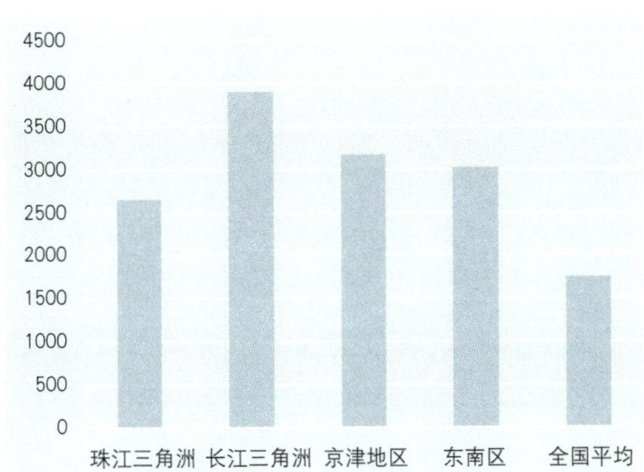

图2–3–1　2007年珠江三角洲地区综合地价（元/平方米）与全国及其他地区对比图

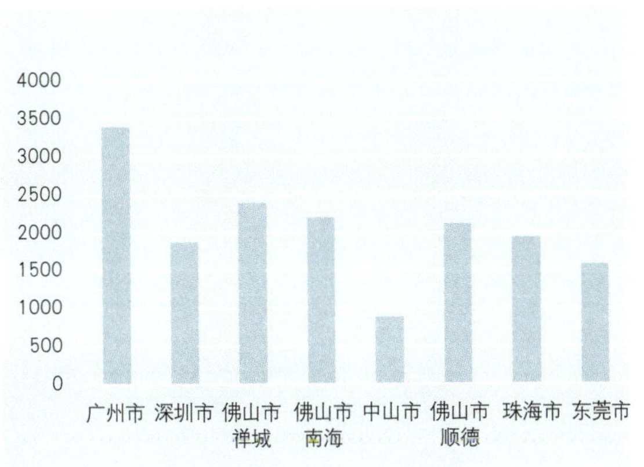

图2–3–2　2007年珠江三角洲地区各城市综合地价水平（元/平方米）

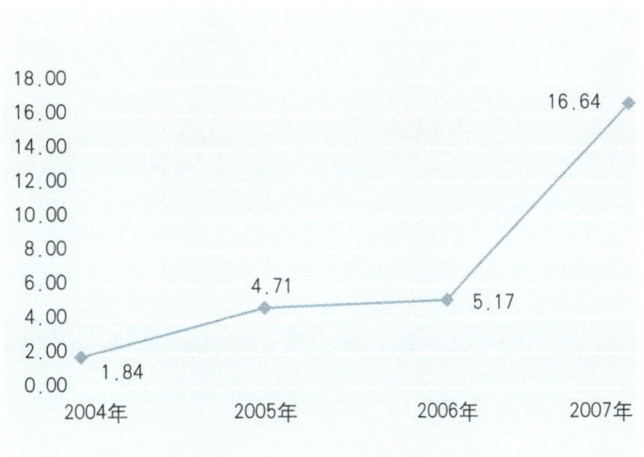

图2–3–3　珠江三角洲地区主要城市综合地价增长率（%）水平历年变化

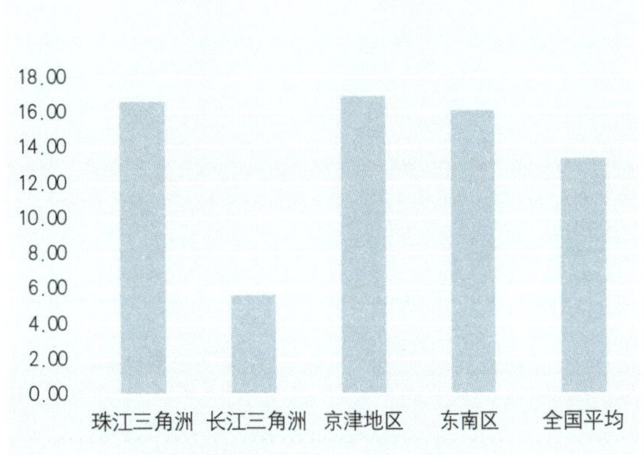

图2–3–4　2007年珠江三角洲地区主要城市综合地价增长率（%）与其他地区及全国平均比较

年 5.17% 的增长率有明显抬升（图 2–3–3）。

与其他地区及全国相比，珠江三角洲地区主要城市综合地价水平增长率略高于东南区，高于全国平均水平，但略低于京津地区。增长幅度差异较小（图 2–3–4）。

对比珠江三角洲地区内部各城市综合地价增长率发现，东莞市综合地价增长速度最快，达到 38.73%，佛山市禅城区其次，增长率在 30.00% 以上；而中山市增长率较低，为 11.89%，但增长幅度仍然稍大于 2006 年增幅。

对比 2006 年与 2007 年珠江三角洲内部各城市综合地价增长水平发现，除中山市、佛山市顺德区外，其他监测城市增长幅度与 2006 年均有明显差别，尤其是东莞市和佛山市禅城区。2007 年，东莞市的综合地价增长率为 38.73%，是 2006 年的 5.5 倍，佛山市禅城区 2007 年的综合地价增长率（36.31%）是 2006 年的 15 倍；另外，佛山市顺德区 2007 年综合地价增长率（13.70%）低于 2006 年（16.99%），不同于区域内其他城市两年的增长水平变化规律（图 2–3–5）。

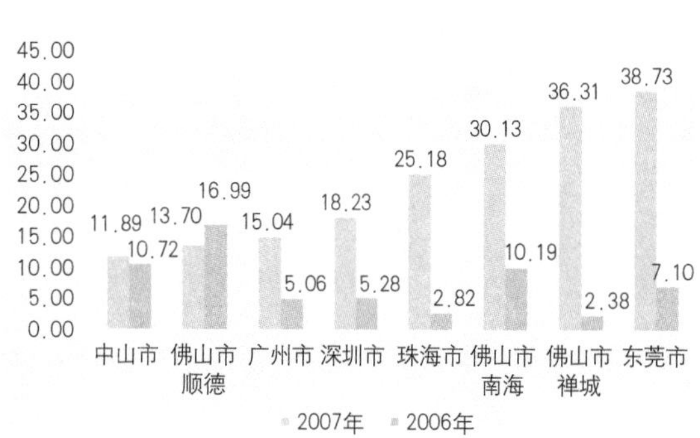

图2-3-5 2007年珠江三角洲内部各主要城市（地区）综合地价增长率（%）

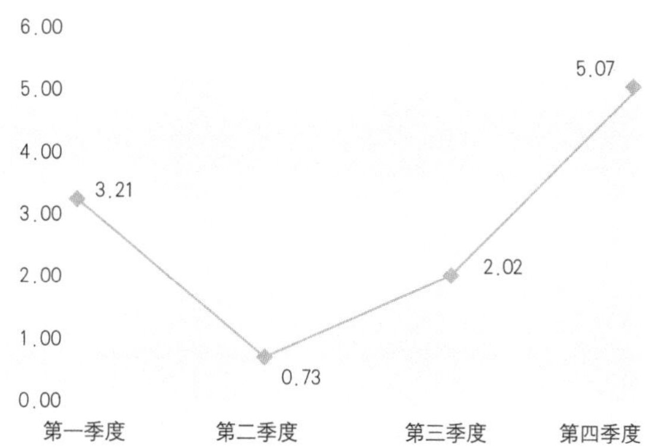

图2-3-6 2007年珠江三角洲地区四季度环比增长率（%）变化示意图

3. 珠江三角洲地区2007年一、四季度地价增长幅度较大，二、三季度增长幅度较小；工业地价第一季度增长幅度较大

2007年，珠江三角洲地区综合地价水平各季度环比增长率均为正值，但从增长幅度上看，第一、四季度综合地价水平抬升比较显著，而二、三季度增长幅度相对较小（图2-3-6）。

从各用途地价的增长趋势上来看，商业、居住地价环比增长与综合地价增长趋势基本保持一致，综合地价在第一季度的较快增长，主要是由于第一季度工业地价增长率较高引起的，即珠江三角洲地区工业地价在2007年第一季度的增长率高达9.47%，后三个季度增长率缓于综合地价增长率（图2-3-7）。

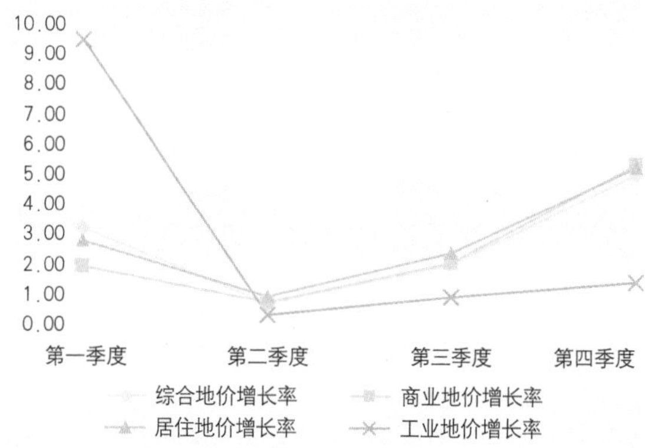

图2-3-7 2007年珠江三角洲地区各季度各类地价环比增长率（%）变化示意图

珠江三角洲地区各城市之间比较，虽然各季度的环比增长率均为正值，但各城市增长幅度仍有差别，即广州、深圳两市前三季度综合地价环比增长趋势较为一致，第四季度深圳市综合地价增长幅度较大；佛山市禅城区前三季度综合地价稳定增长，第四季度增长率抬高幅度明显；东莞市前三季度综合地价增长也较稳定，但第四季度增长率有明显下降（图2-3-8）。

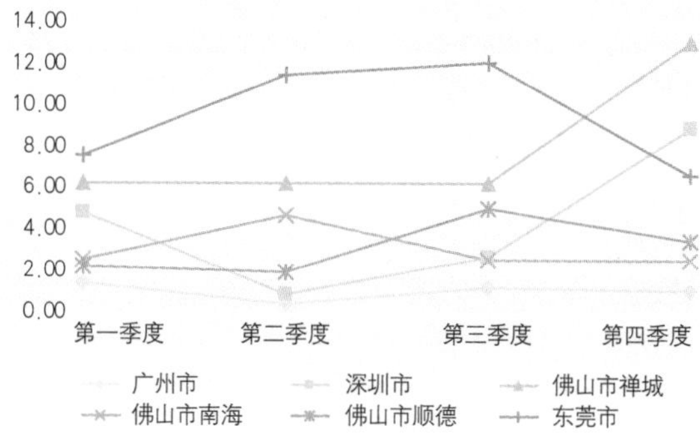

图2-3-8 2007年珠江三角洲地区各城市各季度综合地价环比增长率（%）变化示意图[①]

① 珠海市因第四季度监测范围调整，与前三季度数据不能衔接，故未列入比较。

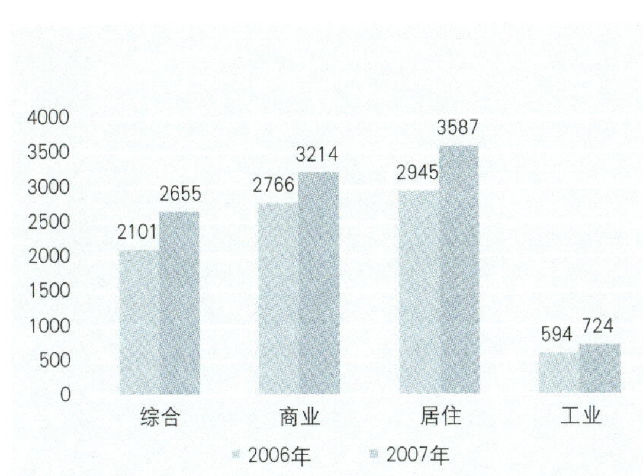

图2-3-9　2006～2007年珠江三角洲地区各用途地价水平（元/平方米）

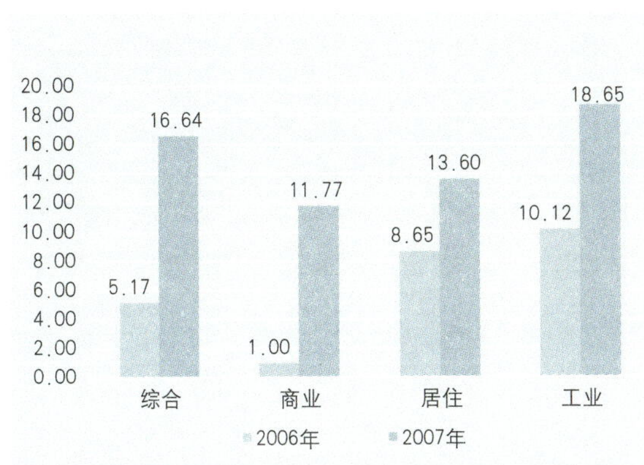

图2-3-10　2006年与2007年珠江三角洲地区各用途地价增长率（%）

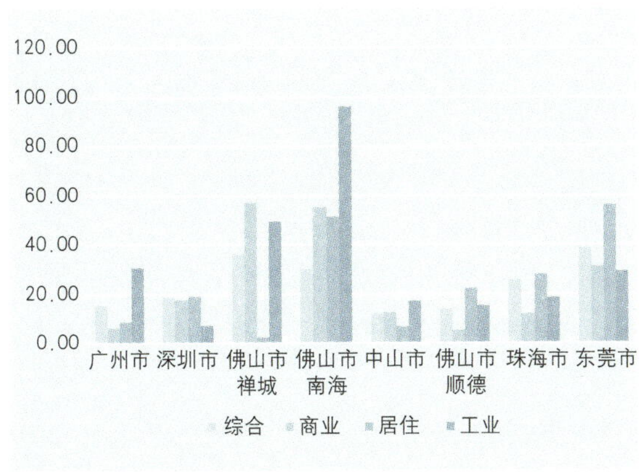

图2-3-11　2007年珠江三角洲地区主要城市各用途地价增长率（%）

4.2007年珠江三角洲地区各用途地价仍保持高速增长态势，工业地价涨幅最大

2007年，珠江三角洲地区各用途地价水平较2006年均有一定程度的增长，从增长率上看，工业用地涨幅最大，达到18.65%，超过居住用地增长幅度。由于各用途地价增长率普遍较大，因此，2007年商业用地增长率虽然为三类型中最小，但仍然有11.77%的增幅（图2-3-9；图2-3-10）。

5.各监测城市地价水平增长有差异，各用途地价增长幅度明显

2007年珠江三角洲地区内部各城市各用途地价增长幅度仍存在明显差异性。佛山市南海区的各用途地价涨幅明显，广州市的工业地价增长率明显高于其他两种用途地价增长率，东莞市的居住地价增长水平高于商业用地及工业用地地价增长率，佛山市禅城区的商业地价涨幅为地区内部最高，而居住地价增长水平却是地区内最低，形成较大反差（图2-3-11）。

（二）珠江三角洲地区地价与房价关系

1.2007年珠江三角洲地区地价房价走势一致，房价增长明显高于地价增长

从总体上来看，2007年珠江三角洲地区城市地价水平及变化趋势符合房地产市场的供需变化规律，地价水平和房价水平总体上均呈上涨趋势。

从数据上看，2007年珠江三角洲地区综合地价（16.64%）较2006年有较大程度的上扬，但地价涨幅仍远低于房价增长。虽然地价增长幅度不及房价，2007年全国房价普涨仍然在一定程度上增加了地价的上涨空间。

从增长速度来看，珠江三角洲地区房价增长率明显高于地价增长率，这与全国态势保持一致。2007年广州市住宅价格增长率为29.92%，远高于8.42%的居住地价增长率；深圳市居住地价增长率达到18.77%，但仍明显低于住宅价格增长率(51.11%)（图2-3-12）。

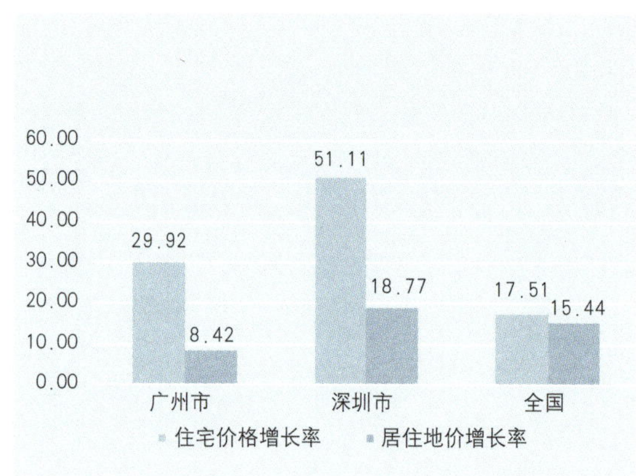

图2-3-12 2007年广州市、深圳市房价增长率与地价增长率（%）对比示意图

2.2007年珠江三角洲主要城市地价占房价的比例有所下降

2006～2007年，珠江三角洲地区主要城市地价有较大幅度的上涨，但房价上涨幅度更大，使得楼面地价占房价比例有所下降。以深圳市为例，从深圳市历年居住地价与住宅价格的比例关系来看，居住楼面地价占住宅价格的比例在2004～2007年逐年下降（图2-3-13）。

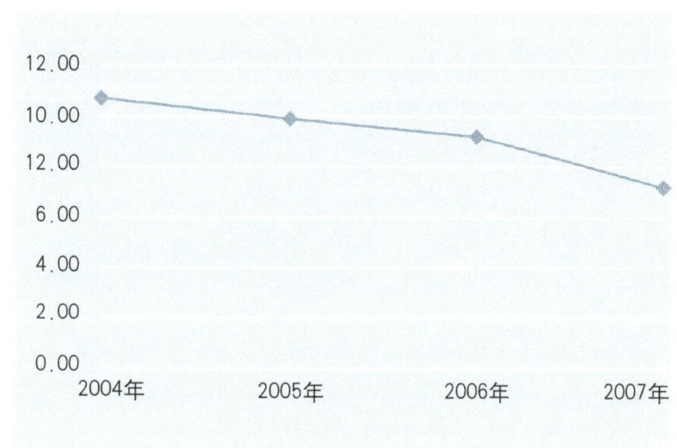

图2-3-13 2004～2007年深圳市居住楼面地价占住宅价格的比例（%）走势图①

① 住宅价格数据来自搜房研究院。

（三）珠江三角洲地区地价与社会经济协调关系

1. 各监测城市综合地价增长幅度略高于国内生产总值增长幅度

2007年，珠江三角洲地区各监测城市综合地价增长幅度略高于国内生产总值的增长。以广州、深圳两市为例，2007年广州市综合地价增长率为15.04%，高于14.50%的GDP增长率；深圳市这样的差距更加明显，2007年深圳市综合地价增长率为18.23%，比GDP增长率高近5个百分点（图2-3-14）。

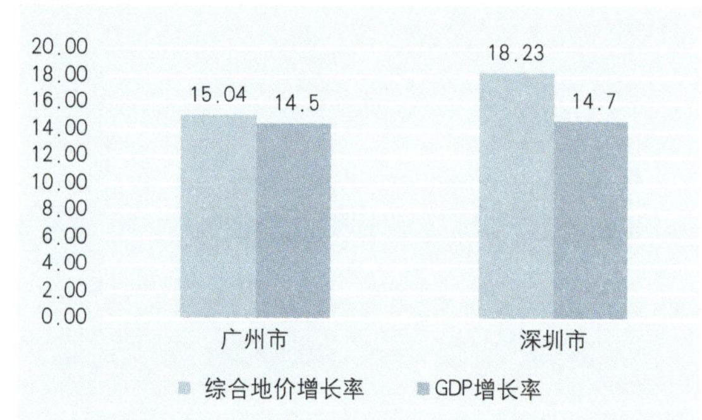

图2-3-14 2007年综合地价增长率与GDP增长率（%）对比

2. 珠江三角洲各城市综合地价增长幅度普遍高于固定资产投资增幅

2007年，珠江三角洲地区各城市综合地价增长幅度普遍高于固定资产投资的增长幅度，且较为明显。广州、深圳两市2007年综合地价增长率分别为15.04%和18.23%，明显高于2007年固定资产投资同比增长(9.8%和5.7%)（图2-3-15）。

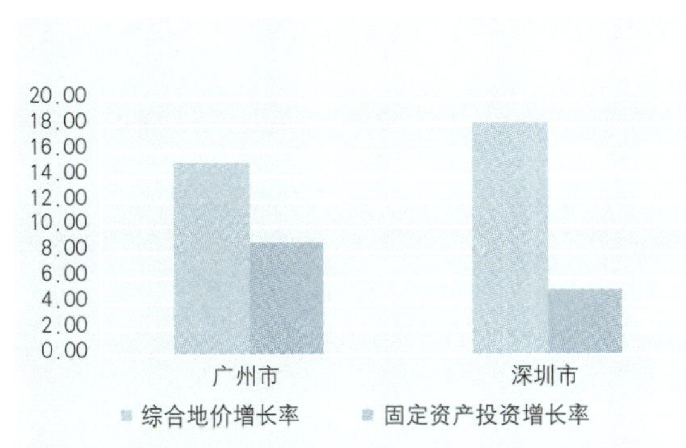

图2–3–15 2007年综合地价增长率与固定资产投资增长率（%）对比图

（四）影响珠江三角洲地区地价变化的主要因素

1. 快速城市化和快速工业化带来对各类建设用地需求压力，推动地价持续上涨

珠江三角洲是当前我国最重要、最具发展活力、最有发展潜质的经济区之一，沿海区位条件使珠江三角洲地区成为中国对外开放程度最高和经济发展水平最高的区域之一。2007 年，珠江三角洲各城市经济继续保持增长的良好势头，经济的稳步增长、城市居民收入的稳步增加、购买力的进一步增强，形成了珠江三角洲地区的良好投资环境，增强了地区对投资者的吸引力；另外，珠江三角洲地区产业的高速发展、产业结构的不断优化也激发了对用地的大量需求，从而带动地区土地价格的稳步增长。

2. 二、三线城市地价上涨迅猛，拉动区域总体地价攀升

近几年，国家宏观调控力度持续增大，对房地产市场的影响已经开始显现，各大开发企业纷纷加大对二、三线城市的投资力度，以期规避政策风险。2007 年，我国的房地产市场已经出现了较为明显的二、三线城市开发热潮，尤其是区位条件优越、发展潜力良好的地区，房地产市场升温迅速。在市场需求强劲拉动下，地区土地价格呈现出快速上扬局面。2007 年，珠江三角洲地区城市地价整体攀升在相当程度上可归因于区内二、三线城市土地价格的快速上涨，其中涨幅最为明显的为佛山市禅城区和东莞市。佛山市禅城区和东莞市分别毗邻区内最大的两个城市广州和深圳，交通区位优势明显，是广州、深圳等一线城市房地产开发资本优先考虑进入的重点地区，加之在 2007 年广佛城际铁路动工以及两市大量优质地块的集中投放，进一步强化了资本市场对本地土地市场的关注程度。

3. 土地供应相对充足有利于平抑房价，使地价增长相对稳定

2007 年，政府通过增加土地供应来加大未来商品房的供应量，通过增加城市外围区域的土地供应及限房价、限户型等的土地出让方式，用以调整商品房的供应结构，起到平抑房价的作用。2007 年，广东省土地供应总量排在全国第三位。以广州市为例，2007 年，广州市以公开出让方式出让土地量与 2006 年相比有大幅度上升，一级市场对房地产市场的调控力度进一步加强，土地供应呈相对充足的局面。另外，2007 年，广州市继续在盘活存量土地、收回闲置土地、处理烂尾地以及优化土地出让模式等方面做了大量工作，收回的闲置土地将分批再次投放到土地市场，成为土地一级市场一个有效的补充，广州市土地供应显现多样化和多层次的发展趋势，在已成交的 107 宗土地中，就有 19 宗是通过收回闲置用地后再投放到市场的宗地。

不可否认的是，土地供应与需求之间的矛盾依然存在，地价增长是目前社会经济发展的必然趋势，但土地供应量的相对充足对平抑房价起到了一定作用，这在一定程度上也使得地价增长相对稳定。

4.《工业用地出让最低价标准》的实施，使真实的工业地价得到显化

2006 年国家颁布《工业用地出让最低价标准》时，珠江三角洲地区一些监测城市的工业地价尚未达到相应等别的最低地价标准，2007 年，政策的颁布和实施，使珠江三角洲地区的工业用地价格得到显著提升，未达到标准的城市工业地价水平在 2007 年间达到并超过了相应标准，广州等工业地价水平较高的城市也因为政策的拉动，出现了较大程度的增长（表 2–3–1）。

表2–3–1 珠江三角洲各监测城市工业地价与最低地价标准对比①

单位：元/平方米

监测城市	土地等别（最低地价标准）	2006年工业地价	2007年工业地价	增长幅度/%
广州市	三等（600）	655	854	30.38
深圳市	三等（600）	567	606	6.88
佛山市禅城	五等（384）	380		
佛山市南海	六等（336）	480	941	96.04
中山市	五等（384）	344	401	16.57
佛山市顺德	六等（336）	461	530	14.97
珠海市	四等（480）	428	507	18.46
东莞市	五等（384）	394	509	29.19

（五）珠江三角洲地区 2008 年地价走势展望

1. 珠江三角洲地区主要城市地价稳定增长

随着珠江三角洲地区产业结构升级速度的加快和地区城镇一体化提速，珠江三角洲地区经济发展仍将具有较为明显的比较优势，在今后相当长一段时期内，珠江三角洲地区的宏观经济运行形势仍然会呈现健康稳定发展态势，土地需求仍将持续旺盛。同时，与长江三角洲地区和京津地区相比，珠江三角洲地区的地价总体水平仍然处于相对低位，仍具有一定的上升空间，且 2008 年珠江三角洲地区的存量土地供应规模和比例预计将有所上升，客观上也将对地区地价总体水平起到一定的抬升作用。因此，珠江三角洲地区的地价水平仍将主要表现为持续增长态势。另外，2007 年出台的一系列对房地产市场调控的政策，尤其是限制投机性需求的政策规定，其效果将在 2008 年得到进一步显化，加之银行人民币贷款基准利率上升的压力依然存在，客观上将对抑制房地产市场需求起到积极作用，对土地需求也会起到一定的平抑作用。因此，2008 年珠江三角洲地区主要城市的地价水平仍将稳步增长。

2. 工业用地地价增长空间较大

《全国工业用地出让最低标准》的实施对地区的地价变化仍将有较大影响。另外，随着珠江三角洲内部产业结构的调整、优化，客观上将激发工业用地的大量需求。因此，受国家政策及地区产业结构调整的影响，2008 年珠江三角洲地区主要城市的工业用地价格仍将稳步增长。

① 广州市、深圳市个别区县土地等别低于三等。

四、2007年长江流域主要城市地价动态监测报告

(一)2007年长江流域主要城市地价总体水平

1.2007年长江流域主要城市地价水平大幅上升，地价水平略高于全国平均水平

2007年长江流域主要城市地价综合水平值为1944元/平方米，略高于全国平均水平(1751元/平方米)，但低于长江三角洲(3903元/平方米)、京津两市(3172元/平方米)和珠江三角洲(2655元/平方米)。其中商业地价水平值为3237元/平方米，居住地价水平值为2234元/平方米，工业地价水平值为586元/平方米，各用途地价水平均高于全国平均水平（图2-4-1；图2-4-2）。

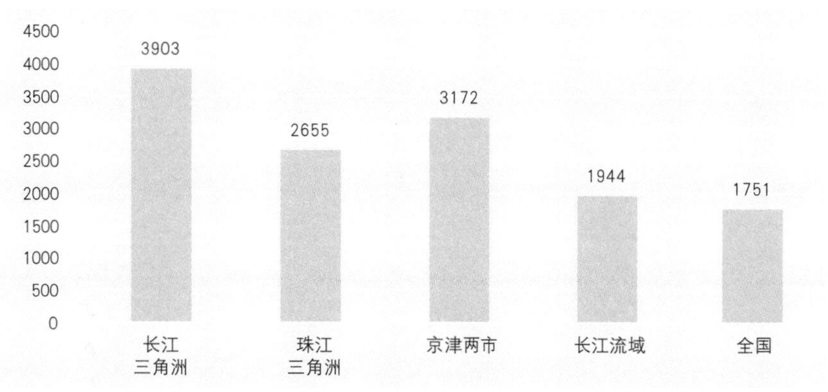

图2-4-1 长江流域主要城市与其他重点区域综合地价水平值（元/平方米）比较

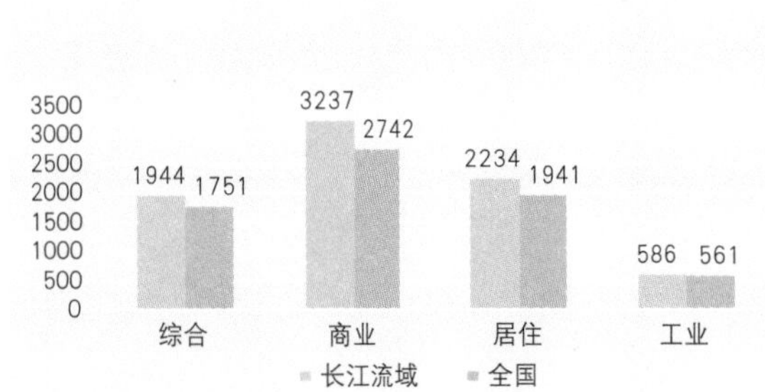

图2-4-2 全国与长江流域主要城市地价整体水平值（元/平方米）比较

2.2007 年长江流域主要城市综合地价增长率略低于全国平均水平，增长幅度明显加快，历年变化趋势与全国平均水平基本一致

2007 年长江流域主要城市综合地价增长率为 12.56%，低于全国平均地价增长率（13.37%）0.81 个百分点，比长江三角洲增长率（5.60%）高 6.96 个百分点，但低于珠江三角洲（16.64%）和京津两市（16.88%）的平均地价增长率。

长江流域主要城市综合地价增长率同比提高 7.37 个百分点，地价出现大幅上升。2001 ~ 2007 年，长江流域主要城市地价增长率与全国地价增长率的变化趋势基本保持一致。近年来，长江流域主要城市的综合地价每年都以 4% 以上的速度递增且增幅不断增大，在一定程度上反映出该区域土地供需紧张（图 2-4-3）。

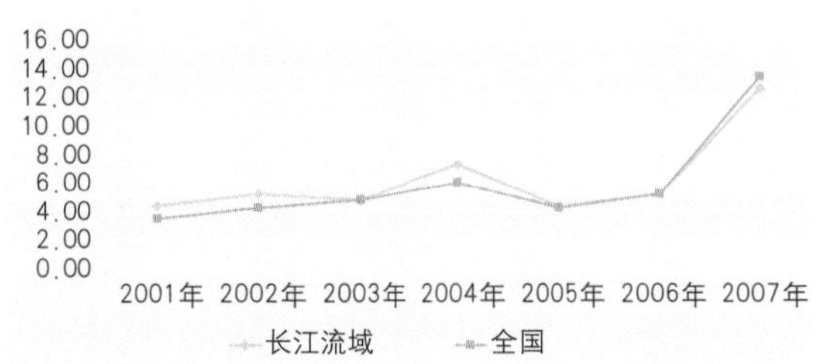

图2-4-3 2001～2007年全国与长江流域主要城市综合地价增长率（%）比较

从各主要城市来看，昆明市和重庆市的综合地价增长率较高，特别是昆明市，增长率达到 44.71%，主要原因是 2007 年 10 月昆明市新的基准地价通过验收，与 2001 年相比，新的基准地价中商业、居住地价有大幅提高，其中商业地价上涨 54.58%，居住地价上涨 56.59%，工业地价上涨 11.62%[①]；上海市的综合地价增长率最低，增长率为 4.25%。2007 年，上海市、南京市、武汉市、成都市综合地价增长率分别为 4.25%、6.87%、7.83% 和 8.80%，低于长江流域主要城市综合地价增长率；昆明市、重庆市、长沙市、南昌市、合肥市综合地价增长率分别为 44.71%、34.71%、16.05%、15.30% 和 15.03%，在 2007 年开始出现大幅度增长，高于长江流域主要城市综合地价增长率，总体来看，2007 年各城市地价均有大幅上升，上升幅度明显高于 2006 年（图 2-4-4）。

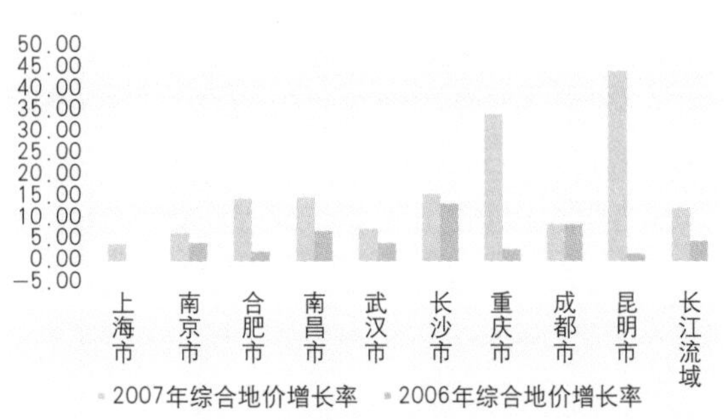

图2-4-4 2007年长江流域主要城市综合地价增长率（%）

3.2007 年长江流域主要城市商业、居住、工业地价水平及增长率较 2006 年有提高，不同用途地价呈现不同的变化特点

2007 年长江流域主要城市商业地价平均水平为 3237 元／平方米，比 2006 年增长 281 元／平方米，年增长率为 9.52%，同比提高 5.20 个百分点；居住地价平均水平为 2234 元／平方米，比 2006 年

① 数据来源：昆明市地价上报资料。

增长277元/平方米，年增长率为14.13%，同比提高8.39个百分点；工业地价平均水平为586元/平方米，比2006年增长62元/平方米，年增长率为11.77%，同比提高7.70个百分点。商业地价增长率增幅最大的是昆明市，同比提高54.92个百分点，主要原因是昆明市基准地价的更新与调整，并且昆明市新城建设产生了对土地的巨大需求，导致昆明市商业地价增幅加大；居住地价增长率增幅最大的是重庆市，同比提高44.77个百分点，主要原因是重庆市被批准为全国统筹城乡综合配套改革试验区，刺激了房价的上涨，同时也刺激了地价特别是居住地价的上涨；工业地价增长率增幅较大的是南昌市和合肥市，同比提高均超过30个百分点，主要原因是《全国工业用地出让最低价标准》的实施，由于按照标准南昌市、合肥市土地等别为五等，工业用地最低价标准为384元/平方米，而2006年南昌市和合肥市的工业地价分别为280元/平方米和291元/平方米，均未达到工业用地最低价标准，所以2007年南昌市、合肥市的工业地价水平出现大幅度上升（图2-4-5）。

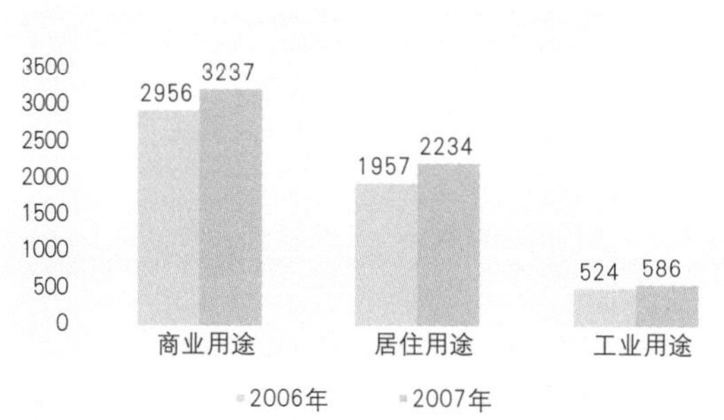

图2-4-5 2007年与2006年长江流域主要城市各类用地价格（元/平方米）比较

2001～2007年，长江流域主要城市商业用途地价增长率与居住用途地价增长率在2004年和2007年先后两次大幅上升；工业用途地价增长率则有起有伏，2001～2002年增长，2003～2004年回落明显，2005年又开始上升，2007年增长率达到11.77%。与前两年相比，2007年各类用途地价增长率均明显增加，在一定程度上说明，长江流域主要城市各类用途的土地供需紧张（图2-4-6）。

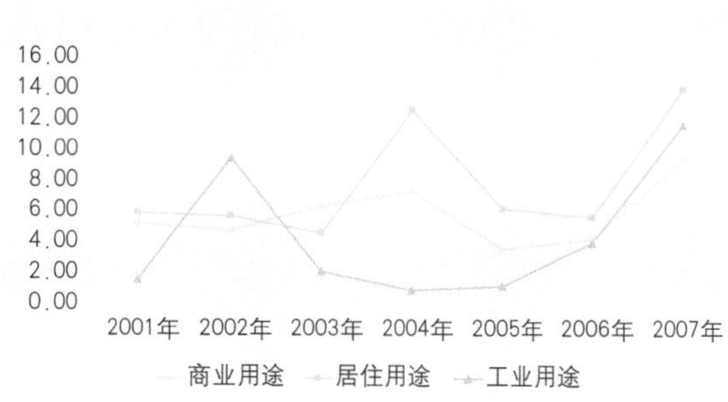

图2-4-6 2001～2007年长江流域主要城市各类用地增长率（%）比较

4. 长江流域各主要城市地价水平存在差异

从2007年长江流域主要城市来看，各城市之间的地价存在差异，上海市和南京市的地价水平明显高于长江流域其他城市，其中南京市最高，为4012元/平方米；合肥市最低，仅为946元/平方米。由此可见，长江流域经济发展呈现出区域的不均衡，空间上呈现东高，中、西低的规律。具体可将其分为两个大区域，其中地价水平较高的为东部地区，包括上海、南京两市，分别为3789元/平方米、4012元/平方米；地价水平较低的为中西部地区，包括成都市、重庆市、武汉市、长沙市、昆明市、南昌市和合肥市，分别为1683元/平方米、1630元/平方米、1595元/平方米、1391元/平方米、1285元/平方米、1161元/平方米和946元/平方米（图2-4-7）。

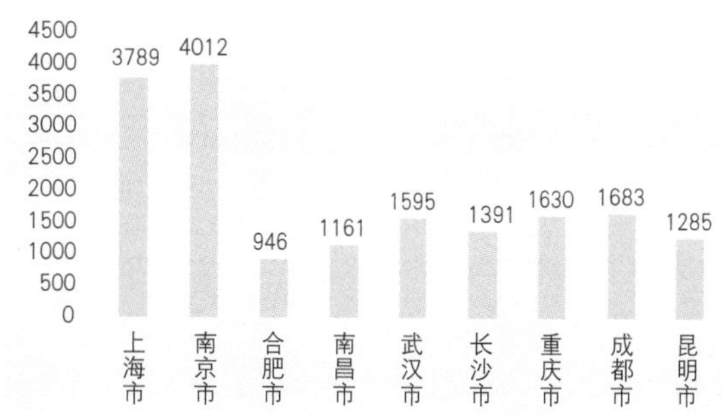

图2-4-7 2007年长江流域主要城市综合地价水平值（元/平方米）

（二）2007 年长江流域主要城市地价与房价的关系

1.2007 年长江流域主要城市房价增长速度加快，大部分城市房价增长率高于地价增长率，房价和地价连动增长

从商品房价格和综合地价来看，长江流域主要城市的商品房价格增长速度加快。2007 年，长江流域多数城市商品房价格增长率高于综合地价增长率；从住宅房价和居住地价看，除重庆市的住宅房价增长率低于居住地价增长率外，其他各城市的住宅房价增长率均高于居住地价增长率[①]。各个城市的地价和房价的增长速度是不一致的，可以看出地价和房价不是简单的“谁决定谁”的关系，而是相互作用、相互影响，同时地价和房价的增长受到不同因素的影响，并且这些因素对不同的城市影响程度也是不同的。2007 年重庆市的地价增长率明显高于房价增长率，由于重庆市的“新特区”效应加大了对土地的需求，加之重庆市作为一个山城，土地资源的稀缺性、土地供应的有限性比其他城市明显，客观上决定了重庆市土地供需更加紧张，导致了重庆市地价的增长速度过快，同时重庆市加强了土地供应结构的调整，2007 年重庆市经济适用住房、廉租住房和中低价位、中小套型普通商品住宅用地占住宅用地的比例为 68.1%[②]，在一定程度上缓解了住房压力，因此重庆市房价增长率低于地价增长率。从地价和房价的总体关系看，2007 年长江流域主要城市的地价和房价都呈现快速增长态势，地价和房价连动增长（图 2-4-8）。

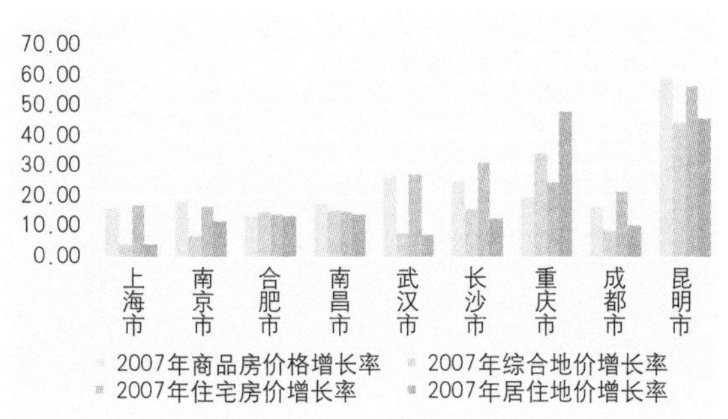

图2-4-8 2007年长江流域主要城市地价增长率与房价增长率（%）比较

2.2007 年长江流域主要城市居住楼面地价占住宅房价的比例有所下降，除南京市外，其他城市居住楼面地价占住宅房价的比例都在 20% 左右

从成本的角度分析，地价是房价的一个构成部分，在地价水平基准比较低的情况下，地价的增长对房价增长的影响不甚明显；相反房地产市场的非完全竞争性、产品异质性和信息不对称等因素，使地产开发商能操纵房地产市场，使得房价不断上涨。从经济理论上分析，土地作为房地产的构成要素属于引致需求，地价占房价的比例与地价、房价、建筑容积率密切关联。下面以居住用地为例，分析居住楼面地价与住宅房价的关系。从 2007 年长江流域主要城市的有关数据来看，居住楼面地价占住宅房价的比例为 16% ~ 57%[③]，其中上海市为 19.50%，南京市为 56.50%，合肥市为 20.90%，南昌市为 19.10%，武汉市为 17.80%，长沙市为 24.40%，重庆市为 20.80%，成都市为 22.20%，昆明市为 16.50%。从所得数据可以看出，南京市这一比例明显高于其他城市，但这一比例不是绝对的，是相对的，居住楼面地价占住宅房价的比例与地区资源禀赋、城市化政策等因素紧密相关。2007 年除重庆市居住楼面地价占住宅房价的比例高于 2006 年，其他城市居住楼面

---

① 数据来源：城市地价动态监测资料、搜房研究院数据，合肥市房价来源于合肥市人民政府网，昆明市房价来源于云南房地产信息网。
② 数据来源：2007 年全国土地市场动态监测分析报告。
③ 数据来源：城市地价动态监测资料，楼面地价 = 居住用地地价 / 容积率，住宅房价数据来源搜房研究院。

地价占住宅房价的比例均低于 2006 年，说明 2007 年长江流域主要城市除重庆市外居住地价对住宅房价的推动作用较 2006 年均有所减弱。从整个长江流域来看，2007 年居住楼面地价占住宅房价的比例的平均值为 24.1%。在土地资源相对富裕的美国地价占房价的比例长期徘徊在 20% ~ 30% 之间，在土地资源相对稀缺的韩国地价占房价的比例在 50% ~ 60% 之间[①]，长江流域各城市居住楼面地价占住宅房价的比例较低，也进一步说明了住宅房价上升只有少部分是由地价上升所致（图 2–4–9）。

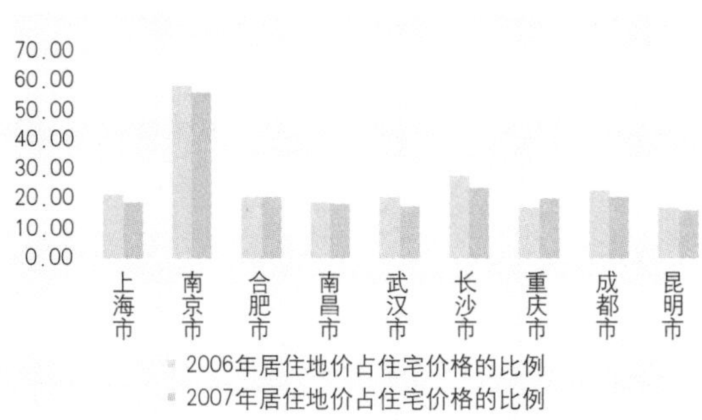

图2–4–9 2007年与2006年长江流域主要城市居住楼面地价占住宅房价比例（%）的对比

从居住用地的楼面地价看，南京市居住楼面地价最高，为 2830 元／平方米；重庆市最低，为 538 元／平方米；上海市的居住楼面地价为 1609 元／平方米；其他城市如合肥市、南昌市、武汉市、长沙市、重庆市、成都市、昆明市的居住楼面地价相差较小，都在 530 ~ 900 元／平方米之间（图 2–4–10）。

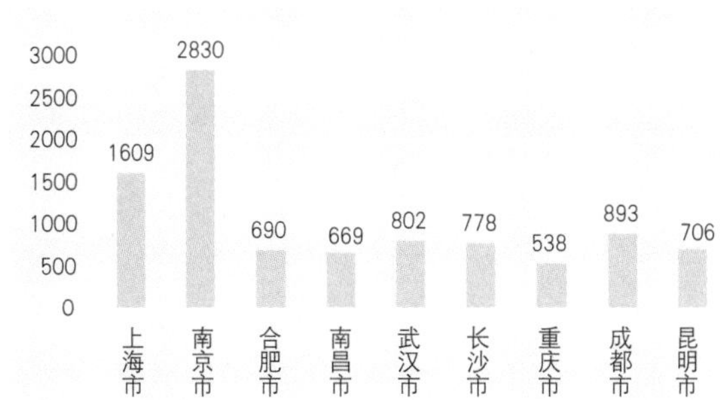

图2–4–10 2007年长江流域主要城市的居住楼面地价（元/平方米）比较

（三）2007 年长江流域主要城市地价变化与社会经济发展指标的关系分析

1.2007 年长江流域主要城市地价增幅不一，GDP 增长稳定

从 2007 年地价监测的结果可以看出，长江流域主要城市的综合地价增长率为 12.56%，而长江流域主要城市 GDP 增长率在 12.5% ~ 18.1% 之间[②]。其中，上海市、南京市、武汉市和成都市的综合地价增长率为 4.25%、6.87%、7.83% 和 8.80%，明显低于 GDP 增长率 13.30%、15.60%、15.60% 和 15.30%；重庆市和昆明市的综合地价增长率为 34.71%、44.71%，明显高于 GDP 增长率 15.60%、12.50%；合肥市、南昌市、长沙市的综合地价增长率为 15.03%、15.30%、16.05%，与 GDP 增长率 18.10%、15.50%、16.00% 相差不大。这与 2006 年长江流域各主要城市综合地价增长率低于 GDP 增长率有很大差异，说明 2007 年长江流域主要城市地价的上涨不仅仅取决于经济的增长，也受到了其他因素如市场需求、人口总量、城市化、投机等因素的影响（图 2–4–11）。

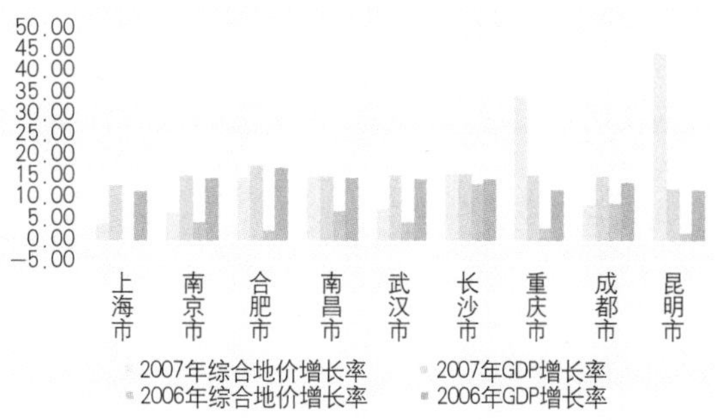

图2–4–11 2007年与2006年长江流域主要城市的综合地价增长率与GDP增长率（%）比较

① 宋勃，高波。房价与地价的国际关系比较及其引申。宏观经济，2007 年第 2 期。

② 数据来源：各城市统计局公开数据。

2. 长江流域主要城市中东部地区地价增长率低于固定资产投资增长率，西部地区地价增长率高于固定资产投资增长率

2007 年长江流域主要城市固定资产投资增长率在 13% ~ 60% 之间，平均固定资产投资增长率达到 29.09%[①]。而该流域主要城市的综合地价增长率只有 12.56%，低于固定资产投资平均增长率，但西部地区重庆市、昆明市综合地价增长率却高于固定资产投资增长率。各城市固定资产投资增长率之间存在明显差异，如上海市的固定资产投资增长率最低为 13.6%，合肥市固定资产投资增长率最高达到 58.9%。从监测取得的数据来看，地价增长和固定资产投资增长之间确实存在一定的关系，但并不是固定资产投资增长越快地价上升也越快。总之，长江流域主要城市的地价水平增幅较大，固定资产投资增幅也较大，地价上升和社会固定资产投资增长之间的关系基本协调（图 2-4-12）。

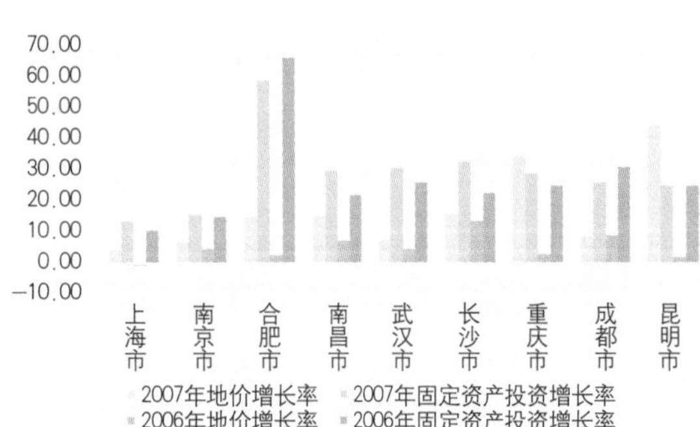

图2-4-12 2007年长江流域主要城市地价增长率与固定资产投资增长率比较（%）

（四）2007 年长江流域主要城市地价影响因素分析

1. 宏观经济发展促进了土地价格的上升

经济的持续增长，特别是第二、三产业的快速发展，导致了城市土地需求的增加，直接促进了城市地价上涨。2007 年，长江流域各主要城市经济继续保持增长的良好势头，各城市 2007 年 GDP 增长率均超过了 2006 年 GDP 增长率，各主要城市 2007 年固定资产投资平均增长率为 29.09%，高于 2006 年固定资产投资平均增长率 27.10%，固定资产投资增长形成的良好投资环境促进了对土地的需求，带动了土地价格的稳步增长。

物价上涨推动土地价格上升。2007 年以来，由于农产品价格上涨带来消费品价格、原材料价格和生产资料价格的相应上涨，导致了土地开发成本相应加大，同时由物价上涨造成的通货膨胀预期的加重，使对具有保值能力的房地产的需求加大，从而推动了地价上涨。

外资投资国内房地产市场对地价上升也有推动作用。随着人民币的升值，海外投资者不断为房地产市场注入大量资金，使土地供小于求的总体格局更趋于不平衡状态，加大了地价的上涨。如 2007 年 1 ~ 5 月，成都市新批外资服务业项目 105 个，实际吸收外商直接投资 8.7 亿美元，增长 71.5%，占成都市实际利用外资的 73.1%[②]，2007 年成都市综合地价增长率达到 8.80%。

2. 住宅需求的加大推动了土地价格的上升

城市拆迁导致对住宅的刚性需求加大。为了提升城市整体功能，旧城改造引发的住房需求依然继续保持。根据《上海市住房建设规划（2006 ~ 2010 年）》，2006 ~ 2010 年上海市旧住房改造量为 2000 万平方米以上。如按规划 2010 年人均居住面积 19 平方米计算，上海市每年需动迁和配套商品房供给面积约为 560 万平方米。从武汉市来看，2007 年湖北省建设厅下达的拆迁计划显示，2007 年武汉市房屋拆迁量将控制在 220 万平方米，这个数据是 2006 年实际拆迁面积的两倍[③]。2002 年到 2004 年 10 月，成都市拆迁安置单位和居民 9.38 万户，累计拆除各类危旧房屋

① 数据来源：各城市统计局公开数据。
② 数据来源：中国经济信息网。
③ 数据来源：搜房二手房网，http://esf.wuhan.soufun.com。

418.9 万平方米[①]。昆明市 2003 ～ 2005 年拆迁面积约为 320 万平方米[②]，2007 年昆明新城建设加快，主城大面积改造加大了住房的被动需求。总之，大规模的房屋拆迁，导致了住房较强烈的引致需求，进而推动了土地价格的上涨。

居民收入提高后的改善型需求加大。2007 年，长江流域各城市的城镇居民人均可支配收入均有大幅度提高。2007 年上海市城镇人均可支配收入达到 23623 元，同比增长 14.3%；南京市城镇人均可支配收入达到 20317 元，同比增长 15.8%；合肥市城镇人均可支配收入达到 13427 元，同比增长 21.9%；南昌市城镇人均可支配收入达到 13253 元，同比增长 17.9%；武汉市城镇人均可支配收入达到 14358 元，同比增长 16.2%；长沙市城镇人均可支配收入达到 16153 元，同比增长 16.0%；重庆市城镇人均可支配收入达到 13715 元，同比增长 18.5%；成都市城镇人均可支配收入达到 14849 元，同比增长 16.1%；昆明市城镇人均可支配收入达到 12083 元，同比增长 12.2%。目前，我国城镇居民的住房支出份额在 20% 左右[③]，长江流域主要城市城镇居民可支配收入的增加，将推动各区域对住宅的引致需求，进而拉动土地价格的不断上涨（图 2–4–13）。

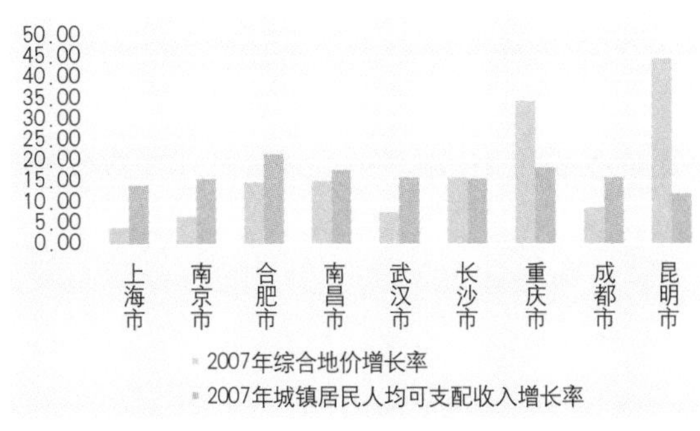

图2–4–13　2007年长江流域主要城市综合地价增长率与城镇居民人均可支配收入增长率（%）比较

城市化水平的不断提高引起对住房的需求加大。城市化是一种社会经济变化的地域空间过程，它体现为人口向城市的集中和非农产业在城市的发展。当前，我国的城市化进程已经进入加速发展的阶段。城市化水平的不断提高，意味着城市人口规模、经济规模的不断扩大。随着人口规模的扩大，人们需要更多的住宅、道路等用地；而随着经济规模的扩大，商业、工业等用地的需求增大。由此可见，城市化进程的推进将增加对城市土地的需求。从长江流域主要城市来看，根据《合肥市城市总体规划（2006 ～ 2020 年）》，到 2010 年合肥市总人口将达到 580 万，城镇化水平达到 62%；根据南京市“十一五”规划的统计数据，到 2010 年，南京的城市化水平预计将达到 80%；根据《重庆市城市总体规划（2005 ～ 2020 年）》，到 2010 年重庆市城市化水平将达到 50% 以上；根据《上海市城市总体规划（1999 ～ 2020 年）》，到 2010 年上海城市化水平将达到 80% 以上；根据《武汉市城市总体规划（2006 ～ 2020 年）》，到 2010 年武汉市城市化水平将达到 70% 以上；根据新昆明发展规划，2010 年，昆明市城市化水平将达到 68%。长江流域城市化的快速推进，必将扩大城市人口规模，形成对城市土地的刚性需求，进而推动土地价格的上涨。

3. 土地供应相对于需求仍然不足，推动了土地价格的上升

2007 年土地供不应求的态势仍在持续，根据 2007 年长江流域主要城市房地产开发用地供应量增长率[④]，上海市、合肥市、南昌市和成都市的房地产开发用地供应量减少，在一定程度上促进了这些城市地价的增长；长沙市和重庆市虽然加大了土地供应的数量，但长沙市和重庆市地价的上

① 数据来源：成都市房产管理局信息网，http://www.cdfgj.gov.cn。
② 数据来源：21 世纪经济报道，http://www.nanfangdaily.com.cn。
③ 樊茂清，任若恩。我国城镇居民消费结构的实证研究。统计研究，2006 年第 12 期。
④ 数据来源：2007 年全国土地市场动态监测分析报告。

升幅度仍比较大，说明长沙市和重庆市地价上涨的原因更多归咎于对土地需求的增加。总体来看，长江流域各城市的土地供给相对于需求来说仍然不足，供需矛盾依然突出，从而使得土地价格上涨（图 2-4-14）。

土地供应量的不足具体表现在三个方面：一

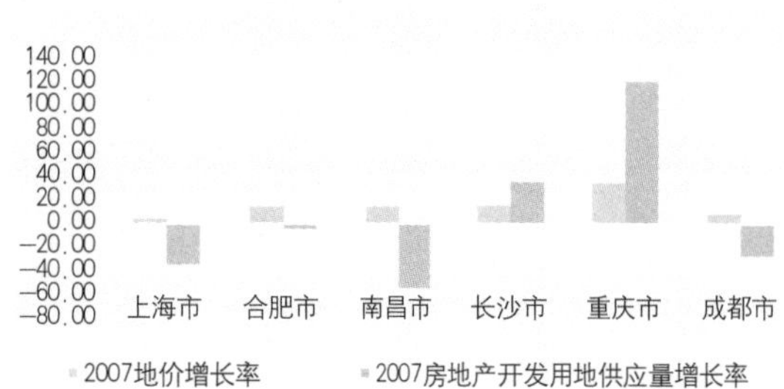

图2-4-14 2007年长江流域主要城市地价增长率与房地产开发用地增长率（%）比较

是土地出让面积有限。由于要坚守耕地 18 亿亩红线，各城市土地供应面积有限，2007 年长江流域各主要城市虽然加大了对廉租住房、经济适用住房和中低价位、中小套型普通商品住房用地的供给，但仍是供不应求，地价和房价依然持续快速上涨。二是征地拆迁难度加大，土地供应的难度增加。《物权法》实施后，客观上征地拆迁的难度加大，拆迁周期延长，这无疑增加了土地供应的难度。三是开发企业持有大量土地导致出让土地无法全部形成当期的有效市场供应，2007 年，全国房地产开发企业累计购置土地面积 40609.18 万平方米，但实际仅开发完成 26870.77 万平方米，为购置面积的 66%[①]。正是由于土地的供不应求造成 2007 年很多开发企业开始在全国频繁高价拿地，7 月底，万科经过 117 次竞价后拿到南京市江宁区一地块，最终成交价格高出底价 12.03 亿元；11 月，上海市新江湾城 D3 地块被新加坡仁恒置地以 13.01 亿元的价格拿到，楼面地价高达 20000 元 / 平方米，这些“地王”现象造成的土地供应市场很大的不稳定性，推动了城市土地价格的上涨。

4. 宏观调控政策缓解了土地价格的上涨

土地政策从 2004 年被中央确定为宏观调控的重要手段以来，在抑制我国房地产价格上涨过快、盲目投资、低水平重复建设、非法压低地价招商等方面发挥了重要作用。近年来受各种因素的影响，土地价格不断上升，为此国家加大了土地政策的宏观调控力度。2007 年 1 月 1 日《关于修改〈中华人民共和国城镇土地使用税暂行条例〉的决定》正式施行，城镇土地使用税税额标准提高 2 倍，新增建设用地有偿使用费提高 1 倍，土地增值税的缴纳由“预征制”转为“清算制”；2007 年 9 月国土资源部下发了《关于加大闲置土地处置力度的通知》，要求实行“净地”出让，合理控制单宗土地出让规模，规定每宗土地开发时间，加大闲置土地处置力度；2007 年 11 月国土资源部开始执行《招标拍卖挂牌出让国有建设用地使用权规定》（国土资源部令第 39 号）；2007 年 12 月《土地储备管理办法》出台，土地供应正式进入“储备管理”时代，储备土地必须符合规划、计划，优先储备闲置、空闲和低效利用的国有存量建设用地。这些土地政策的推行规范了土地市场，抑制了房地产开发企业圈占土地，提高了土地的有效供给，缓解了土地价格的上涨。

有效的金融政策保持了房地产市场的稳定。我国通过实施金融政策控制房地产开发信贷、鼓励普通住宅消费，逐步建立起土地融资动态监测制度，有效地调控了对房地产的需求，打击了土地投机行为，减少了开发商对土地的圈占，维护了土地市场的健康状态。2007 年建设部发布了《关

① 数据来源：搜房研究院。

于加强商业性房地产信贷管理的通知》(简称 359 号文件),央行在此基础上再发出《关于加强商业性房地产信贷管理的补充通知》(简称为 452 号文件),2007 年央行 6 次加息、10 次上调存款准备金率,有效地缓解了投资过热,一方面有区别地调整住房消费信贷政策,支持中低收入者对普通住宅的消费,打击投机性消费;另一方面对房地产开发企业实行更严格的金融信贷政策,抑制其圈占土地。通过对房地产开发和消费的金融调控,促使长江流域的房地产信贷结构理性调整,投放重心由生产环节转向普通住宅消费环节,由此保持房地产市场的稳定。

税收政策抑制了投机和投资性购房需求。近两年,国家充分发挥土地税费、房地产税费在调控土地供应中的杠杆作用,2007 年实行新调整的城镇土地使用税和新增建设用地土地有偿使用费,高征土地闲置费。这一系列的调控措施,对推动土地市场的规范、稳定土地价格起到了重要作用。

其他相关政策也对平稳地价起到了一定的作用。2007 年 8 月,国务院《关于解决城市低收入家庭住房困难的若干意见》出台,使得土地供应、资金投入、政策导向、配套支持等都重点转向保障性住房。国土资源部《关于认真贯彻〈国务院关于解决城市低收入家庭住房困难的若干意见〉进一步加强土地供应调控的通知》,要求廉租住房、经济适用住房和中低价位、中小套型普通商品住房不低于整体住宅供地的 70%,单宗土地的开发建设时限原则上不得超过 3 年,并合理控制单宗土地供应规模。11 月,合肥市最大的经济适用住房及廉租住房项目在滨湖新区开工建设,各地也纷纷出台了廉租房、经济适用房和中低价位、中小套型普通商品住房建设办法,经济适用房、廉价房及保障性用房建设投资规模的增加,将会大大增加住房有效供给总量,在一定程度上缓解房地产供求紧张关系。2007 年 10 月 31 日,国家发改委、商务部公布 2007 年第 57 号令《外商投资产业指导目录(2007 年修订)》,限制土地成片开发,不再鼓励外资对普通住宅用地开发建设,限制高档宾馆、别墅、高档写字楼和国际会展中心的建设、经营, 限制房地产二级市场交易及房地产中介或经纪公司,这一政策对抑制房地产投机有很重要的作用。2007 年 11 月 21 日,国务院办公厅下发《关于加强和规范新开工项目管理的通知》,总投资 5000 万元以上的拟建项目须报国务院批准,这一政策可以抑制投资过热现象。这一系列的调控措施都会对土地价格的上涨有一定的缓解作用。

5. 区域特殊的政策环境也影响了城市土地价格

各城市所在地区的自然、社会、经济条件产生的地区特性对城市土地价格也有很大的影响。昆明市按照建设山水园林生态城市的总体布局,计划用 10 年左右的时间,把昆明市呈贡新城建设成为环滇池的东部新城、面向东南亚的物流中心、中国花卉交易中心及研发中心、现代新昆明重要的行政文教及新兴工业中心[①],昆明市呈贡房地产开发高潮的来临助推了土地价格上升,2007 年昆明市综合地价增长率达到 44.71%。2007 年 6 月 7 日,成都市和重庆市成为统筹城乡综合改革配套试验区,成都和重庆成为中国的焦点城市,大量资本投向这两个城市,2007 年第三季度,成都市主城区(五城区和高新区)共挂牌出让 30 宗商住用地,总面积为 1415.6 亩,其供地量已经超过了 2007 年上半年五城区和高新区总供地量的 50%[①],2007 年成都市和重庆市综合地价增长率达到 8.80% 和 34.71%。2007 年 12 月 14 日,国家发

① 数据来源:http://www.cgxc.com.cn。

展和改革委员会下发了《国家发展改革委关于批准武汉城市圈和长株潭城市群为全国资源节约型和环境友好型社会建设综合配套改革实验区的通知》，武汉市和长沙市的房地产需求提前释放，造成了地价上升幅度加大，武汉市2007年第三季度供地面积虽然低于第二季度，但整体成交金额较第二季度增长了21%，平均楼面地价达到4353元／平方米②。2007年武汉市和长沙市第四季度综合地价环比增长率为5.24%和4.50%。

（五）2008年长江流域主要城市地价状况预测

1.2008年长江流域主要城市宏观经济形势依然看好，地价将继续保持上涨的趋势

2007年长江流域主要城市GDP持续较快增长，2008年宏观经济形势将依然看好，根据中国社会科学院发布的2008年经济蓝皮书《2008年中国经济形势分析与预测》，受宏观调控措施的影响，2008年GDP增速将有所回落，预计可保持在接近11%的水平。随着固定资产投资的增加和居民收入水平的提高，房地产消费和投资必将增加，土地需求也将会持续增加。地区经济持续发展，特别是重庆市、成都市、武汉市和长沙市被确立为改革实验区，成为中国新的经济增长极，必然会对土地资源产生巨大的需求，地价将继续保持上涨。

2. 随着国家土地政策参与宏观调控，土地市场的不断健全和规范化，2008年综合地价增长将趋于平稳，预计增长率会低于2007年，特别是居住用地和工业用地价格将会平稳上涨

2007年土地供应结构不合理、固定资产投资增长过快、新开工项目多、房地产投机需求大、圈地严重等因素造成了地价增长过快，为此国家加强了宏观调控的力度，控制投资规模，并深化土地市场治理整顿，大力改革保障性住房用地制度，以规范土地市场。国家宏观调控的效果也会在2008年进一步显现出来，预计2008年长江流域各主要城市综合地价增长率会低于2007年，增长幅度会比较平稳，特别是2007年下半年各地加大了廉租房、经济适用房和中低价位、中小套型普通商品住房用地的供给，这些供给会在2008年形成有效的市场供应，居住用地价格将会平稳上涨，同时2007年长江流域各主要城市工业用地地价都达到了《全国工业用地出让最低价标准》，2008年工业用地价格也将会平稳上涨。总之，土地政策参与宏观调控，对有效抑制房地产投机扩张，维护公开公平公正的土地市场秩序，推进区域协调发展，保障土地所有者的合法权益，促进土地的节约集约利用意义重大。从长期来看，土地政策参与宏观调控有利于建立公平、法制化、竞争比较充分的土地市场，有利于土地资源的优化配置。同时，投资者也更为理性，土地价格将平稳上涨。

---

① 数据来源：购房者网站，http://news.goufang.com。

② 数据来源：焦点长沙房地产网，http://cs.focus.cn/news。

03 部分 各重点城市地价整体状况

一、2007 年 北京市地价整体状况

1. 地价整体水平

2007 年北京市城市地价综合水平值为 4469 元 / 平方米。其中，商业地价水平值为 7116 元 / 平方米，居住地价水平值为 5438 元 / 平方米，工业地价水平值为 855 元 / 平方米。商业地价、居住地价、工业地价水平呈梯状排列，水平值之比为 1 ：0.76 ：0.12。商业地价最高，工业地价最低，见图 3-1-1。

北京市地价整体水平历年状况如表 3-1-1。

2. 地价整体增长率

与 2006 年相比，2007 年北京市城市地价总体呈大幅上升趋势，地价综合增长率（平均值）为 22.93%。其中，商业地价平均增长率为 19.54%，居住地价平均增长率为 28.14%，工业地价平均增长率为 20.71%。其中，居住地价增长率较大，工业地价增长率次之，商业地价增长率最小，见图 3-1-2。

北京市地价整体增长率历年状况如表 3-1-2。

3. 城市地价指数

2007 年北京市城市综合地价指数为 153，比 2006 年增加 28 个点数；商业地价指数为 153，比 2006 年增加 25 个点数；居住地价指数为 162，比 2006 年增加 36 个点数；工业地价指数为 145，比 2006 年增加 25 个点数。其中，居住地价指数较高，商业地价指数次之，工业地价指数最低，见图 3-1-3。

北京市地价整体指数历年状况如表 3-1-3。

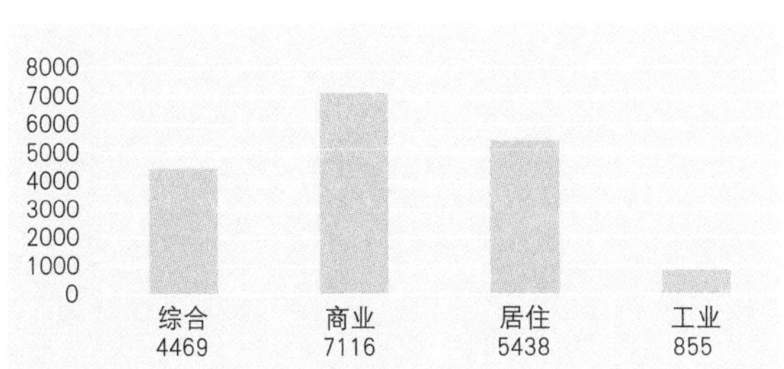

图3–1–1 北京市地价整体水平值（元/平方米）

表3–1–1 北京市地价整体水平历年状况

单位：元/平方米

	综合	商业	居住	工业
2003年	2331	4591	2058	478
2004年	2384	4739	2127	479
2005年	3361	5541	3884	658
2006年	3636	5952	4244	708
2007年	4469	7116	5438	855

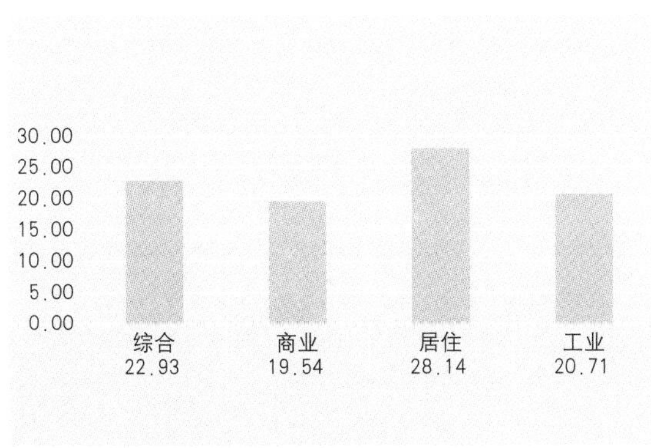

图3–1–2 北京市地价整体增长率（%）

表3–1–2 北京市地价整体增长率历年状况

单位：%

	综合	商业	居住	工业
2003年	2.64	3.21	2.34	2.36
2004年	2.26	3.22	3.37	0.23
2005年	4.46	3.06	3.82	6.51
2006年	8.17	7.43	9.26	7.60
2007年	22.93	19.54	28.14	20.71

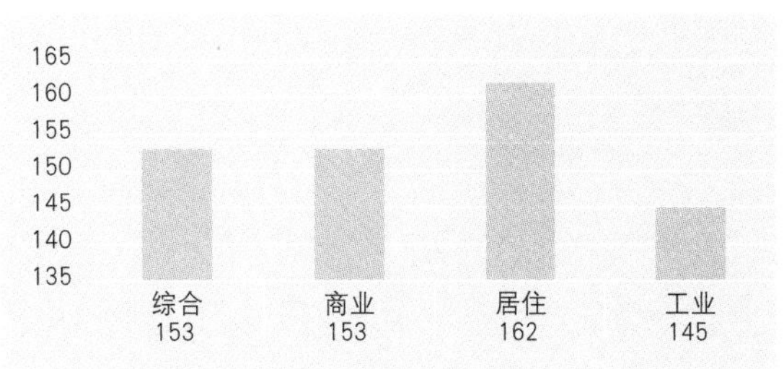

图3–1–3 北京市地价整体指数

表3–1–3 北京市地价整体指数历年状况

	综合	商业	居住	工业
2003年	108	112	108	104
2004年	110	115	111	105
2005年	115	119	116	111
2006年	125	128	126	120
2007年	153	153	162	145

4. 地价与相关经济指标及房价协调状况

与2006年同期相比，2007年北京市城市国内生产总值增长率为12.30%，城镇固定资产投资增长率为18.50%，城市居住用房价格[①]增长率为44.55%。居住地价增长率为28.14%，比固定资产投资增长率高9.64个百分点，比国内生产总值增长率高15.84个百分点，比居住用房价格增长率低16.41个百分点，地价占居住用房价格比率为25.50%。北京市地价增长率与国内生产总值、固定资产投资及居住用房价格增长率比较，见图3–1–4。

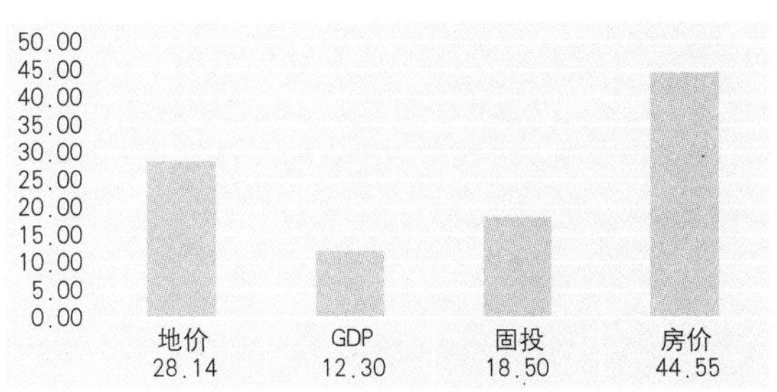

图3–1–4 北京市地价与相关经济指标增长率（%）比较

① 数据来源：搜房研究院。

二、2007 年天津市地价整体状况

1. 地价整体水平

2007 年天津市城市地价综合水平值为 2031 元／平方米。其中，商业地价水平值为 3872 元／平方米，居住地价水平值为 1589 元／平方米，工业地价水平值为 630 元／平方米。商业地价、居住地价、工业地价水平呈梯状排列，水平值之比为 1 ：0.41 ：0.16。商业地价最高，工业地价最低，见图 3–2–1。

天津市地价整体水平历年状况如表 3–2–1。

2. 地价整体增长率

与 2006 年相比，2007 年天津市城市地价总体增幅明显，地价综合增长率（平均值）为 10.83%。其中，商业地价平均增长率为 11.32%，居住地价平均增长率为 10.74%，工业地价平均增长率为 8.17%。其中，商业地价增长率较大，居住地价增长率次之，工业地价增长率最小，见图 3–2–2。

天津市地价整体增长率历年状况如表 3–2–2。

3. 城市地价指数

2007 年天津市城市综合地价指数为 150，比 2006 年增加 15 个点数；商业地价指数为 149，比 2006 年增加 15 个点数；居住地价指数为 174，比 2006 年增加 17 个点数；工业地价指数为 126，比 2006 年增加 10 个点数。其中，居住地价指数较高，商业地价指数次之，工业地价指数最低，见图 3–2–3。

天津市地价整体指数历年状况如表 3–2–3。

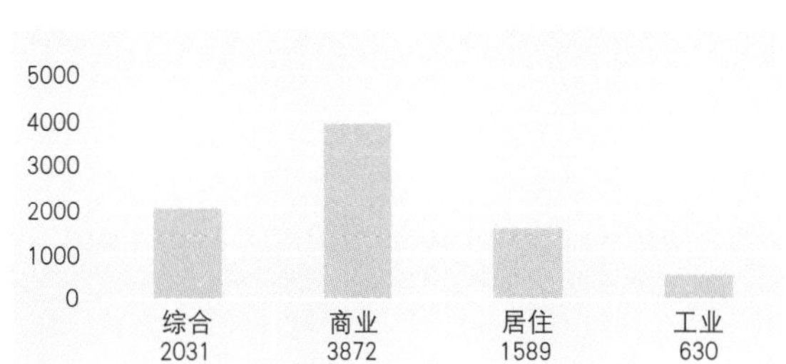

图3-2-1 天津市地价整体水平值（元/平方米）

表3-2-1 天津市地价整体水平历年状况

单位：元/平方米

	综合	商业	居住	工业
2003年	1468	2696	1103	550
2004年	1604	2952	1297	562
2005年	1778	3372	1382	580
2006年	1832	3479	1435	583
2007年	2031	3872	1589	630

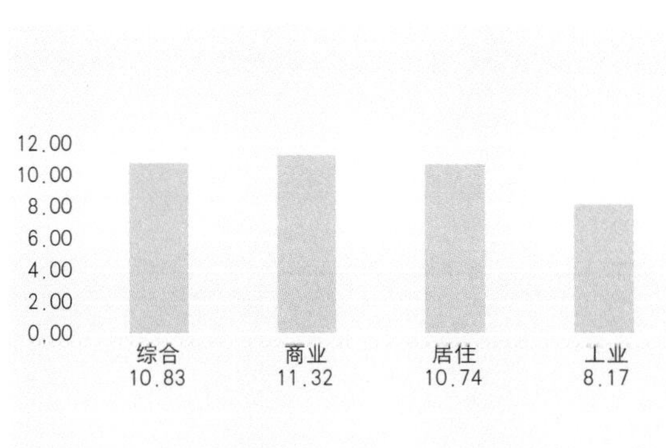

图3-2-2 天津市地价整体增长率（%）

表3-2-2 天津市地价整体增长率历年状况

单位：%

	综合	商业	居住	工业
2003年	15.23	32.94	17.57	0.00
2004年	9.25	9.49	17.56	2.13
2005年	6.08	8.49	6.55	3.20
2006年	3.06	3.17	3.85	0.47
2007年	10.83	11.32	10.74	8.17

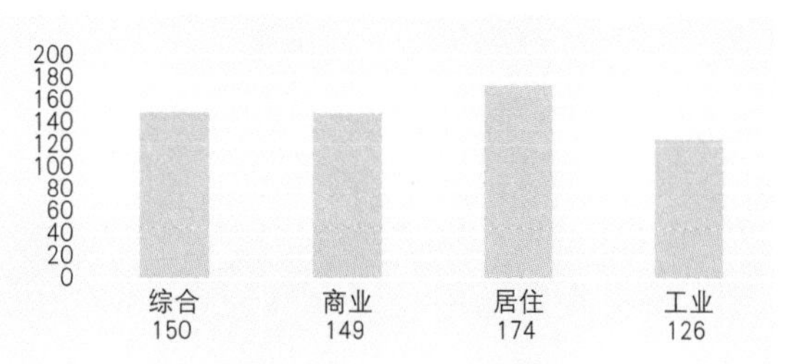

图3-2-3 天津市地价整体指数

表3-2-3 天津市地价整体指数历年状况

	综合	商业	居住	工业
2003年	113	109	121	110
2004年	124	119	142	112
2005年	131	129	152	116
2006年	135	134	157	116
2007年	150	149	174	126

4. 地价与相关经济指标及房价协调状况

与2006年同期相比，2007年天津市城市国内生产总值增长率为11.40%，城镇固定资产投资增长率为25.80%，城市居住用房价格①增长率为19.52%。居住地价增长率为10.74%，比固定资产投资增长率低15.06个百分点，比国内生产总值增长率低0.66个百分点，比居住用房价格增长率低8.78个百分点，地价占居住用房价格比率为19.06%。天津市地价增长率与国内生产总值、固定资产投资及居住用房价格增长率比较，见图3-2-4。

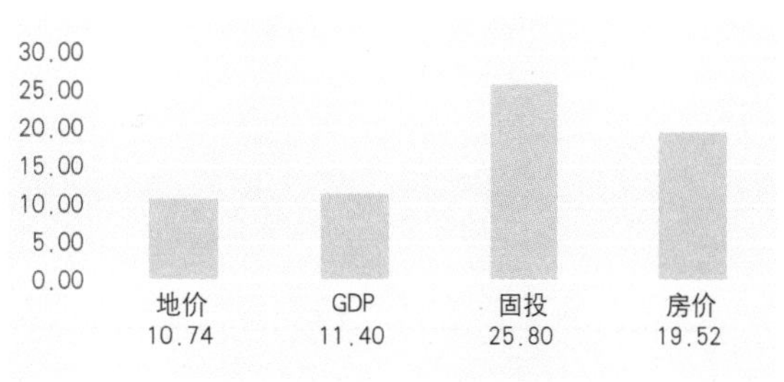

图3-2-4 天津市地价与相关经济指标增长率（%）比较

① 数据来源：搜房研究院。

三、2007 年 石家庄市地价整体状况

1. 地价整体水平

2007 年石家庄市城市地价综合水平值为 1076 元 / 平方米。其中，商业地价水平值为 1550 元 / 平方米，居住地价水平值为 1163 元 / 平方米，工业地价水平值为 511 元 / 平方米。商业地价、居住地价、工业地价水平呈梯状排列，水平值之比为 1 ∶ 0.75 ∶ 0.33。商业地价最高，工业地价最低，见图 3-3-1。

石家庄市地价整体水平历年状况如表 3-3-1。

2. 地价整体增长率

与 2006 年相比，2007 年石家庄市城市地价总体呈小幅上升趋势，地价综合增长率（平均值）为 2.14%。其中，商业地价平均增长率为 2.11%，居住地价平均增长率为 2.61%，工业地价平均增长率为 0.00%。其中，居住地价增长率较大，商业地价增长率次之，工业地价增长率为 0，见图 3-3-2。

石家庄市地价整体增长率历年状况如表 3-3-2。

3. 城市地价指数

2007 年石家庄市城市综合地价指数为 118，比 2006 年增加 2 个点数；商业地价指数为 118，比 2006 年增加 2 个点数；居住地价指数为 126，比 2006 年增加 3 个点数；工业地价指数为 109，与 2006 年相同。其中，居住地价指数较高，商业地价指数次之，工业地价指数最低，见图 3-3-3。

石家庄市地价整体指数历年状况如表 3-3-3。

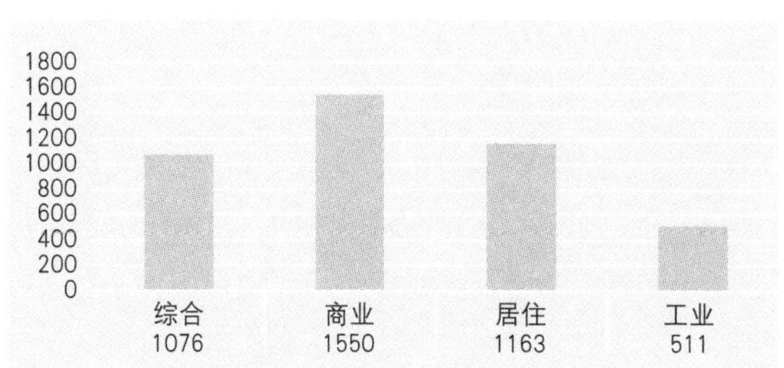

图3-3-1 石家庄市地价整体水平值（元/平方米）

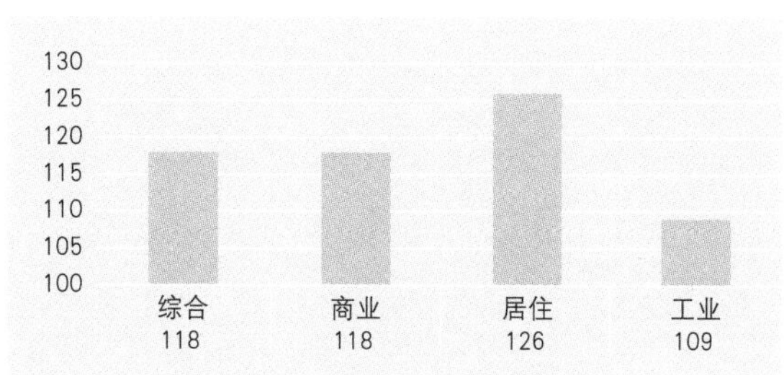

图3-3-3 石家庄市地价整体指数

表3-3-1 石家庄市地价整体水平历年状况

单位：元/平方米

	综合	商业	居住	工业
2003年	938	1372	971	471
2004年	967	1413	1011	477
2005年	977	1416	1035	479
2006年	1054	1518	1133	511
2007年	1076	1550	1163	511

表3-3-3 石家庄市地价整体指数历年状况

	综合	商业	居住	工业
2003年	104	104	106	100
2004年	107	108	110	102
2005年	108	108	113	102
2006年	116	116	123	109
2007年	118	118	126	109

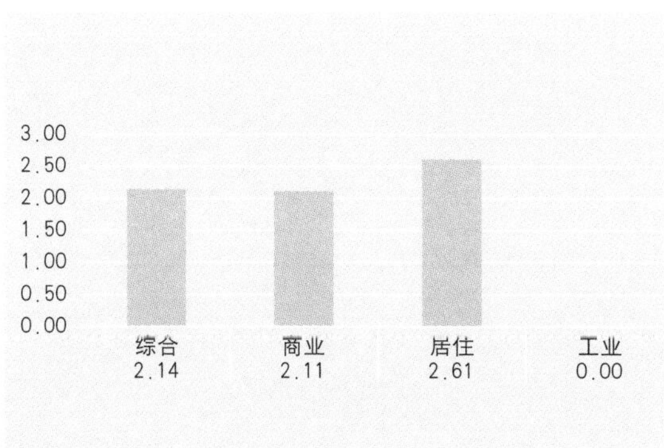

图3-3-2 石家庄市地价整体增长率（%）

表3-3-2 石家庄市地价整体增长率历年状况

单位：%

	综合	商业	居住	工业
2003年	1.19	1.33	1.36	0.21
2004年	3.09	2.99	4.12	1.27
2005年	1.03	0.23	2.36	0.40
2006年	7.88	7.17	9.51	6.71
2007年	2.14	2.11	2.61	0.00

4. 地价与相关经济指标及房价协调状况

与2006年同期相比，2007年石家庄市城市国内生产总值增长率为13.20%，城镇固定资产投资增长率为26.70%，新建商品住房销售价格[①]增长率为9.23%。居住地价增长率为2.61%，比固定资产投资增长率低24.09个百分点，比国内生产总值增长率低10.59个百分点，比新建商品住房销售价格增长率低6.62个百分点，地价占新建商品住房销售价格比率为40.84%。石家庄市地价增长率与国内生产总值、固定资产投资及居住用房价格增长率比较，见图3-3-4。

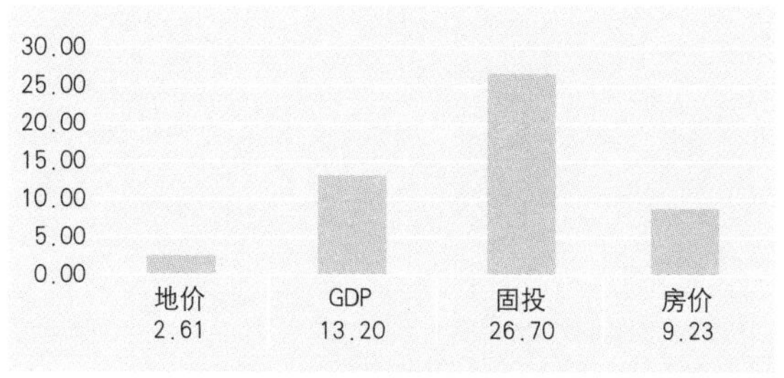

图3-3-4 石家庄市地价与相关经济指标增长率（%）比较

① 数据来源：国家发展和改革委员会网站。

四、2007 年 太原市地价整体状况

1. 地价整体水平

2007 年太原市城市地价综合水平值为 1061 元 / 平方米。其中，商业地价水平值为 1560 元 / 平方米，居住地价水平值为 1253 元 / 平方米，工业地价水平值为 576 元 / 平方米。商业地价、居住地价、工业地价水平呈梯状排列，水平值之比为 1 ：0.80 ：0.37。商业地价最高，工业地价最低，见图 3-4-1。

太原市地价整体水平历年状况如表 3-4-1。

2. 地价整体增长率

与 2006 年相比，2007 年太原市城市地价总体增幅明显，地价综合增长率（平均值）为 15.61%。其中，商业地价平均增长率为 13.28%，居住地价平均增长率为 14.73%，工业地价平均增长率为 18.82%。其中，工业地价增长率较大，居住地价增长率次之，商业地价增长率最小，见图 3-4-2。

太原市地价整体增长率历年状况如表 3-4-2。

3. 城市地价指数

2007 年太原市城市综合地价指数为 129，比 2006 年增加 17 个点数；商业地价指数为 134，比 2006 年增加 15 个点数；居住地价指数为 127，比 2006 年增加 17 个点数；工业地价指数为 126，比 2006 年增加了 20 个点数。其中，商业地价指数较高，居住地价指数次之，工业地价指数最低，见图 3-4-3。

太原市地价整体指数历年状况如表 3-4-3。

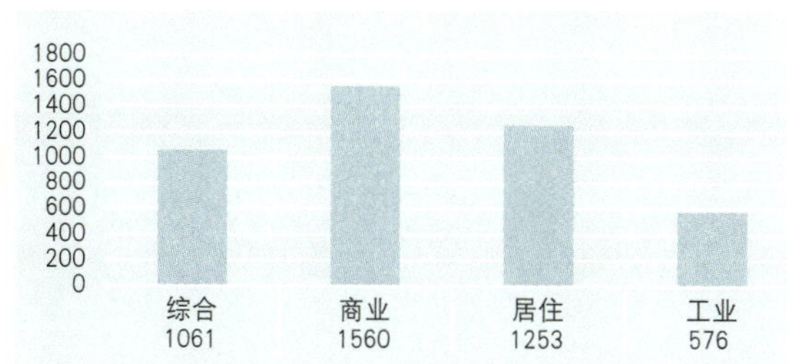

图3-4-1 太原市地价整体水平值（元/平方米）

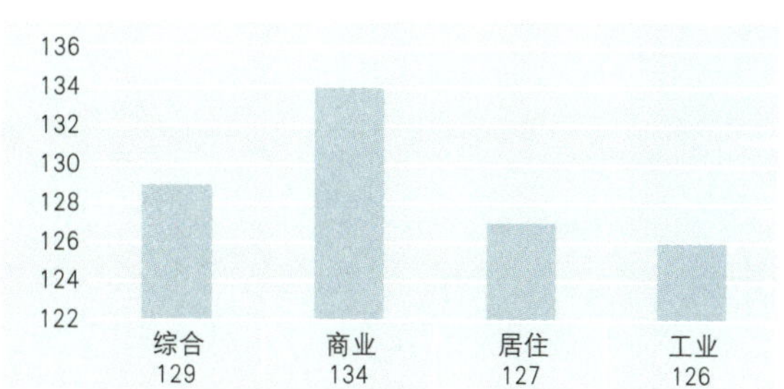

图3-4-3 太原市地价整体指数

表3-4-1 太原市地价整体水平历年状况

单位：元/平方米

	综合	商业	居住	工业
2003年	845	1210	916	414
2004年	865	1246	943	419
2005年	878	1327	1028	467
2006年	918	1377	1092	484
2007年	1061	1560	1253	576

表3-4-3 太原市地价整体指数历年状况

	综合	商业	居住	工业
2003年	102	102	102	101
2004年	104	105	105	102
2005年	107	114	104	102
2006年	112	119	110	106
2007年	129	134	127	126

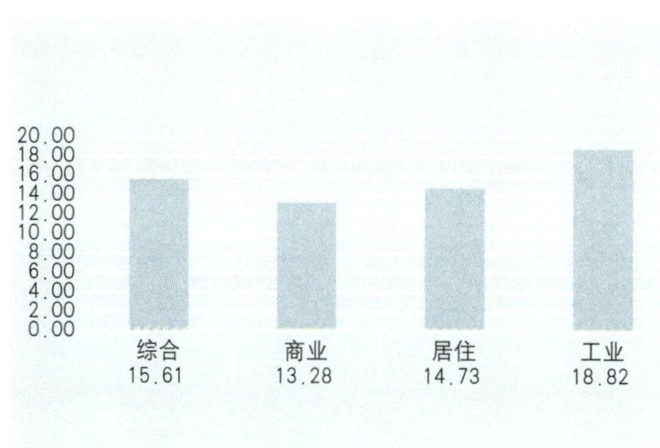

图3-4-2 太原市地价整体增长率（%）

表3-4-2 太原市地价整体增长率历年状况

单位：%

	综合	商业	居住	工业
2003年	0.96	1.26	0.99	0.73
2004年	2.39	3.00	2.91	1.26
2005年	2.42	8.31	−1.05	0.00
2006年	4.60	3.82	6.22	3.75
2007年	15.61	13.28	14.73	18.82

4. 地价与相关经济指标及房价协调状况

与2006年同期相比，2007年太原市城市国内生产总值增长率为16.40%，城镇固定资产投资增长率为15.30%，新建商品住房销售价格[①]增长率为4.75%。居住地价增长率为14.73%，比固定资产投资增长率低0.57个百分点，比国内生产总值增长率低1.67个百分点，比新建商品住房销售价格价格增长率高9.98个百分点，地价占新建商品住房销售价格价格比率为14.57%。太原市地价增长率与国内生产总值、固定资产投资及居住用房价格增长率比较，见图3-4-4。

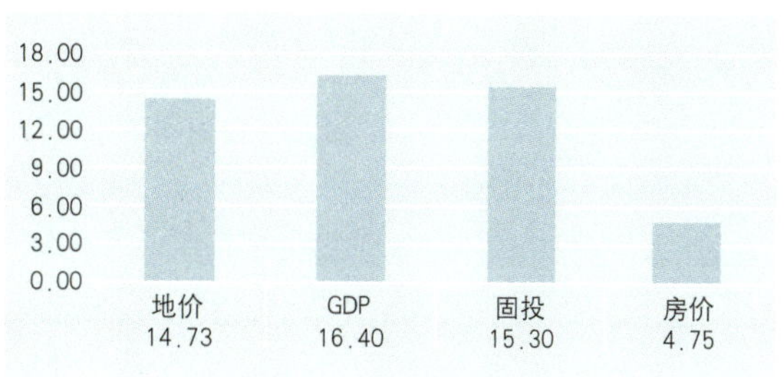

图3-4-4 太原市地价与居住用房价格增长率（%）比较

① 数据来源：国家发展和改革委员会网站。

五、2007 年
呼和浩特市地价整体状况

1. 地价整体水平

2007 年呼和浩特市城市地价综合水平值为 841 元 / 平方米。其中，商业地价水平值为 1485 元 / 平方米，居住地价水平值为 727 元 / 平方米，工业地价水平值为 422 元 / 平方米。商业地价、居住地价、工业地价水平呈梯状排列，水平值之比为 1 ：0.49 ：0.28。商业地价最高，工业地价最低，见图 3-5-1。

呼和浩特市地价整体水平历年状况如表 3-5-1。

2. 地价整体增长率

与 2006 年相比，2007 年呼和浩特市城市地价总体呈小幅上升趋势，地价综合增长率（平均值）为 2.00%。其中，商业地价平均增长率为 8.78%，居住地价平均增长率为 3.54%，工业地价平均增长率为 3.12%。其中，商业地价增长率较大，居住地价增长率次之，工业地价增长率最小，见图 3-5-2。

呼和浩特市地价整体增长率历年状况如表 3-5-2。

3. 城市地价指数

2007 年呼和浩特市城市综合地价指数为 134，比 2006 年增加 3 个点数；商业地价指数为 155，比 2006 年增加 12 个点数；居住地价指数为 132，比 2006 年增加 5 个点数；工业地价指数为 127，比 2006 年增加 4 个点数。其中，商业地价指数较高，居住地价指数次之，工业地价指数最低，见图 3-5-3。

呼和浩特市地价整体指数历年状况如表 3-5-3。

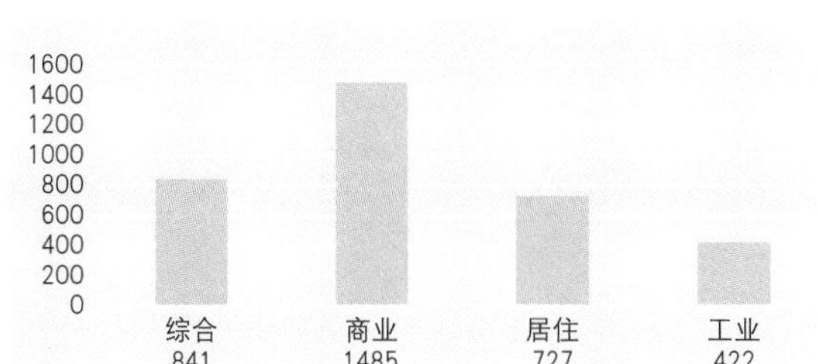

图3-5-1 呼和浩特市地价整体水平值（元/平方米）

表3-5-1 呼和浩特市地价整体水平历年状况

单位：元/平方米

	综合	商业	居住	工业
2003年	771	1157	642	521
2004年	872	1404	666	594
2005年	793	1310	671	397
2006年	824	1365	702	409
2007年	841	1485	727	422

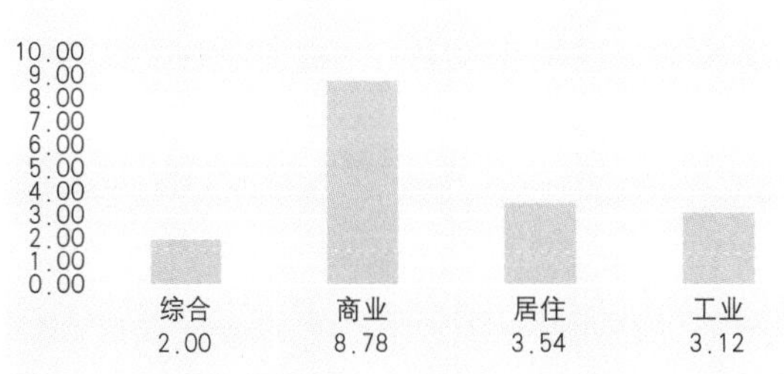

图3-5-2 呼和浩特市地价整体增长率（%）

表3-5-2 呼和浩特市地价整体增长率历年状况

单位：%

	综合	商业	居住	工业
2003年	1.45	1.85	2.23	0.77
2004年	13.17	21.42	3.77	13.93
2005年	4.13	4.30	8.00	0.00
2006年	3.96	4.20	4.64	3.03
2007年	2.00	8.78	3.54	3.12

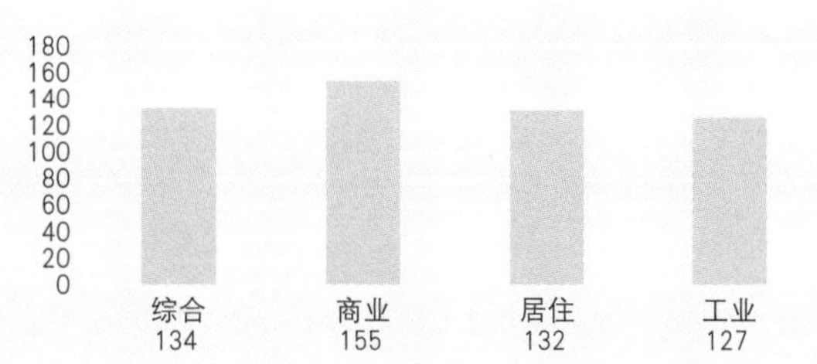

图3-5-3 呼和浩特市地价整体指数

表3-5-3 呼和浩特市地价整体指数历年状况

	综合	商业	居住	工业
2003年	107	108	109	105
2004年	121	132	113	119
2005年	126	137	122	119
2006年	131	143	127	123
2007年	134	155	132	127

4. 地价与相关经济指标及房价协调状况

与2006年同期相比，2007年呼和浩特市新建商品住房销售价格[①]增长率为4.27%。居住地价增长率为3.54%，比新建商品住房销售价格增长率低0.73个百分点，地价占新建商品住房销售价格比率为24.64%。呼和浩特市地价增长率与新建商品住房销售居住用房价格增长率比较，见图3-5-4。

图3-5-4 呼和浩特市地价与居住用房价格增长率（%）比较

① 数据来源：国家发展和改革委员会网站。

六、2007 年 沈阳市地价整体状况

1. 地价整体水平

2007 年沈阳市城市地价综合水平值为 1549 元 / 平方米。其中，商业地价水平值为 2101 元 / 平方米，居住地价水平值为 2002 元 / 平方米，工业地价水平值为 577 元 / 平方米。商业地价、居住地价、工业地价水平呈梯状排列，水平值之比为 1 ：0.95 ：0.27。商业地价最高，工业地价最低，见图 3-6-1。

沈阳市地价整体水平历年状况如表 3-6-1。

2. 地价整体增长率

与 2006 年相比，2007 年沈阳市城市地价总体呈上升趋势，地价综合增长率（平均值）为 6.56%。其中，商业地价平均增长率为 5.95%，居住地价平均增长率为 4.45%，工业地价平均增长率为 17.47%。其中，工业地价增长率较大，商业地价增长率次之，居住地价增长率最小，见图 3-6-2。

沈阳市地价整体增长率历年状况如表 3-6-2。

3. 城市地价指数

2007 年沈阳市城市综合地价指数为 155，比 2006 年增加 9 个点数；商业地价指数为 171，比 2006 年增加 10 个点数；居住地价指数为 167，比 2006 年增加 8 个点数；工业地价指数为 134，比 2006 年增加 20 个点数。其中，商业地价指数较高，居住地价指数次之，工业地价指数最低，见图 3-6-3。

沈阳市地价整体指数历年状况如表 3-6-3。

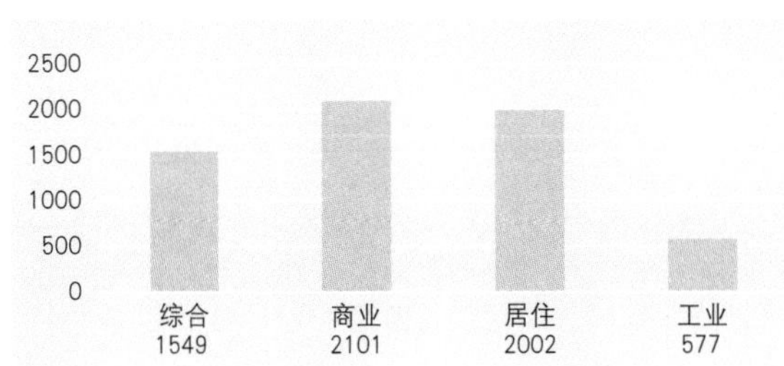

图3-6-1 沈阳市地价整体水平值（元/平方米）

表3-6-1 沈阳市地价整体水平历年状况

单位：元/平方米

	综合	商业	居住	工业
2003年	1183	1886	1264	437
2004年	1377	2357	1539	453
2005年	1313	1787	1706	473
2006年	1453	1983	1916	492
2007年	1549	2101	2002	577

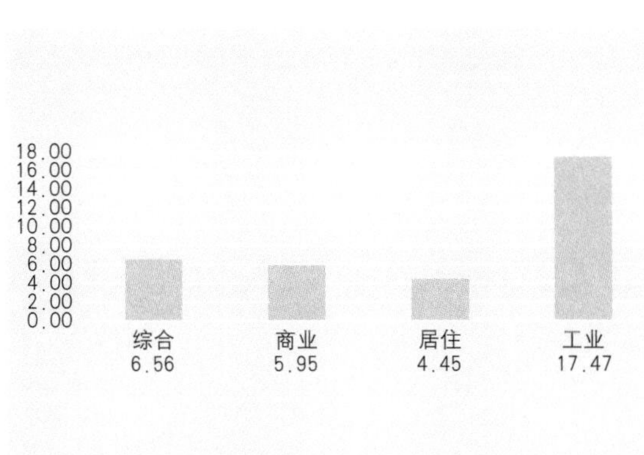

图3-6-2 沈阳市地价整体增长率（%）

表3-6-2 沈阳市地价整体增长率历年状况

单位：%

	综合	商业	居住	工业
2003年	3.87	5.84	2.85	2.82
2004年	16.47	24.99	21.75	3.54
2005年	6.14	6.55	8.97	2.91
2006年	10.72	10.95	12.34	3.94
2007年	6.56	5.95	4.45	17.47

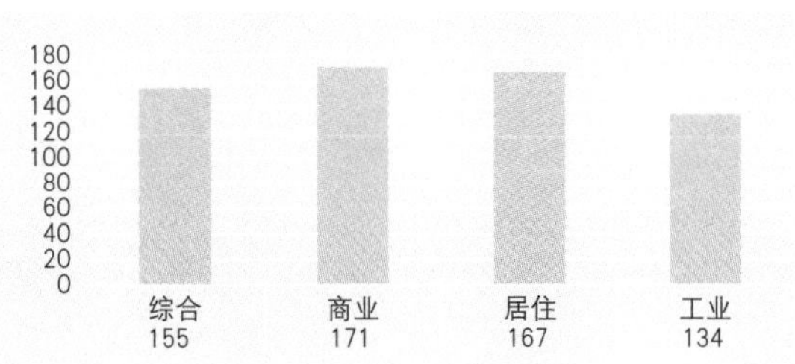

图3-6-3 沈阳市地价整体指数

表3-6-3 沈阳市地价整体指数历年状况

	综合	商业	居住	工业
2003年	106	109	107	103
2004年	124	136	130	107
2005年	131	145	142	110
2006年	146	161	159	114
2007年	155	171	167	134

4. 地价与相关经济指标及房价协调状况

与2006年同期相比，2007年沈阳市城市国内生产总值增长率为17.70%，城镇固定资产投资增长率为32.00%，新建商品住房销售价格[①]增长率为6.62%。居住地价增长率为4.45%，比固定资产投资增长率低27.55个百分点，比国内生产总值增长率低13.25个百分点，比新建商品住房销售价格增长率低2.17个百分点，地价占新建商品住房销售价格比率为34.68%。沈阳市地价增长率与国内生产总值、固定资产投资及居住用房价格增长率比较，见图3-6-4。

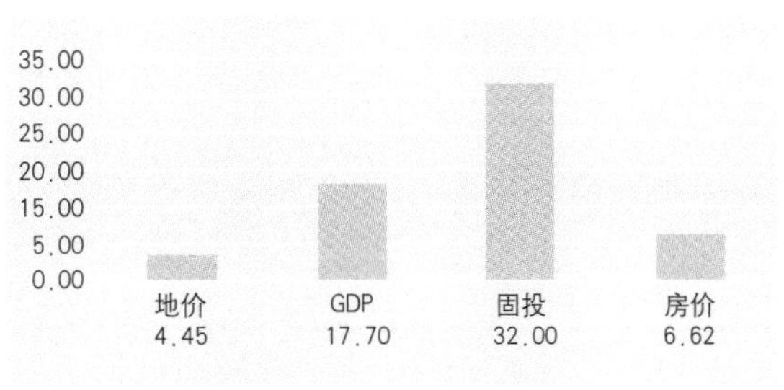

图3-6-4 沈阳市地价与相关经济指标增长率（%）比较

① 数据来源：国家发展和改革委员会网站。

七、2007 年大连市地价整体状况

1. 地价整体水平

2007 年大连市城市地价综合水平值为 1587 元 / 平方米。其中，商业地价水平值为 1872 元 / 平方米，居住地价水平值为 1695 元 / 平方米，工业地价水平值为 620 元 / 平方米。商业地价、居住地价、工业地价水平呈梯状排列，水平值之比为 1 ∶ 0.91 ∶ 0.33。商业地价最高，工业地价最低，见图 3-7-1。

大连市地价整体水平历年状况如表 3-7-1。

2. 地价整体增长率

与 2006 年相比，2007 年大连市城市地价总体呈上升趋势，地价综合增长率（平均值）为 6.00%。其中，商业地价平均增长率为 0.70%，居住地价平均增长率为 8.50%，工业地价平均增长率为 11.70%。其中，工业地价增长率较大，居住地价增长率次之，商业地价增长率最小，见图 3-7-2。

大连市地价整体增长率历年状况如表 3-7-2。

3. 城市地价指数

2007 年大连市城市综合地价指数为 159，比 2006 年增加 9 个点数；商业地价指数为 118，比 2006 年增加 1 个点数；居住地价指数为 179，比 2006 年增加 14 个点数；工业地价指数为 110，比 2006 年增加 12 个点数。其中，居住地价指数较高，商业地价指数次之，工业地价指数最低，见图 3-7-3。

大连市地价整体指数历年状况如表 3-7-3。

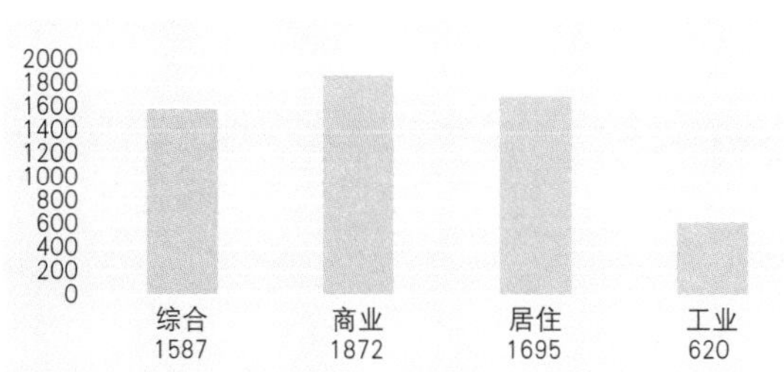

图3-7-1 大连市地价整体水平值（元/平方米）

表3-7-1 大连市地价整体水平历年状况

单位：元/平方米

	综合	商业	居住	工业
2003年	1187	1759	1147	555
2004年	1211	1797	1224	551
2005年	1290	1839	1336	550
2006年	1497	1859	1562	555
2007年	1587	1872	1695	620

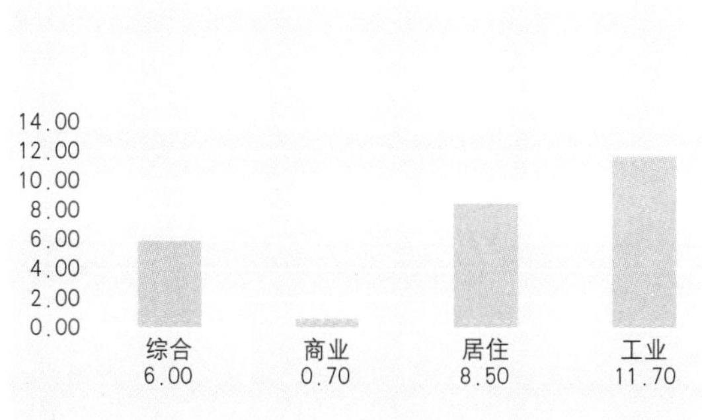

图3-7-2 大连市地价整体增长率（%）

表3-7-2 大连市地价整体增长率历年状况

单位：%

	综合	商业	居住	工业
2003年	4.58	1.79	6.11	0.00
2004年	2.54	2.04	6.89	-0.72
2005年	6.52	2.30	9.30	-0.90
2006年	19.77	1.06	16.74	0.91
2007年	6.00	0.70	8.50	11.70

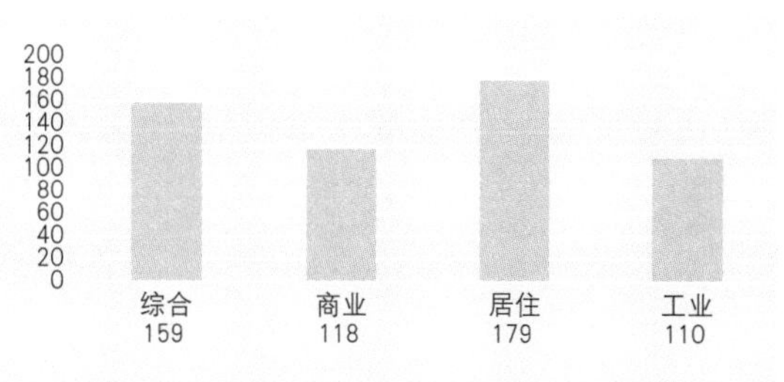

图3-7-3 大连市地价整体指数

表3-7-3 大连市地价整体指数历年状况

	综合	商业	居住	工业
2003年	115	111	121	99
2004年	117	113	129	98
2005年	125	116	141	98
2006年	150	117	165	98
2007年	159	118	179	110

4. 地价与相关经济指标及房价协调状况

与2006年同期相比，2007年大连市城市国内生产总值增长率为17.50%，城镇固定资产投资增长率为33.40%，城市居住用房价格①增长率为27.28%。居住地价增长率为8.50%，比固定资产投资增长率低24.9个百分点，比国内生产总值增长率低9个百分点，比居住用房价格增长率低18.78个百分点，地价占居住用房价格比率为22.35%。大连市地价增长率与国内生产总值、固定资产投资及居住用房价格增长率比较，见图3-7-4。

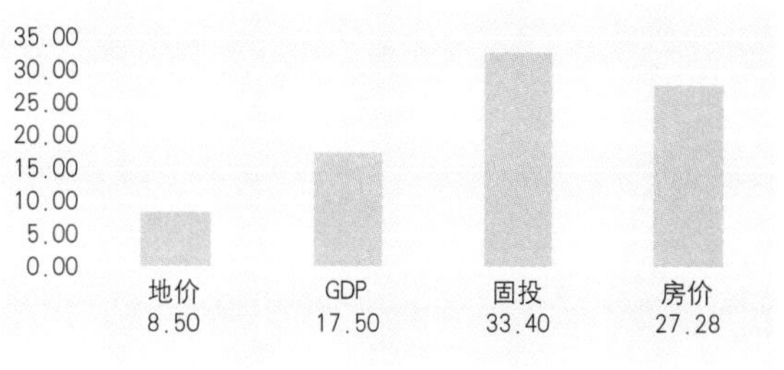

图3-7-4 大连市地价与相关经济指标增长率（%）比较

① 数据来源：搜房研究院。

八、2007 年 长春市地价整体状况

1. 地价整体水平

2007 年长春市城市地价综合水平值为 1676 元 / 平方米。其中，商业地价水平值为 2211 元 / 平方米，居住地价水平值为 1868 元 / 平方米，工业地价水平值为 726 元 / 平方米。商业地价、居住地价、工业地价水平呈梯状排列，水平值之比为 1 ：0.84 ：0.33。商业地价最高，工业地价最低，见图 3-8-1。

长春市地价整体水平历年状况如表 3-8-1。

2. 地价整体增长率

与 2006 年相比，2007 年长春市城市地价总体呈大幅上升趋势，地价综合增长率（平均值）为 39.83%。其中，商业地价平均增长率为 19.54%，居住地价平均增长率为 40.48%，工业地价平均增长率为 71.80%。其中，工业地价增长率较大，居住地价增长率次之，商业地价增长率最小，见图 3-8-2。

长春市地价整体增长率历年状况如表 3-8-2。

3. 城市地价指数

2007 年长春市城市综合地价指数为 194，比 2006 年增加 55 个点数；商业地价指数为 164，比 2006 年增加 27 个点数；居住地价指数为 207，比 2006 年增加 60 个点数；工业地价指数为 227，比 2006 年增加 95 个点数。其中，工业地价指数较高，居住地价指数次之，商业地价指数最低，见图 3-8-3。

长春市地价整体指数历年状况如表 3-8-3。

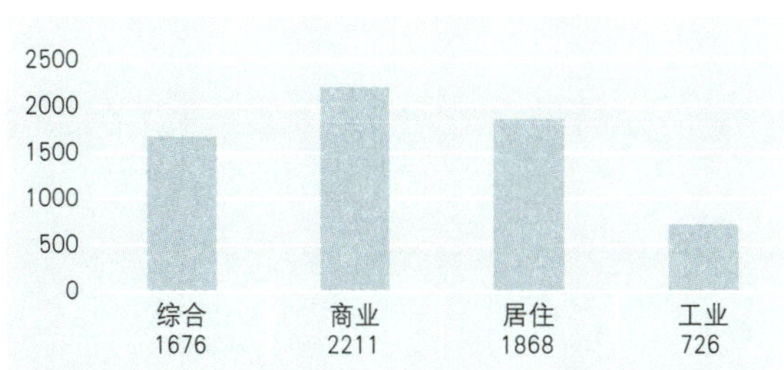

图3-8-1 长春市地价整体水平值（元/平方米）

表3-8-1 长春市地价整体水平历年状况

单位：元/平方米

	综合	商业	居住	工业
2003年	1063	1640	1156	403
2004年	1087	1683	1189	410
2005年	1154	1771	1279	411
2006年	1199	1850	1330	422
2007年	1676	2211	1868	726

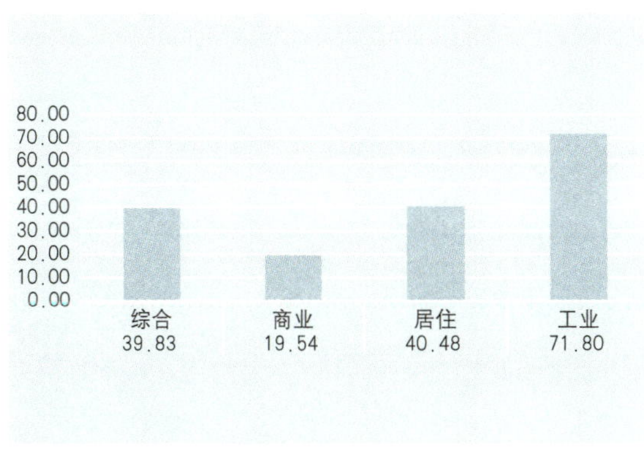

图3-8-2 长春市地价整体增长率（%）

表3-8-2 长春市地价整体增长率历年状况

单位：%

	综合	商业	居住	工业
2003年	7.27	4.26	9.07	8.33
2004年	2.29	2.66	2.87	1.68
2005年	1.06	1.03	1.07	1.05
2006年	3.85	4.44	3.95	2.76
2007年	39.83	19.54	40.48	71.80

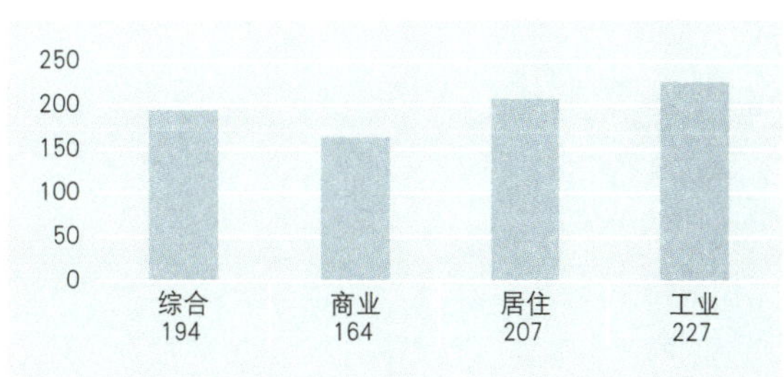

图3-8-3 长春市地价整体指数

表3-8-3 长春市地价整体指数历年状况

	综合	商业	居住	工业
2003年	129	127	136	125
2004年	132	130	140	127
2005年	134	131	142	128
2006年	139	137	147	132
2007年	194	164	207	227

4. 地价与相关经济指标及房价协调状况

与2006年同期相比，2007年长春市城市国内生产总值增长率为17.70%，城镇固定资产投资增长率为33.70%，城市新建商品住房销售价格①增长率为7.55%。居住地价增长率为40.48%，比固定资产投资增长率高6.78个百分点，比国内生产总值增长率高22.78个百分点，比新建商品住房销售价格增长率高32.93个百分点，地价占新建商品住房销售价格比率为72.12%。长春市地价增长率与国内生产总值、固定资产投资及新建商品住房销售价格增长率比较，见图3-8-4。

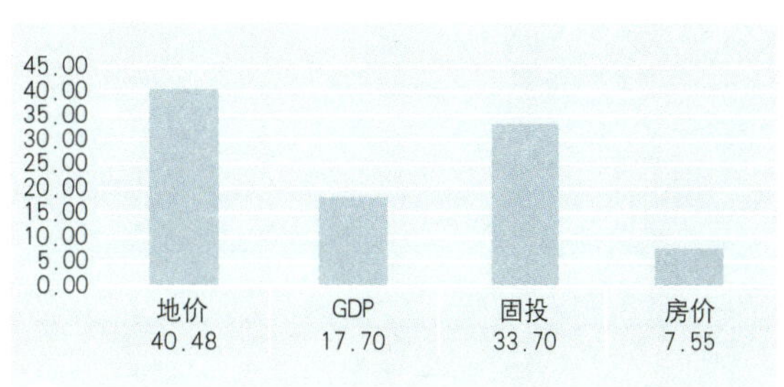

图3-8-4 长春市地价与居住用房价格增长率（%）比较

① 数据来源：国家发展和改革委员会网站。

九、2007 年
哈尔滨市地价整体状况

1. 地价整体水平

2007 年哈尔滨市城市地价综合水平值为 1435 元 / 平方米。其中，商业地价水平值为 2307 元 / 平方米，居住地价水平值为 1687 元 / 平方米，工业地价水平值为 348 元 / 平方米。商业地价、居住地价、工业地价水平呈梯状排列，水平值之比为 1 ：0.73 ：0.15。商业地价最高，工业地价最低，见图 3-9-1。

哈尔滨市地价整体水平历年状况如表 3-9-1。

2. 地价整体增长率

与 2006 年相比，2007 年哈尔滨市城市地价总体呈上升趋势，地价综合增长率（平均值）为 9.70%。其中，商业地价平均增长率为 7.97%，居住地价平均增长率为 10.96%，工业地价平均增长率为 29.41%。其中，工业地价增长率较大，居住地价增长率次之，商业地价增长率最小，见图 3-9-2。

哈尔滨市地价整体增长率历年状况如表 3-9-2。

3. 城市地价指数

2007 年哈尔滨市城市综合地价指数为 117，比 2006 年增加 10 个点数；商业地价指数为 120，比 2006 年增加 9 个点数；居住地价指数为 122，比 2006 年增加 12 个点数；工业地价指数为 124，比 2006 年增加 28 个点数。其中，工业地价指数较高，居住地价指数次之，商业地价指数最低，见图 3-9-3。

哈尔滨市地价整体指数历年状况如表 3-9-3。

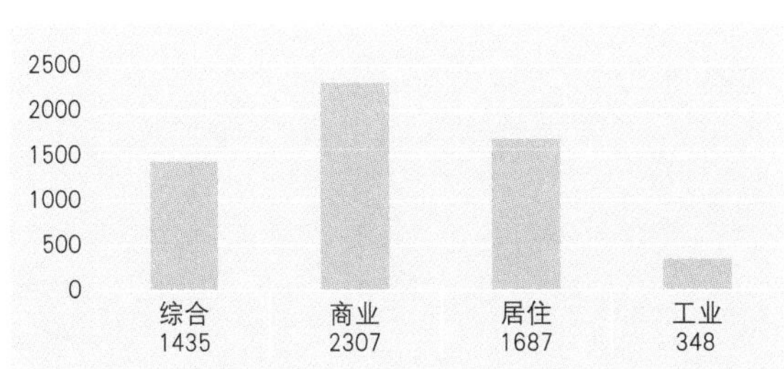

图3-9-1 哈尔滨市地价整体水平值（元/平方米）

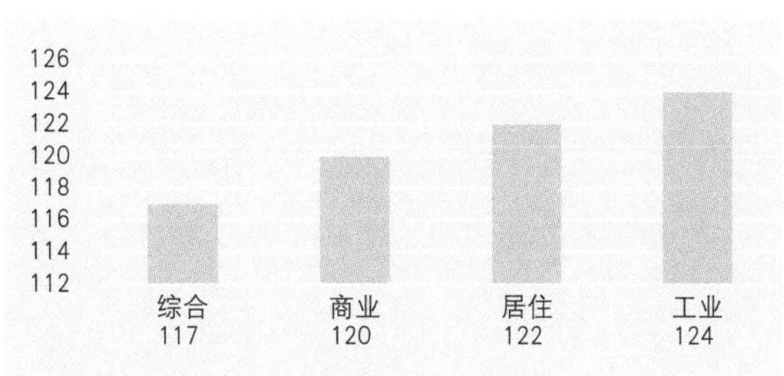

图3-9-3 哈尔滨市地价整体指数

表3-9-1 哈尔滨市地价整体水平历年状况

单位：元/平方米

	综合	商业	居住	工业
2003年	706	1191	734	244
2004年	728	1226	756	259
2005年	1263	2062	1457	269
2006年	1309	2137	1521	269
2007年	1435	2307	1687	348

表3-9-3 哈尔滨市地价整体指数历年状况

	综合	商业	居住	工业
2003年	97	101	100	90
2004年	100	104	103	96
2005年	103	107	106	96
2006年	107	111	110	96
2007年	117	120	122	124

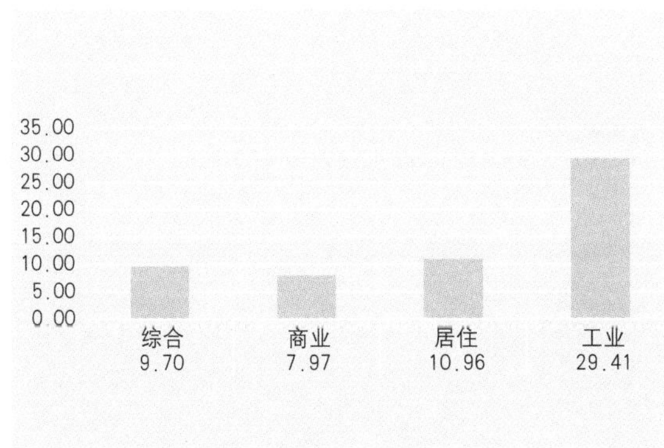

图3-9-2 哈尔滨市地价整体增长率（%）

表3-9-2 哈尔滨市地价整体增长率历年状况

单位：%

	综合	商业	居住	工业
2003年	−3.02	−0.08	0.27	−9.29
2004年	3.00	3.00	3.00	6.00
2005年	2.96	3.21	2.97	0.37
2006年	3.60	3.64	4.36	0.00
2007年	9.70	7.97	10.96	29.41

4. 地价与相关经济指标及房价协调状况

与2006年同期相比，2007年哈尔滨市城市国内生产总值增长率为13.50%，全社会固定资产投资增长率为27.30%，城市新建商品住房销售价格①增长率为4.97%。居住地价增长率为10.96%，比固定资产投资增长率低16.34个百分点，比国内生产总值增长率低2.54个百分点，比新建商品住房销售价格增长率高5.99个百分点，地价占新建商品住房销售价格比率为32.12%。哈尔滨市地价增长率与国内生产总值、固定资产投资及居住用房价格增长率比较，见图3-9-4。

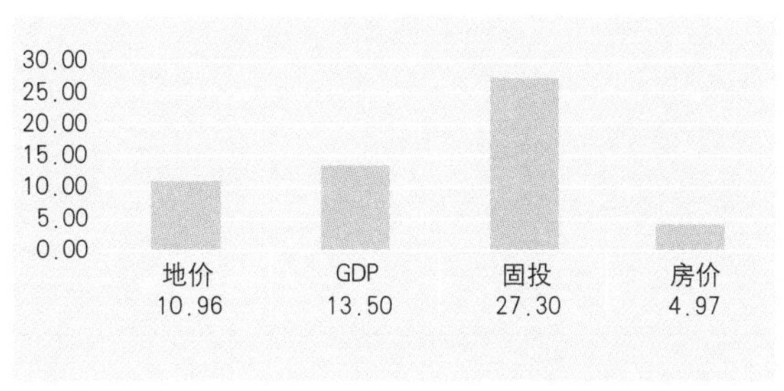

图3-9-4 哈尔滨市地价与相关经济指标增长率（%）比较

① 数据来源：国家发展和改革委员会网站。

十、2007 年 上海市地价整体状况

1. 地价整体水平

2007 年上海市城市地价综合水平值为 3789 元 / 平方米。其中，商业地价水平值为 6829 元 / 平方米，居住地价水平值为 4022 元 / 平方米，工业地价水平值为 520 元 / 平方米。商业地价、居住地价、工业地价水平呈梯状排列，水平值之比为 1 ：0.59 ：0.08。商业地价最高，工业地价最低，见图 3−10−1。

上海市地价整体水平历年状况如表 3−10−1。

2. 地价整体增长率

与 2006 年相比，2007 年上海市城市地价总体呈小幅上升趋势，地价综合增长率（平均值）为 4.25%。其中，商业地价平均增长率为 3.83%，居住地价平均增长率为 4.65%，工业地价平均增长率为 7.59%。其中，工业地价增长率较大，居住地价增长率次之，商业地价增长率最小，见图 3−10−2。

上海市地价整体增长率历年状况如表 3−10−2。

3. 城市地价指数

2007 年上海市城市综合地价指数为 129，比 2006 年增加 5 个点数；商业地价指数为 149，比 2006 年增加 6 个点数；居住地价指数为 144，比 2006 年增加 7 个点数；工业地价指数为 108，比 2006 年增加 7 个点数。其中，商业地价指数较高，居住地价指数次之，工业地价指数最低，见图 3−10−3。

上海市地价整体指数历年状况如表 3−10−3。

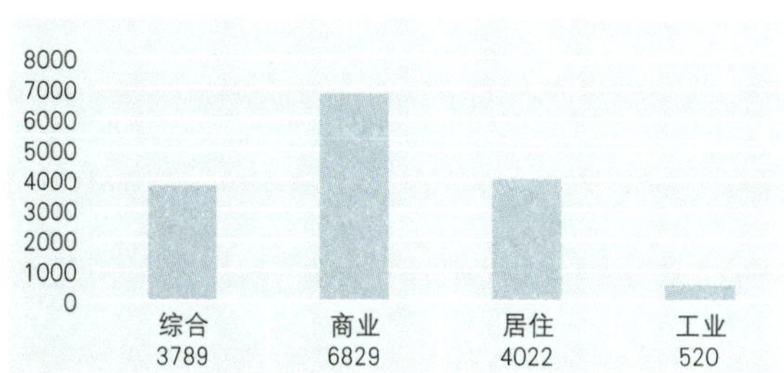

图3-10-1 上海市地价整体水平值（元/平方米）

表3-10-1 上海市地价整体水平历年状况

单位：元/平方米

	综合	商业	居住	工业
2003年	2164	3887	1850	774
2004年	2223	4254	2078	780
2005年	3645	6478	3973	483
2006年	3635	6577	3843	483
2007年	3789	6829	4022	520

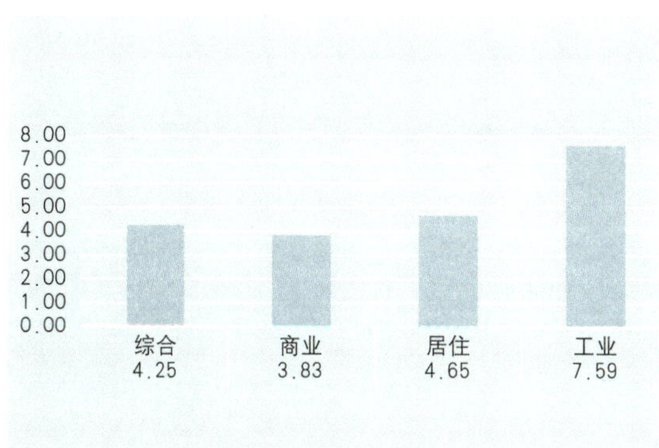

图3-10-2 上海市地价整体增长率（%）

表3-10-2 上海市地价整体增长率历年状况

单位：%

	综合	商业	居住	工业
2003年	5.36	5.86	6.81	1.98
2004年	2.73	9.43	12.31	0.80
2005年	2.44	2.09	0.32	−1.66
2006年	−0.27	1.54	−3.27	0.10
2007年	4.25	3.83	4.65	7.59

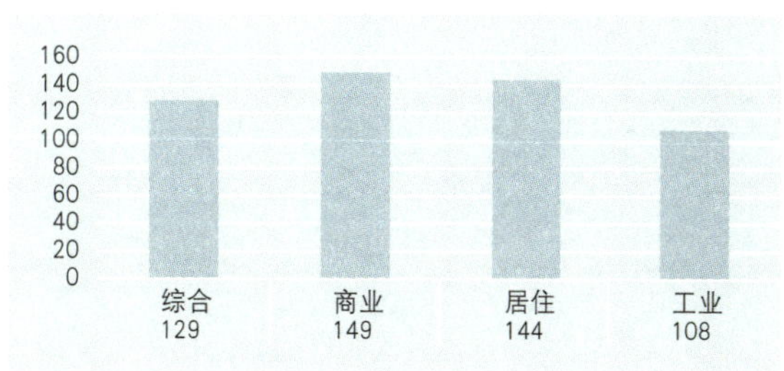

图3-10-3 上海市地价整体指数

表3-10-3 上海市地价整体指数历年状况

	综合	商业	居住	工业
2003年	118	126	126	102
2004年	121	138	141	102
2005年	124	141	142	101
2006年	124	143	137	101
2007年	129	149	144	108

4. 地价与相关经济指标及房价协调状况

与2006年同期相比，2007年上海市城市国内生产总值增长率为13.30%，全社会固定资产投资增长率为13.60%，城市居住用房价格[①]增长率为17.25%。居住地价增长率为4.65%，比固定资产投资增长率低8.95个百分点，比国内生产总值增长率低8.65个百分点，比居住用房价格增长率低12.60个百分点，地价占居住用房价格比率为19.49%。上海市地价增长率与国内生产总值、固定资产投资及居住用房价格增长率比较，见图3-10-4。

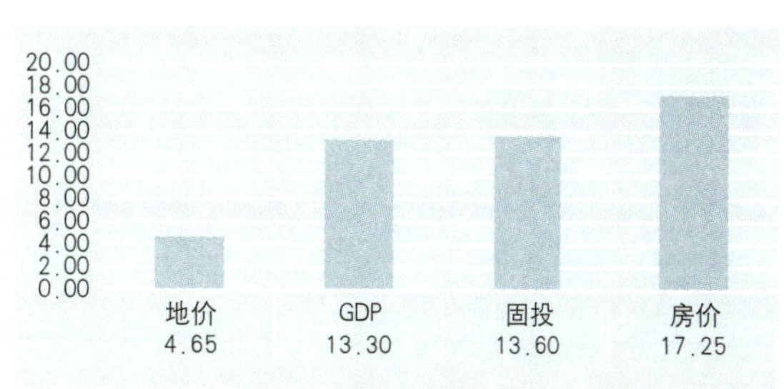

图3-10-4 上海市地价与相关经济指标增长率（%）比较

① 数据来源：搜房研究院。

十一、2007 年 南京市地价整体状况

1. 地价整体水平

2007 年南京市城市地价综合水平值为 4012 元 / 平方米。其中，商业地价水平值为 6770 元 / 平方米，居住地价水平值为 5377 元 / 平方米，工业地价水平值为 1011 元 / 平方米。商业地价、居住地价、工业地价水平呈梯状排列，水平值之比为 1 ：0.79 ：0.15。商业地价最高，工业地价最低，见图 3-11-1。

南京市地价整体水平历年状况如表 3-11-1。

2. 地价整体增长率

与 2006 年相比，2007 年南京市城市地价总体呈上升趋势，地价综合增长率（平均值）为 6.87%。其中，商业地价平均增长率为 5.69%，居住地价平均增长率为 12.11%，工业地价平均增长率为 4.42%。其中，居住地价增长率较大，商业地价增长率次之，工业地价增长率最小，见图 3-11-2。

南京市地价整体增长率历年状况如表 3-11-2。

3. 城市地价指数

2007 年南京市城市综合地价指数为 159，比 2006 年增加 10 个点数；商业地价指数为 172，比 2006 年增加 10 个点数；居住地价指数为 191，比 2006 年增加 21 个点数；工业地价指数为 118，比 2006 年增加 5 个点数。其中，居住地价指数较高，商业地价指数次之，工业地价指数最低，见图 3-11-3。

南京市地价整体指数历年状况如表 3-11-3。

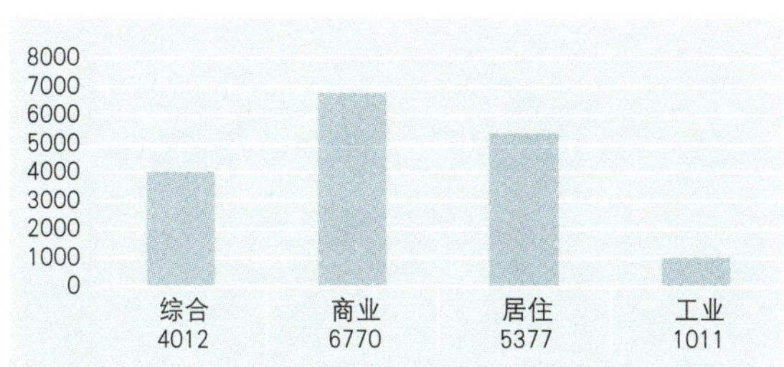

图3-11-1 南京市地价整体水平值（元/平方米）

表3-11-1 南京市地价整体水平历年状况

单位：元/平方米

	综合	商业	居住	工业
2003年	1735	2653	1573	860
2004年	1840	2823	1746	865
2005年	3588	6128	4556	958
2006年	3754	6405	4797	968
2007年	4012	6770	5377	1011

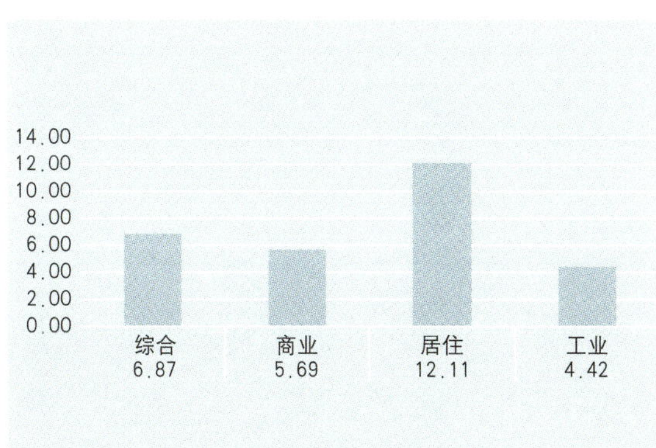

图3-11-2 南京市地价整体增长率（%）

表3-11-2 南京市地价整体增长率历年状况

单位：%

	综合	商业	居住	工业
2003年	4.08	7.58	2.61	1.66
2004年	6.03	6.40	11.01	0.68
2005年	2.59	4.18	3.57	0.03
2006年	4.62	4.52	5.29	1.03
2007年	6.87	5.69	12.11	4.42

① 数据来源：搜房研究院。

250
200
150
100
50
0
综合 159
商业 172
居住 191
工业 118

图3-11-3 南京市地价整体指数

表3-11-3 南京市地价整体指数历年状况

	综合	商业	居住	工业
2003年	131	140	141	111
2004年	138	149	156	112
2005年	142	155	162	112
2006年	149	162	170	113
2007年	159	172	191	118

4. 地价与相关经济指标及房价协调状况

与2006年同期相比，2007年南京市城市国内生产总值增长率为15.60%，全社会固定资产投资增长率为15.80%，城市居住用房价格①增长率为17.34%。居住地价增长率为12.11%，比固定资产投资增长率低3.69个百分点，比国内生产总值增长率低3.49个百分点，比居住用房价格增长率低5.23个百分点，地价占居住用房价格比率为56.48%。南京市地价增长率与国内生产总值、固定资产投资及居住用房价格增长率比较，见图3-11-4。

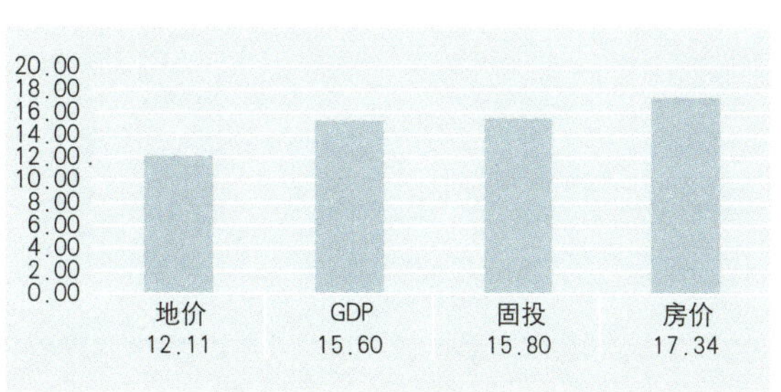

图3-11-4 南京市地价与相关经济指标增长率（%）比较

十二、2007 年 杭州市地价整体状况

1. 地价整体水平

2007 年杭州市城市地价综合水平值为 3908 元 / 平方米。其中，商业地价水平值为 6749 元 / 平方米，居住地价水平值为 3997 元 / 平方米，工业地价水平值为 559 元 / 平方米。商业地价、居住地价、工业地价水平呈梯状排列，水平值之比为 1 ∶ 0.59 ∶ 0.08。商业地价最高，工业地价最低，见图 3-12-1。

杭州市地价整体水平历年状况如表 3-12-1。

2. 地价整体增长率

与 2006 年相比，2007 年杭州市城市地价总体呈上升趋势，地价综合增长率（平均值）为 5.67%。其中，商业地价平均增长率为 6.83%，居住地价平均增长率为 6.03%，工业地价平均增长率为 0。其中，商业地价增长率较大，居住地价增长率次之，工业地价增长率为 0，见图 3-12-2。

杭州市地价整体增长率历年状况如表 3-12-2。

3. 城市地价指数

2007 年杭州市城市综合地价指数为 148，比 2006 年增加 8 个点数；商业地价指数为 174，比 2006 年增加 11 个点数；居住地价指数为 166，比 2006 年增加 10 个点数；工业地价指数为 98，与 2006 年相同。其中，商业地价指数较高，居住地价指数次之，工业地价指数最低，见图 3-12-3。

杭州市地价整体指数历年状况如表 3-12-3。

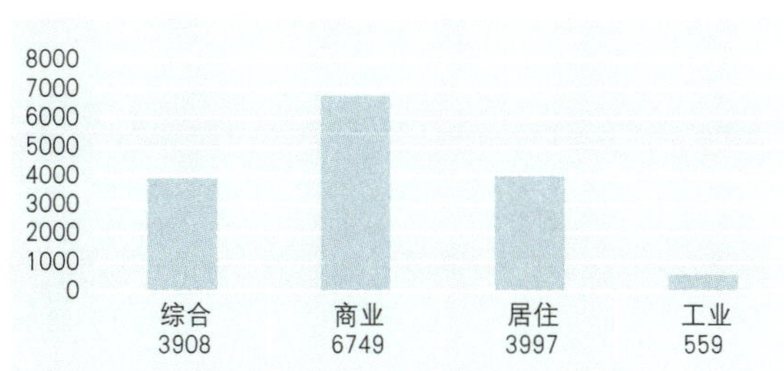

图3-12-1 杭州市地价整体水平值（元/平方米）

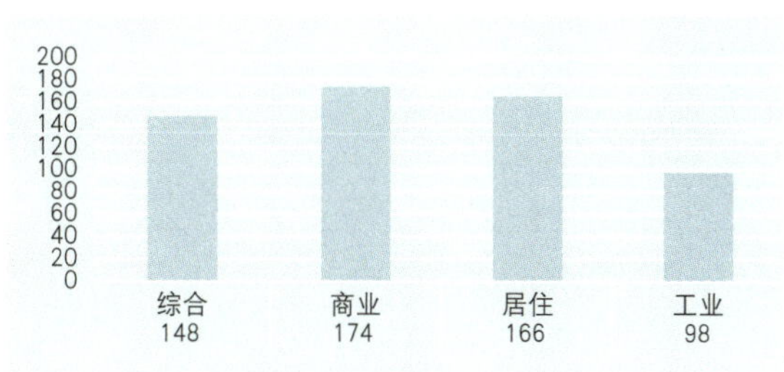

图3-12-3 杭州市地价整体指数

表3-12-1 杭州市地价整体水平历年状况

单位：元/平方米

	综合	商业	居住	工业
2003年	1812	2995	1883	559
2004年	1849	3085	1902	559
2005年	3655	6154	3749	559
2006年	3698	6318	3770	559
2007年	3908	6749	3997	559

表3-12-3 杭州市地价整体指数历年状况

	综合	商业	居住	工业
2003年	134	151	152	98
2004年	136	156	154	98
2005年	139	158	156	98
2006年	140	163	156	98
2007年	148	174	166	98

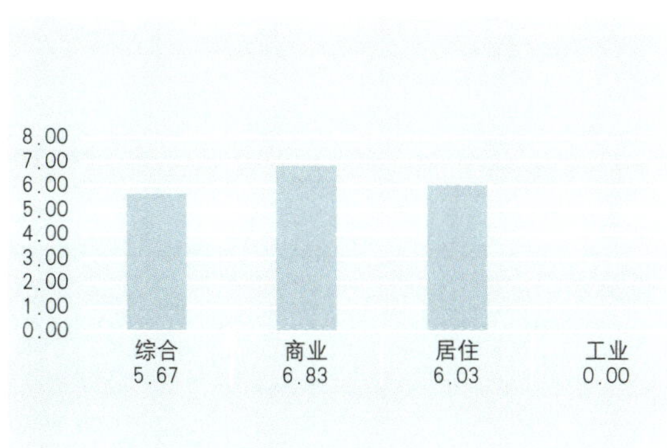

图3-12-2 杭州市地价整体增长率（%）

表3-12-2 杭州市地价整体增长率历年状况

单位：%

	综合	商业	居住	工业
2003年	10.15	9.43	8.53	21.00
2004年	2.00	3.00	1.00	0.00
2005年	1.60	1.80	1.30	0.00
2006年	1.19	2.66	0.55	0.00
2007年	5.67	6.83	6.03	0.00

4. 地价与相关经济指标及房价协调状况

与2006年同期相比，2007年杭州市城市国内生产总值增长率为14.60%，全社会固定资产投资增长率为15.30%，城市居住用房价格[①]增长率为24.58%。居住地价增长率为6.03%，比固定资产投资增长率低9.27个百分点，比国内生产总值增长率低8.57个百分点，比居住用房价格增长率低18.55个百分点，地价占居住用房价格比率为21.51%。杭州市地价增长率与国内生产总值、固定资产投资及居住用房价格增长率比较，见图3-12-4。

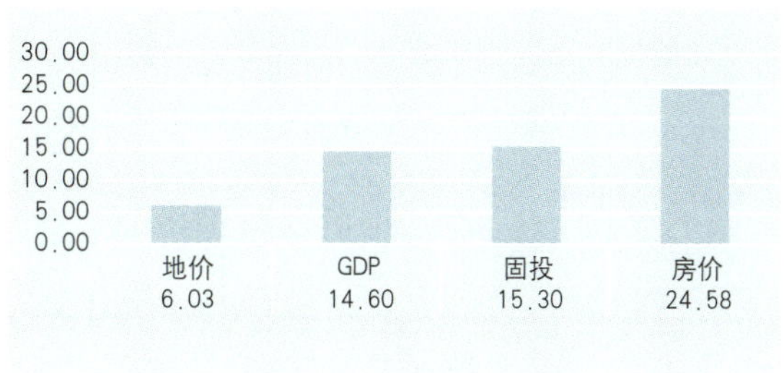

图3-12-4 杭州市地价与相关经济指标增长率（%）比较

① 数据来源：搜房研究院。

十三、2007 年 宁波市地价整体状况

1. 地价整体水平

2007 年宁波市城市地价综合水平值为 4006 元／平方米。其中，商业地价水平值为 5915 元／平方米，居住地价水平值为 5328 元／平方米，工业地价水平值为 829 元／平方米。商业地价、居住地价、工业地价水平呈梯状排列，水平值之比为 1 ：0.90 ：0.14。商业地价最高，工业地价最低，见图 3−13−1。

宁波市地价整体水平历年状况如表 3−13−1。

2. 地价整体增长率

与 2006 年相比，2007 年宁波市城市地价总体呈大幅上升趋势，地价综合增长率（平均值）为 24.60%。其中，商业地价平均增长率为 16.68%，居住地价平均增长率为 37.72%，工业地价平均增长率为 17.32%。其中，居住地价增长率较大，工业地价增长率次之，商业地价增长率最小，见图 3−13−2。

宁波市地价整体增长率历年状况如表 3−13−2。

3. 城市地价指数

2007 年宁波市城市综合地价指数为 298，比 2006 年增加 59 个点数；商业地价指数为 297，比 2006 年增加 43 个点数；居住地价指数为 435，比 2006 年增加 119 个点数；工业地价指数为 177，比 2006 年增加 26 个点数。其中，居住地价指数较高，商业地价指数次之，工业地价指数最低，见图 3−13−3。

宁波市地价整体指数历年状况如表 3−13−3。

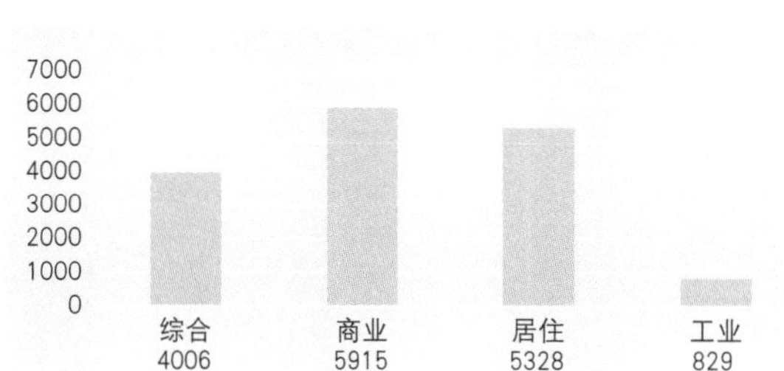

图3-13-1 宁波市地价整体水平值（元/平方米）

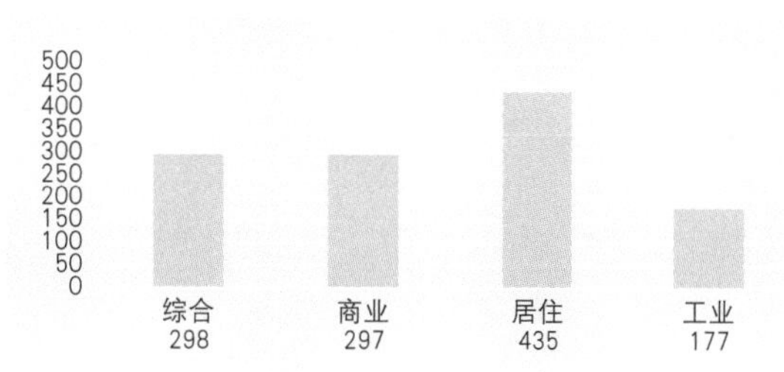

图3-13-3 宁波市地价整体指数

表3-13-1 宁波市地价整体水平历年状况

单位：元/平方米

	综合	商业	居住	工业
2003年	2704	4657	3920	416
2004年	2433	4349	2390	588
2005年	2457	4437	2414	594
2006年	3215	5069	3869	707
2007年	4006	5915	5328	829

表3-13-3 宁波市地价整体指数历年状况

	综合	商业	居住	工业
2003年	200	208	262	130
2004年	233	241	315	149
2005年	236	246	318	151
2006年	239	254	316	151
2007年	298	297	435	177

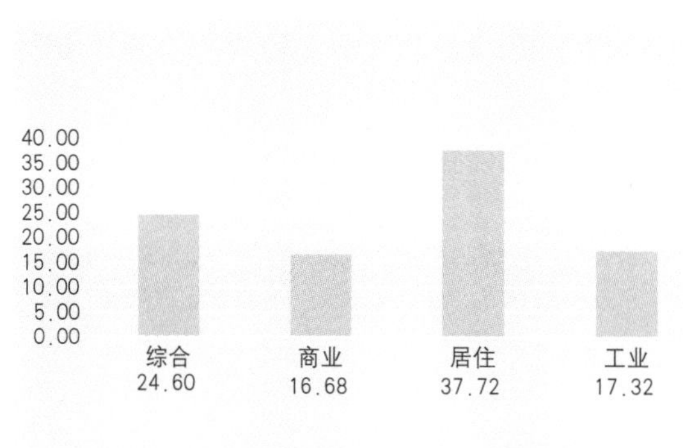

图3-13-2 宁波市地价整体增长率（%）

表3-13-2 宁波市地价整体增长率历年状况

单位：%

	综合	商业	居住	工业
2003年	17.87	17.26	21.55	11.96
2004年	16.80	16.00	20.30	14.70
2005年	1.00	2.01	1.00	1.00
2006年	1.43	3.31	−0.70	0.14
2007年	24.60	16.68	37.72	17.32

4. 地价与相关经济指标及房价协调状况

与2006年同期相比，2007年宁波市城市国内生产总值增长率为14.80%，全社会固定资产投资增长率为6.30%，城市新建商品住房销售价格[①]增长率为10.47%。居住地价增长率为37.72%，比固定资产投资增长率高31.42个百分点，比国内生产总值增长率高22.92个百分点，比新建商品住房销售价格增长率高27.25个百分点，地价占新建商品住房销售价格比率为44.26%。宁波市地价增长率与国内生产总值、固定资产投资及居住用房价格增长率比较，见图3-13-4。

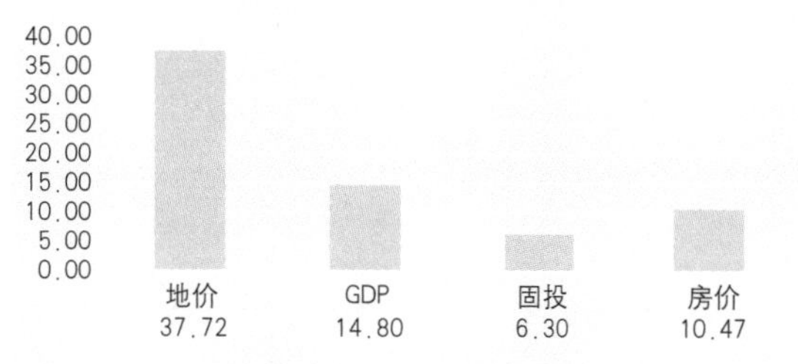

图3-13-4 宁波市地价与相关经济指标增长率（%）比较

① 数据来源：国家发展和改革委员会网站。

十四、2007 年
合肥市地价整体状况

1. 地价整体水平

2007 年合肥市城市地价综合水平值为 946 元 / 平方米。其中，商业地价水平值为 1167 元 / 平方米，居住地价水平值为 1196 元 / 平方米，工业地价水平值为 409 元 / 平方米。其中，居住地价最高，商业地价次之，工业地价水平最低，商业、居住、工业水平值之比为 1 ：1.02 ：0.35。居住地价最高，工业地价最低，见图 3-14-1。

合肥市地价整体水平历年状况如表 3-14-1。

2. 地价整体增长率

与 2006 年相比，2007 年合肥市城市地价总体呈明显上升趋势，地价综合增长率（平均值）为 15.03%。其中，商业地价平均增长率为 10.30%，居住地价平均增长率为 13.58%，工业地价平均增长率为 40.55%。其中，工业地价增长率较大，居住地价增长率次之，商业地价增长率最小，见图 3-14-2。

合肥市地价整体增长率历年状况如表 3-14-2。

3. 城市地价指数

2007 年合肥市城市综合地价指数为 166，比 2006 年增加 21 个点数；商业地价指数为 146，比 2006 年增加 14 个点数；居住地价指数为 200，比 2006 年增加 24 个点数；工业地价指数为 152，比 2006 年增加 44 个点数。其中，居住地价指数较高，工业地价指数次之，商业地价指数最低，见图 3-14-3。

合肥市地价整体指数历年状况如表 3-14-3。

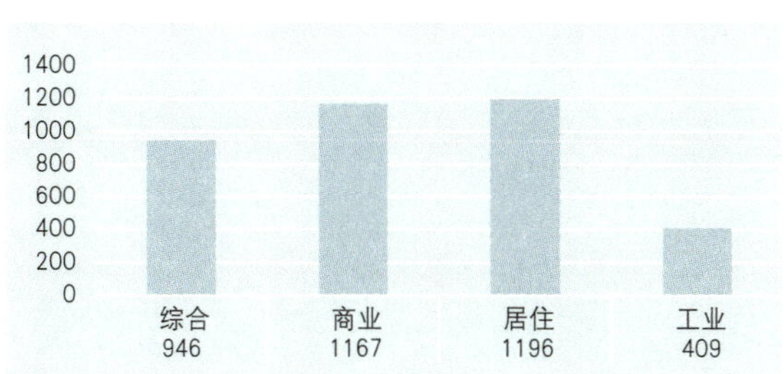

图3-14-1　合肥市地价整体水平值（元/平方米）

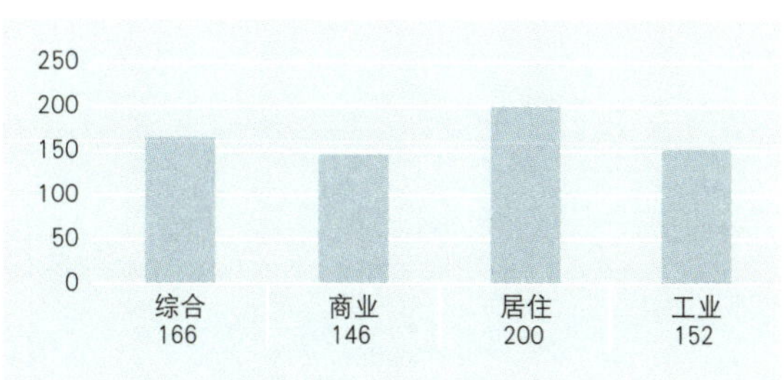

图3-14-3　合肥市地价整体指数

表3-14-1　合肥市地价整体水平历年状况

单位：元/平方米

	综合	商业	居住	工业
2003年	746	994	933	252
2004年	782	1039	969	275
2005年	802	1041	1025	275
2006年	822	1058	1053	291
2007年	946	1167	1196	409

表3-14-3　合肥市地价整体指数历年状况

	综合	商业	居住	工业
2003年	131	124	156	93
2004年	137	130	162	102
2005年	141	130	171	102
2006年	145	132	176	108
2007年	166	146	200	152

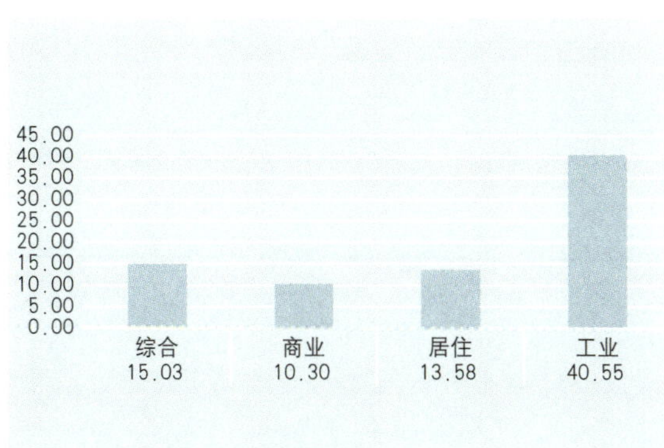

图3-14-2　合肥市地价整体增长率（%）

表3-14-2　合肥市地价整体增长率历年状况

单位：%

	综合	商业	居住	工业
2003年	16.17	12.59	27.38	−6.56
2004年	4.72	4.57	3.86	9.00
2005年	2.56	0.19	5.78	0.00
2006年	2.56	1.63	2.73	5.82
2007年	15.03	10.30	13.58	40.55

4. 地价与相关经济指标及房价协调状况

与2006年同期相比，2007年合肥市城市国内生产总值增长率为18.10%，城镇固定资产投资增长率为58.70%，城市新建商品住房销售价格[①]增长率为2.23%。居住地价增长率为13.58%，比固定资产投资增长率低45.12个百分点，比国内生产总值增长率低4.52个百分点，比新建商品住房销售价格增长率高11.35个百分点，地价占新建商品住房销售价格比率为高31.32%。合肥市地价增长率与国内生产总值、固定资产投资及居住用房价格增长率比较，见图3-14-4。

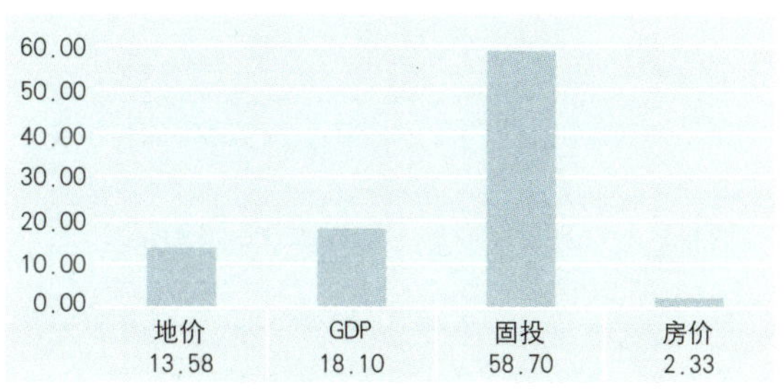

图3-14-4　合肥市地价与相关经济指标增长率（%）比较

① 数据来源：国家发展和改革委员会网站。

十五、2007 年 福州市地价整体状况

1. 地价整体水平

2007 年福州市城市地价综合水平值为 2783 元 / 平方米。其中，商业地价水平值为 2941 元 / 平方米，居住地价水平值为 2742 元 / 平方米，工业地价水平值为 533 元 / 平方米。商业地价、居住地价、工业地价水平呈梯状排列，水平值之比为 1 ：0.93 ：0.18。商业地价最高，工业地价最低，见图 3-15-1。

福州市地价整体水平历年状况如表 3-15-1。

2. 地价整体增长率

与 2006 年相比，2007 年福州市城市地价总体呈明显上升趋势，地价综合增长率（平均值）为 18.08%。其中，商业地价平均增长率为 16.11%，居住地价平均增长率为 26.07%，工业地价平均增长率为 54.49%。其中，工业地价增长率较大，居住地价增长率次之，商业地价增长率最小，见图 3-15-2。

福州市地价整体增长率历年状况如表 3-15-2。

3. 城市地价指数

2007 年福州市城市综合地价指数为 208，比 2006 年增加 32 个点数；商业地价指数为 173，比 2006 年增加 24 个点数；居住地价指数为 279，比 2006 年增加 58 个点数；工业地价指数为 170，比 2006 年增加 60 个点数。其中，居住地价指数较高，商业地价指数次之，工业地价指数最低，见图 3-15-3。

福州市地价整体指数历年状况如表 3-15-3。

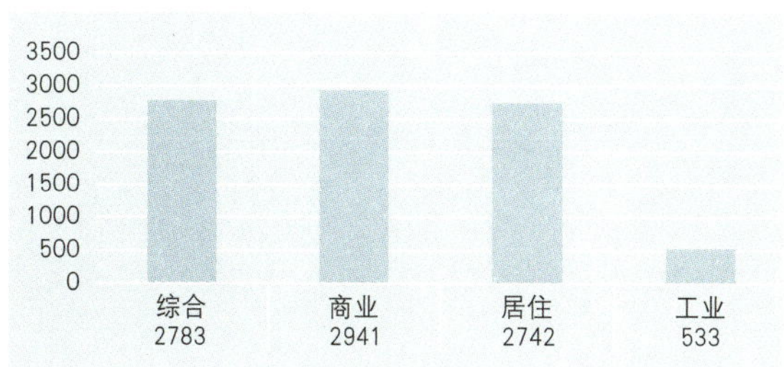

图3-15-1 福州市地价整体水平值（元/平方米）

表3-15-1 福州市地价整体水平历年状况

单位：元/平方米

	综合	商业	居住	工业
2003年	1236	2190	1222	334
2004年	1407	2463	1539	334
2005年	1903	2228	1723	345
2006年	2356	2533	2175	345
2007年	2783	2941	2742	533

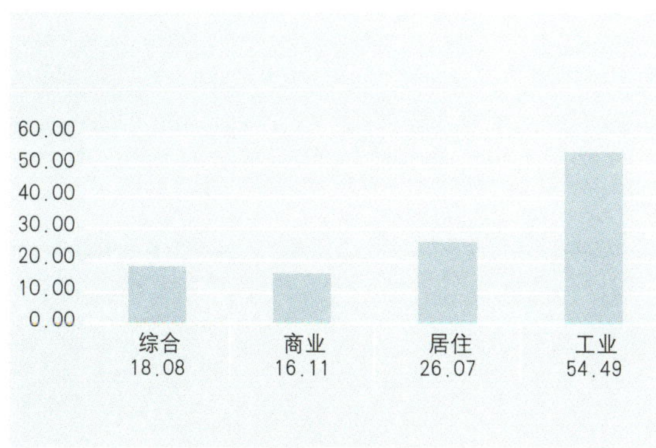

图3-15-2 福州市地价整体增长率（%）

表3-15-2 福州市地价整体增长率历年状况

单位：%

	综合	商业	居住	工业
2003年	3.17	1.91	7.48	0.00
2004年	13.58	12.47	25.89	0.00
2005年	17.27	11.24	20.92	10.14
2006年	23.80	13.70	26.20	0.00
2007年	18.08	16.11	26.07	54.49

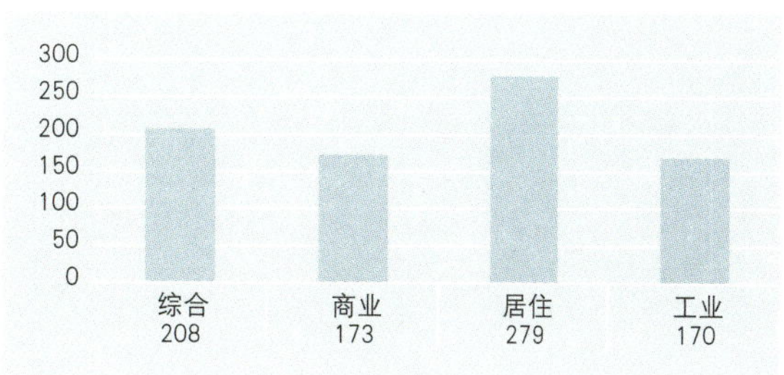

图3-15-3 福州市地价整体指数

表3-15-3 福州市地价整体指数历年状况

	综合	商业	居住	工业
2003年	107	105	115	100
2004年	121	118	145	100
2005年	142	131	175	110
2006年	176	149	221	110
2007年	208	173	279	170

4. 地价与相关经济指标及房价协调状况

与2006年同期相比，2007年福州市城市国内生产总值增长率为15.10%，城镇固定资产投资增长率为35.90%，城市新建商品住房销售价格[①]增长率为8.11%。居住地价增长率为26.07%，比固定资产投资增长率低9.83个百分点，比国内生产总值增长率高10.97个百分点，比新建商品住房销售价格增长率高17.96个百分点，地价占新建商品住房销售价格比率为28.99%。福州市地价增长率与国内生产总值、固定资产投资及居住用房价格增长率比较，见图3-15-4。

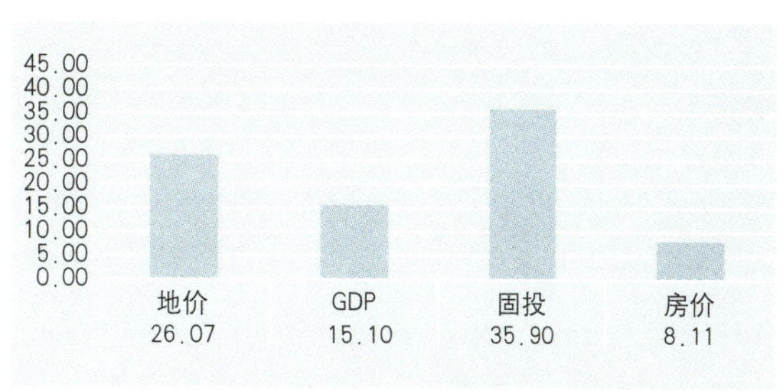

图3-15-4 福州市地价与相关经济指标增长率（%）比较

① 数据来源：国家发展和改革委员会网站。

十六、2007 年厦门市地价整体状况

1. 地价整体水平

2007 年厦门市城市地价综合水平值为 5735 元 / 平方米。其中，商业地价水平值为 2762 元 / 平方米，居住地价水平值为 12900 元 / 平方米，工业地价水平值为 1544 元 / 平方米。居住地价、商业地价、工业地价水平呈梯状排列，商业、居住、工业水平值之比为 1 ∶ 4.67 ∶ 0.56。居住地价最高，工业地价最低，见图 3−16−1。

厦门市地价整体水平历年状况如表 3−16−1。

2. 地价整体增长率

与 2006 年相比，2007 年厦门市城市地价总体呈大幅上升趋势，地价综合增长率（平均值）为 31.79%。其中，商业地价平均增长率为 7.39%，居住地价平均增长率为 36.93%，工业地价平均增长率为 45.26%。其中，工业地价增长率较大，居住地价增长率次之，商业地价增长率最小，见图 3−16−2。

厦门市地价整体增长率历年状况如表 3−16−2。

3. 城市地价指数

2007 年厦门市城市综合地价指数为 256，比 2006 年增加 62 个点数；商业地价指数为 152，比 2006 年增加 10 个点数；居住地价指数为 320，比 2006 年增加 86 个点数；工业地价指数为 205，比 2006 年增加 64 个点数。其中，居住地价指数较高，工业地价指数次之，商业地价指数最低，见图 3−16−3。

厦门市地价整体指数历年状况如表 3−16−3。

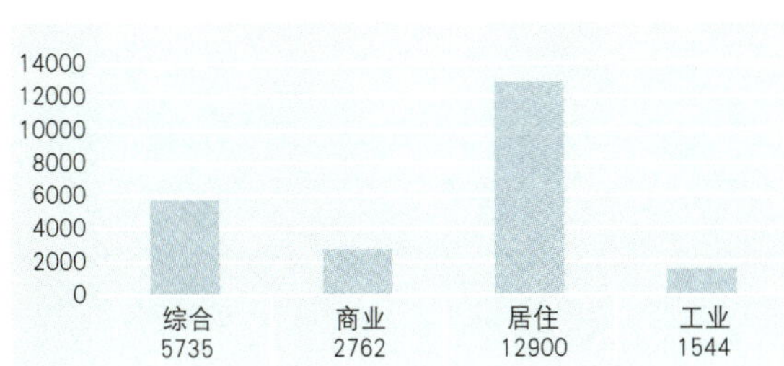

图3–16–1 厦门市地价整体水平值（元/平方米）

表3–16–1 厦门市地价整体水平历年状况

单位：元/平方米

	综合	商业	居住	工业
2003年	2346	2028	4186	823
2004年	2703	2297	4878	907
2005年	3203	2373	6297	938
2006年	4352	2572	9421	1063
2007年	5735	2762	12900	1544

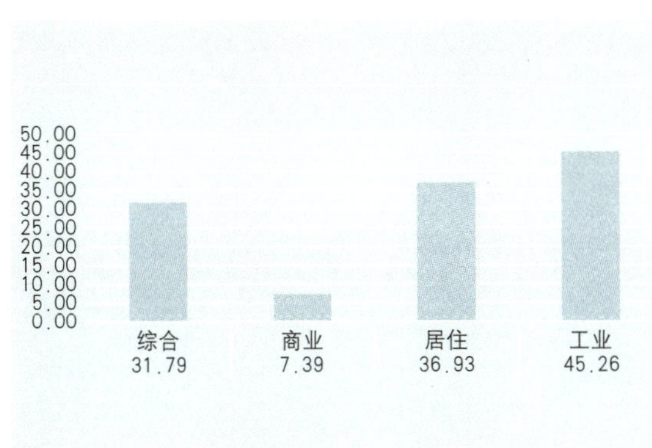

图3–16–2 厦门市地价整体增长率（%）

表3–16–2 厦门市地价整体增长率历年状况

单位：%

	综合	商业	居住	工业
2003年	2.82	1.07	5.92	1.38
2004年	15.23	13.26	16.52	10.29
2005年	17.27	11.24	20.92	10.14
2006年	35.87	8.39	49.61	13.30
2007年	31.79	7.39	36.93	45.26

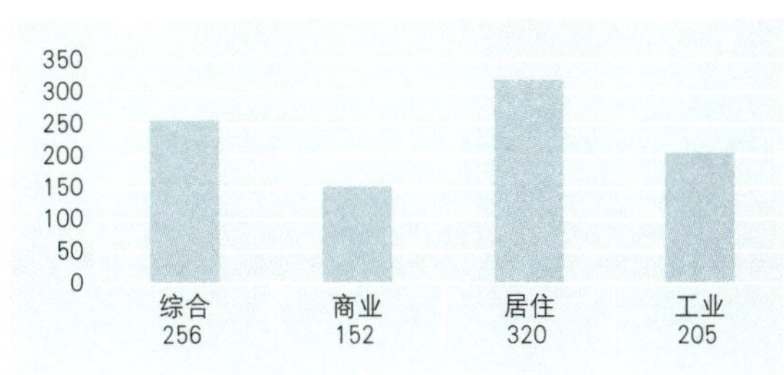

图3–16–3 厦门市地价整体指数

表3–16–3 厦门市地价整体指数历年状况

	综合	商业	居住	工业
2003年	106	104	111	103
2004年	122	118	129	113
2005年	143	131	156	125
2006年	194	142	234	141
2007年	256	152	320	205

4. 地价与相关经济指标及房价协调状况

与2006年同期相比，2007年厦门市城市国内生产总值增长率为16.10%，城镇固定资产投资增长率为40.40%，城市新建商品住房销售价格①增长率为7.29%。居住地价增长率为36.93%，比固定资产投资增长率低3.47个百分点，比国内生产总值增长率高20.83个百分点，比新建商品住房销售价格增长率高29.64个百分点，地价占新建商品住房销售价格比率为76.25%。厦门市地价增长率与国内生产总值、固定资产投资及居住用房价格增长率比较，见图3–16–4。

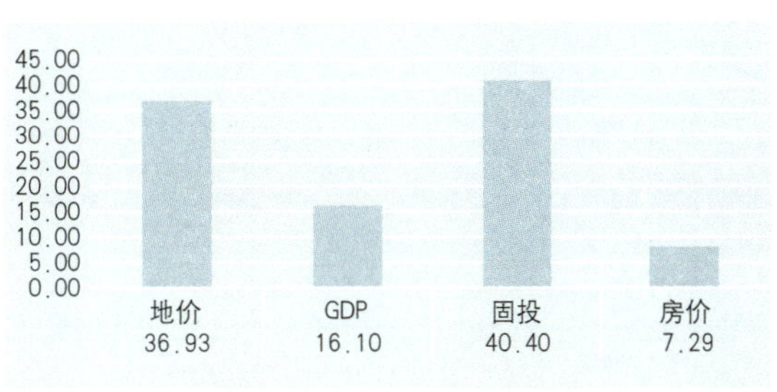

图3–16–4 厦门市地价与相关经济指标增长率（%）比较

① 数据来源：国家发展和改革委员会网站。

十七、2007 年南昌市地价整体状况

1. 地价整体水平

2007 年南昌市城市地价综合水平值为 1161 元 / 平方米。其中，商业地价水平值为 1584 元 / 平方米，居住地价水平值为 1471 元 / 平方米，工业地价水平值为 432 元 / 平方米。商业地价、居住地价、工业地价水平呈梯状排列，水平值之比为 1 ∶ 0.93 ∶ 0.27。商业地价最高，工业地价最低，见图 3-17-1。

南昌市地价整体水平历年状况如表 3-17-1。

2. 地价整体增长率

与 2006 年相比，2007 年南昌市城市地价总体增幅明显，地价综合增长率（平均值）为 15.30%。其中，商业地价平均增长率为 8.82%，居住地价平均增长率为 14.23%，工业地价平均增长率为 54.38%。其中，工业地价增长率较大，居住地价增长率次之，商业地价增长率最小，见图 3-17-2。

南昌市地价整体增长率历年状况如表 3-17-2。

3. 城市地价指数

2007 年南昌市城市综合地价指数为 201，比 2006 年增加 26 个点数；商业地价指数为 202，比 2006 年增加 16 个点数；居住地价指数为 203，比 2006 年增加 26 个点数；工业地价指数为 194，比 2006 年增加 68 个点数。其中，居住地价指数较高，商业地价指数次之，工业地价指数最低，见图 3-17-3。

南昌市地价整体指数历年状况如表 3-17-3。

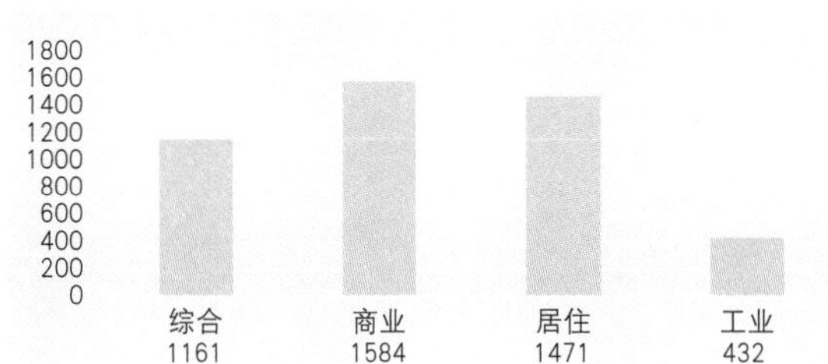

图3–17–1 南昌市地价整体水平值（元/平方米）

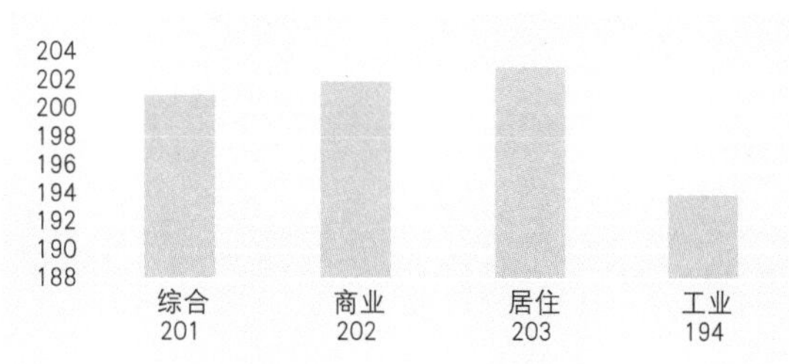

图3–17–3 南昌市地价整体指数

表3–17–1 南昌市地价整体水平历年状况

单位：元/平方米

	综合	商业	居住	工业
2003年	722	1065	864	237
2004年	870	1282	1072	257
2005年	939	1369	1174	273
2006年	1007	1455	1288	280
2007年	1161	1584	1471	432

表3–17–3 南昌市地价整体指数历年状况

	综合	商业	居住	工业
2003年	128	137	125	109
2004年	154	164	155	118
2005年	163	175	162	122
2006年	175	186	177	126
2007年	201	202	203	194

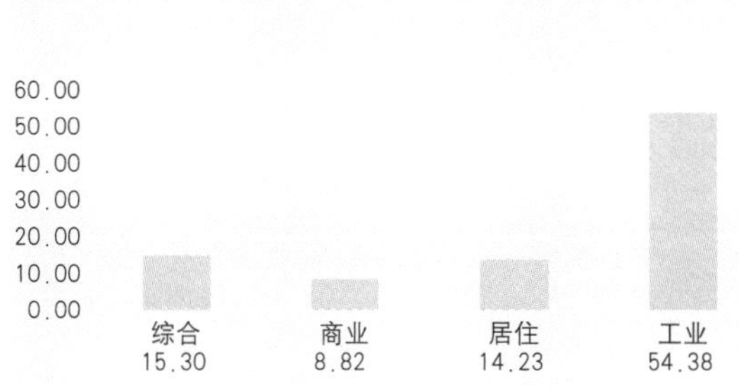

图3–17–2 南昌市地价整体增长率（%）

表3–17–2 南昌市地价整体增长率历年状况

单位：%

	综合	商业	居住	工业
2003年	13.52	16.78	12.66	3.04
2004年	20.49	20.38	24.15	8.61
2005年	5.50	6.50	4.60	3.80
2006年	7.30	6.30	9.70	2.60
2007年	15.30	8.82	14.23	54.38

4. 地价与相关经济指标及房价协调状况

与2006年同期相比，2007年南昌市城市国内生产总值增长率为15.50%，城镇固定资产投资增长率为30.00%，城市居住用房价格[①]增长率为14.93%。居住地价增长率为14.23%，比固定资产投资增长率低15.77个百分点，比国内生产总值增长率低1.27个百分点，比居住用房价格增长率低0.7个百分点，地价占居住用房价格比率为19.05%。南昌市地价增长率与国内生产总值、固定资产投资及居住用房价格增长率比较，见图3–17–4。

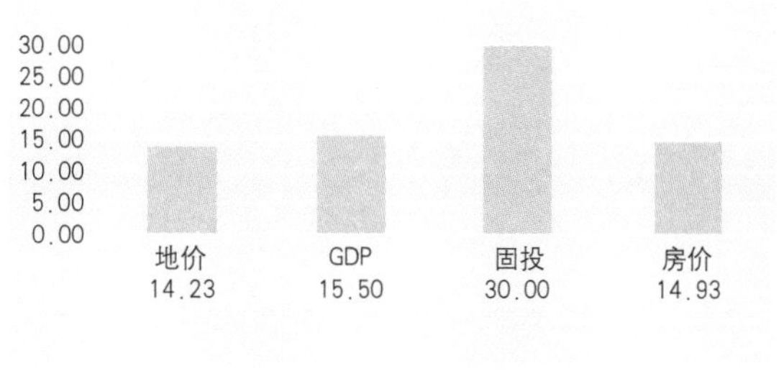

图3–17–4 南昌市地价与相关经济指标增长率（%）比较

① 数据来源：搜房研究院。

十八、2007 年济南市地价整体状况

1. 地价整体水平

2007 年济南市城市地价综合水平值为 1437 元 / 平方米。其中，商业地价水平值为 1929 元 / 平方米，居住地价水平值为 1571 元 / 平方米，工业地价水平值为 839 元 / 平方米。商业地价、居住地价、工业地价水平呈梯状排列，水平值之比为 1 ：0.81 ：0.43。商业地价最高，工业地价最低，见图 3-18-1。

济南市地价整体水平历年状况如表 3-18-1。

2. 地价整体增长率

与 2006 年相比，2007 年济南市城市地价总体呈小幅上升趋势，地价综合增长率（平均值）为 3.20%。其中，商业地价平均增长率为 3.10%，居住地价平均增长率为 5.40%，工业地价平均增长率为 1.10%。其中，居住地价增长率较大，商业地价增长率次之，工业地价增长率最小，见图 3-18-2。

济南市地价整体增长率历年状况如表 3-18-2。

3. 城市地价指数

2007 年济南市城市综合地价指数为 114，比 2006 年增加 3 个点数；商业地价指数为 115，比 2006 年增加 3 个点数；居住地价指数为 121，比 2006 年增加 6 个点数；工业地价指数为 106，比 2006 年增加 1 个点数。其中，居住地价指数较高，商业地价指数次之，工业地价指数最低，见图 3-18-3。

济南市地价整体指数历年状况如表 3-18-3。

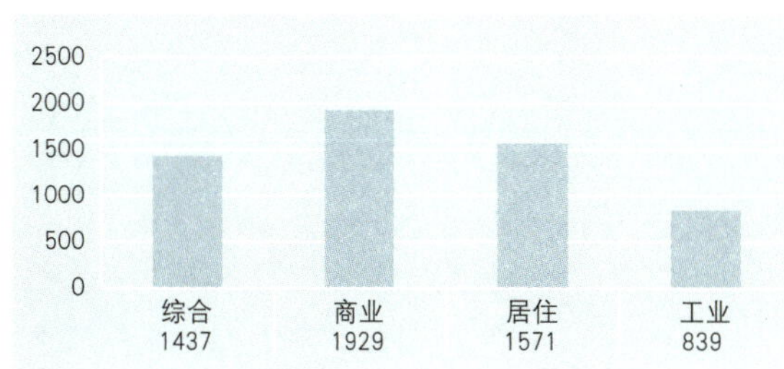

图3-18-1 济南市地价整体水平值（元/平方米）

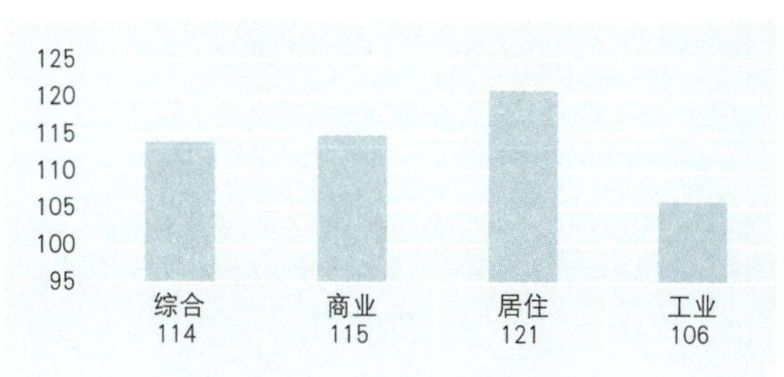

图3-18-3 济南市地价整体指数

表3-18-1 济南市地价整体水平历年状况

单位：元/平方米

	综合	商业	居住	工业
2003年	957	1169	1086	630
2004年	974	1184	1120	634
2005年	1364	1814	1450	827
2006年	1393	1871	1490	830
2007年	1437	1929	1571	839

表3-18-3 济南市地价整体指数历年状况

	综合	商业	居住	工业
2003年	105	105	107	104
2004年	107	106	110	105
2005年	108	108	112	104
2006年	111	112	115	105
2007年	114	115	121	106

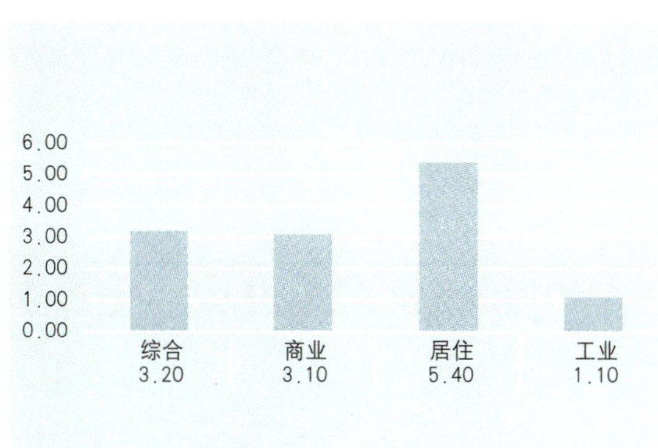

图3-18-2 济南市地价整体增长率（%）

表3-18-2 济南市地价整体增长率历年状况

单位：%

	综合	商业	居住	工业
2003年	0.95	1.04	1.88	0.96
2004年	1.77	1.30	3.13	0.70
2005年	1.20	1.90	1.40	−0.30
2006年	2.11	3.13	2.79	0.40
2007年	3.20	3.10	5.40	1.10

4. 地价与相关经济指标及房价协调状况

与2006年同期相比，2007年济南市城市国内生产总值增长率为15.70%，全社会固定资产投资增长率为23.20%，城市新建商品住房销售价格①增长率为5.70%。居住地价增长率为5.40%，比固定资产投资增长率低17.8个百分点，比国内生产总值增长率低10.30个百分点，比新建商品住房销售价格增长率低0.30个百分点，地价占新建商品住房销售价格比率为34.44%。济南市地价增长率与国内生产总值、固定资产投资及居住用房价格增长率比较，见图3-18-4。

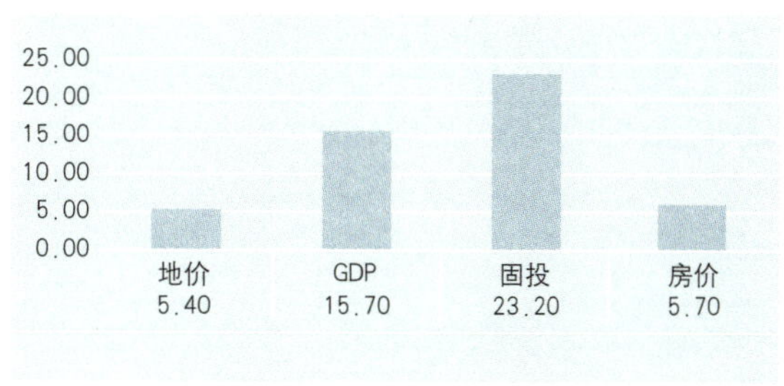

图3-18-4 济南市地价与相关经济指标增长率（%）比较

① 数据来源：国家发展和改革委员会网站。

十九、2007 年 青岛市地价整体状况

1. 地价整体水平

2007 年青岛市城市地价综合水平值为 1547 元／平方米。其中，商业地价水平值为 2104 元／平方米，居住地价水平值为 1723 元／平方米，工业地价水平值为 744 元／平方米。商业地价、居住地价、工业地价水平呈梯状排列，水平值之比为 1 ：0.82 ：0.35。商业地价最高，工业地价最低，见图 3-19-1。

青岛市地价整体水平历年状况如表 3-19-1。

2. 地价整体增长率

与 2006 年相比，2007 年青岛市城市地价总体呈上升趋势，地价综合增长率（平均值）为 6.71%。其中，商业地价平均增长率为 6.53%，居住地价平均增长率为 8.21%，工业地价平均增长率为 3.61%。其中，居住地价增长率最大，商业地价增长率次之，工业地价增长率最小，见图 3-19-2。

青岛市地价整体增长率历年状况如表 3-19-2。

3. 城市地价指数

2007 年青岛市城市综合地价指数为 158，比 2006 年增加 5 个点数；商业地价指数为 171，比 2006 年增加 12 个点数；居住地价指数为 158，比 2006 年增加 4 个点数；工业地价指数为 129，比 2006 年增加 1 个点数。其中，商业地价指数较高，居住地价指数次之，工业地价指数最低，见图 3-19-3。

青岛市地价整体指数历年状况如表 3-19-3。

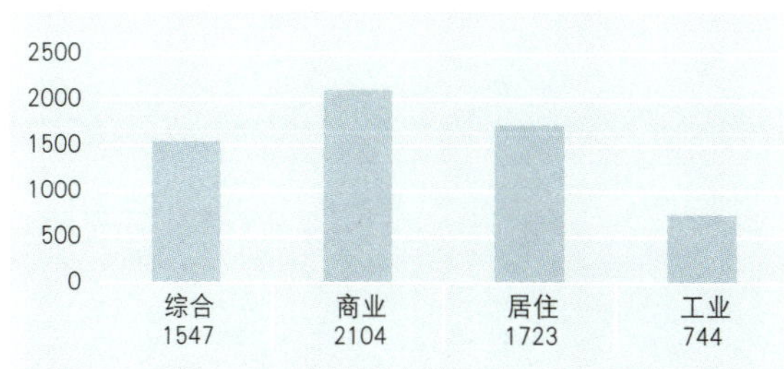

图3-19-1 青岛市地价整体水平值（元/平方米）

表3-19-1 青岛市地价整体水平历年状况

单位：元/平方米

	综合	商业	居住	工业
2003年	966	1200	1064	635
2004年	1297	1802	1420	669
2005年	1360	1894	1492	695
2006年	1450	1975	1592	718
2007年	1547	2104	1723	744

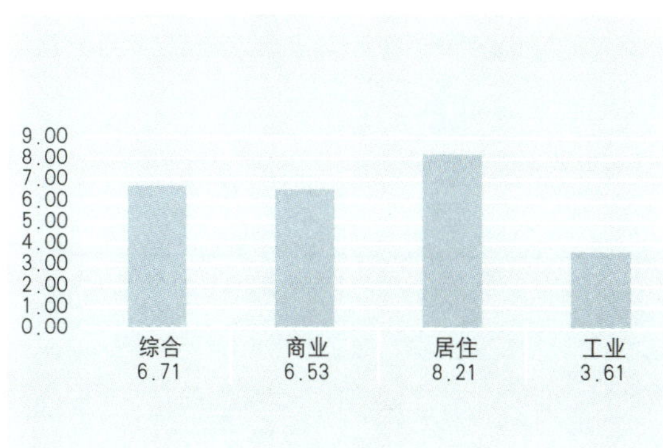

图3-19-2 青岛市地价整体增长率（%）

表3-19-2 青岛市地价整体增长率历年状况

单位：%

	综合	商业	居住	工业
2003年	7.33	6.95	8.02	6.90
2004年	12.10	15.50	11.20	5.40
2005年	4.87	5.09	5.07	3.88
2006年	6.55	4.28	6.61	3.51
2007年	6.71	6.53	8.21	3.61

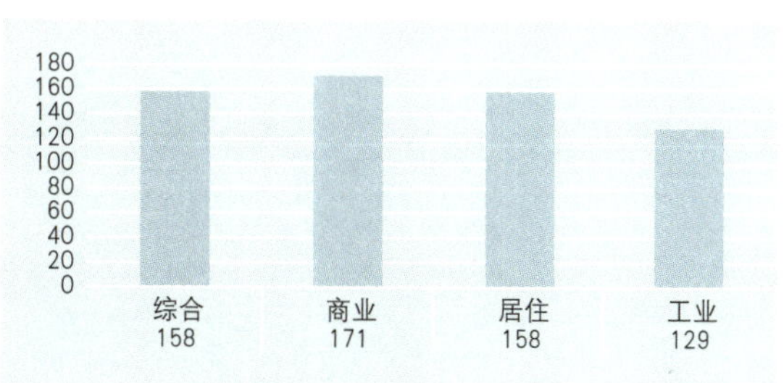

图3-19-3 青岛市地价整体指数

表3-19-3 青岛市地价整体指数历年状况

	综合	商业	居住	工业
2003年	118	127	117	110
2004年	132	147	130	116
2005年	139	154	147	120
2006年	148	161	146	125
2007年	158	171	158	129

4. 地价与相关经济指标及房价协调状况

与2006年同期相比，2007年青岛市城市国内生产总值增长率为16.00%，全社会固定资产投资增长率为23.30%，城市居住用房价格[①]增长率为27.59%。居住地价增长率为8.21%，比固定资产投资增长率低15.09个百分点，比国内生产总值增长率低7.79个百分点，比居住用房价格增长率低19.38个百分点，地价占居住用房价格比率为28.13%。青岛市地价增长率与国内生产总值、固定资产投资及居住用房价格增长率比较，见图3-19-4。

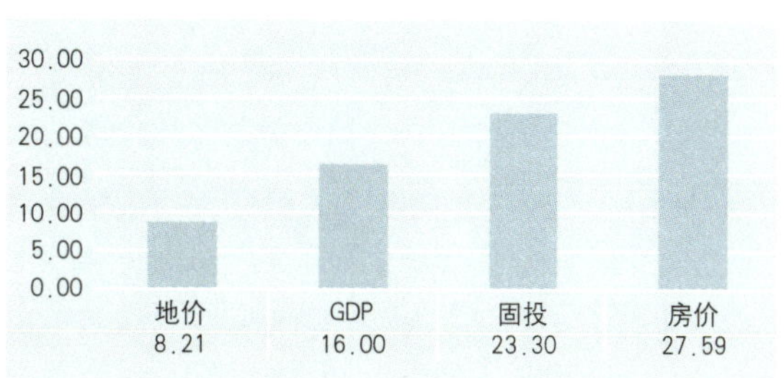

图3-19-4 青岛市地价与相关经济指标增长率（%）比较

① 数据来源：搜房研究院。

二十、2007 年
郑州市地价整体状况

1. 地价整体水平

2007 年郑州市城市地价综合水平值为 1148 元／平方米。其中，商业地价水平值为 1458 元／平方米，居住地价水平值为 1395 元／平方米，工业地价水平值为 586 元／平方米。商业地价、居住地价、工业地价水平呈梯状排列，水平值之比为 1 ：0.96 ：0.40。商业地价最高，工业地价最低，见图 3-20-1。

郑州市地价整体水平历年状况如表 3-20-1。

2. 地价整体增长率

与 2006 年相比，2007 年郑州市城市地价总体呈上升趋势，地价综合增长率（平均值）为 8.57%。其中，商业地价平均增长率为 8.69%，居住地价平均增长率为 8.84%，工业地价平均增长率为 7.50%。其中，居住地价增长率较大，商业地价增长率次之，工业地价增长率最小，见图 3-20-2。

郑州市地价整体增长率历年状况如表 3-20-2。

3. 城市地价指数

2007 年郑州市城市综合地价指数为 157，比 2006 年增加 12 个点数；商业地价指数为 172，比 2006 年增加 14 个点数；居住地价指数为 173，比 2006 年增加 14 个点数；工业地价指数为 118，比 2006 年增加 8 个点数。其中，居住地价指数较高，商业地价指数次之，工业地价指数最低，见图 3-20-3。

郑州市地价整体指数历年状况如表 3-20-3。

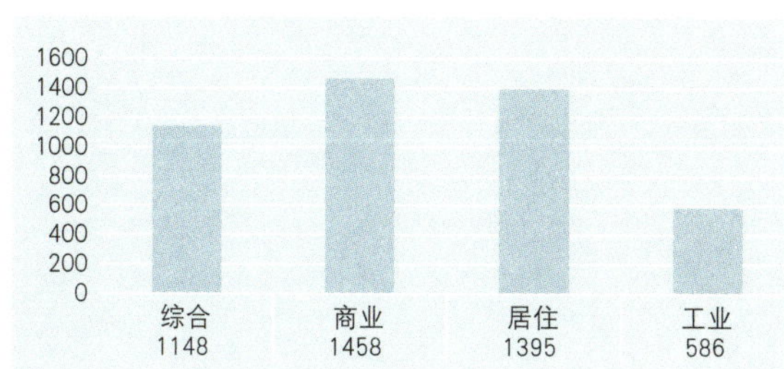

图3-20-1 郑州市地价整体水平值（元/平方米）

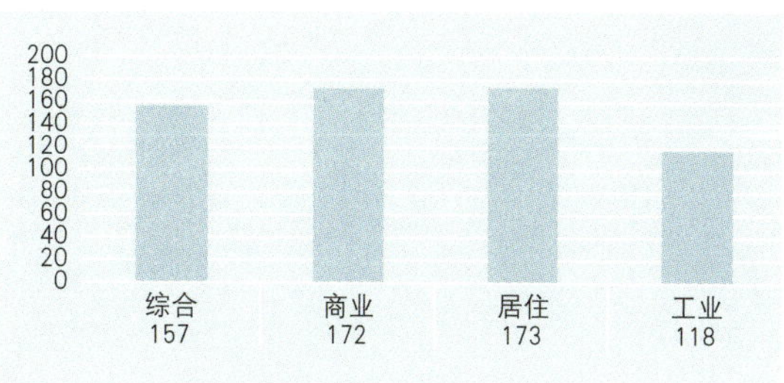

图3-20-3 郑州市地价整体指数

表3-20-1 郑州市地价整体水平历年状况

单位：元/平方米

	综合	商业	居住	工业
2003年	792	946	929	519
2004年	867	1104	1026	526
2005年	955	1208	1130	528
2006年	1057	1341	1282	545
2007年	1148	1458	1395	586

表3-20-3 郑州市地价整体指数历年状况

	综合	商业	居住	工业
2003年	111	111	115	105
2004年	121	130	127	106
2005年	131	142	140	107
2006年	145	158	159	110
2007年	157	172	173	118

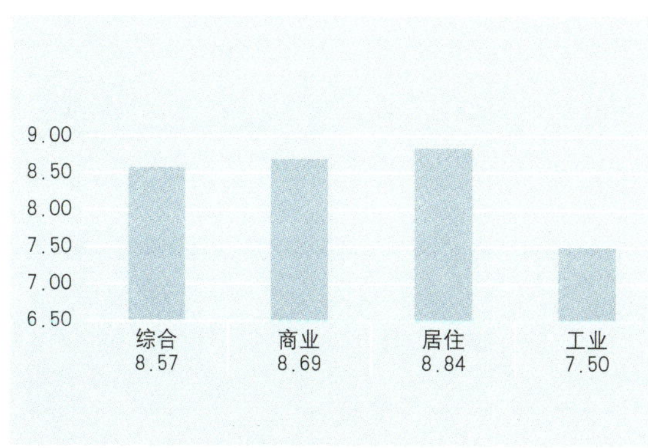

图3-20-2 郑州市地价整体增长率（%）

表3-20-2 郑州市地价整体增长率历年状况

单位：%

	综合	商业	居住	工业
2003年	3.80	3.50	5.57	2.17
2004年	9.46	16.60	10.44	1.35
2005年	7.95	9.52	10.14	0.38
2006年	10.68	11.04	13.42	3.17
2007年	8.57	8.69	8.84	7.50

4. 地价与相关经济指标及房价协调状况

与2006年同期相比，2007年郑州市城市国内生产总值增长率为15.60%，城镇固定资产投资增长率为35.20%，城市新建商品住房销售价格①增长率为5.77%。居住地价增长率为8.84%，比固定资产投资增长率低26.36个百分点，比国内生产总值增长率低6.76个百分点，比新建商品住房销售价格增长率高3.07个百分点，地价占新建商品住房销售价格比率为24.50%。郑州市地价增长率与国内生产总值、固定资产投资及居住用房价格增长率比较，见图3-20-4。

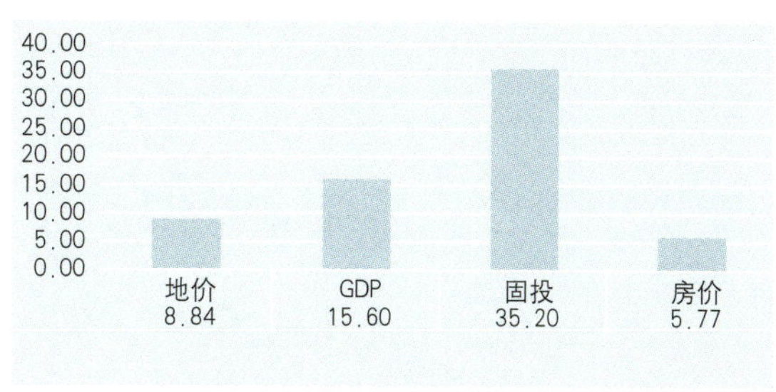

图3-20-4 郑州市地价与相关经济指标增长率（%）比较

① 数据来源：国家发展和改革委员会网站。

二十一、2007 年
武汉市地价整体状况

1. 地价整体水平

2007 年武汉市城市地价综合水平值为 1595 元 / 平方米。其中，商业地价水平值为 2659 元 / 平方米，居住地价水平值为 1444 元 / 平方米，工业地价水平值为 683 元 / 平方米。商业地价、居住地价、工业地价水平呈梯状排列，水平值之比为 1 ：0.54 ：0.26。商业地价最高，工业地价最低，见图 3−21−1。

武汉市地价整体水平历年状况如表 3−21−1。

2. 地价整体增长率

与 2006 年相比，2007 年武汉市城市地价总体呈上升趋势，地价综合增长率（平均值）为 7.83%。其中，商业地价平均增长率为 9.05%，居住地价平均增长率为 7.35%，工业地价平均增长率为 4.43%。其中，商业地价增长率较大，居住地价增长率次之，工业地价增长率最小，见图 3−21−2。

武汉市地价整体增长率历年状况如表 3−21−2。

3. 城市地价指数

2007 年武汉市城市综合地价指数为 147，比 2006 年增加 10 个点数；商业地价指数为 150，比 2006 年增加 12 个点数；居住地价指数为 153，比 2006 年增加 10 个点数；工业地价指数为 127，比 2006 年增加 5 个点数。其中，居住地价指数较高，商业地价指数次之，工业地价指数最低，见图 3−21−3。

武汉市地价整体指数历年状况如表 3−21−3。

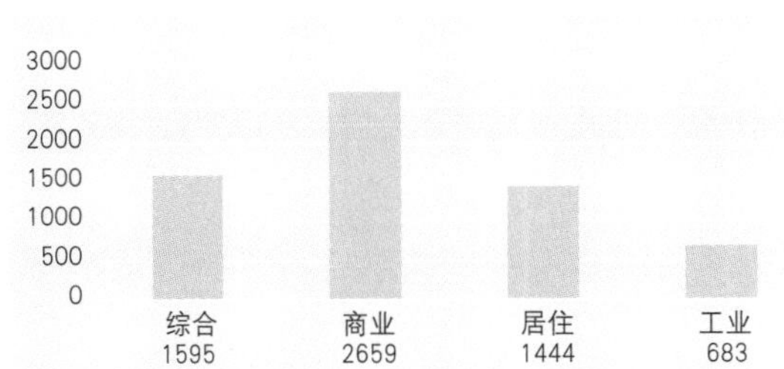

图3-21-1 武汉市地价整体水平值（元/平方米）

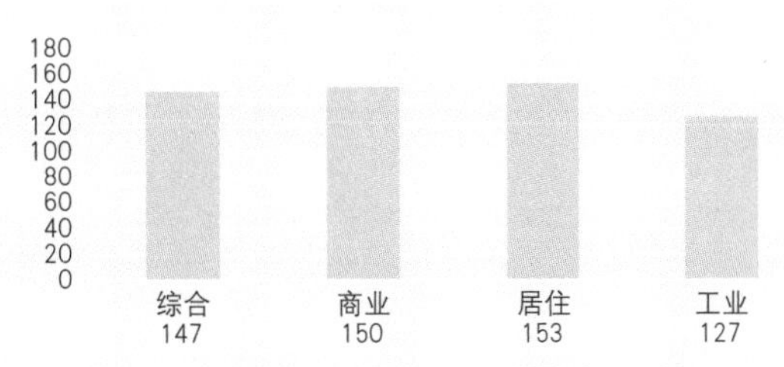

图3-21-3 武汉市地价整体指数

表3-21-1 武汉市地价整体水平历年状况

单位：元/平方米

	综合	商业	居住	工业
2003年	1228	1999	1035	630
2004年	1333	2194	1141	630
2005年	1413	2329	1267	645
2006年	1479	2439	1345	654
2007年	1595	2659	1444	683

表3-21-3 武汉市地价整体指数历年状况

	综合	商业	居住	工业
2003年	116	114	114	118
2004年	126	126	126	118
2005年	131	132	134	120
2006年	137	138	143	122
2007年	147	150	153	127

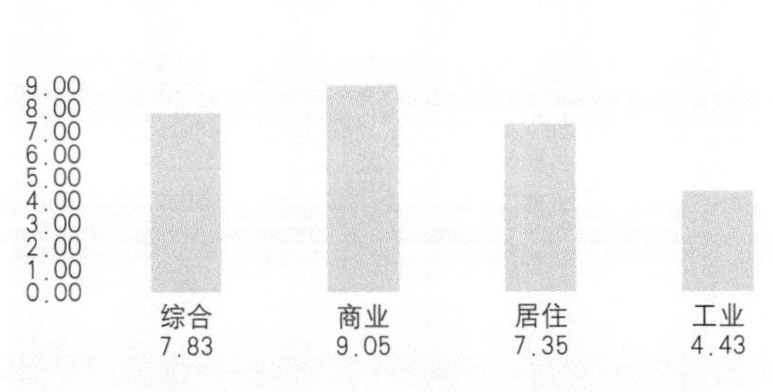

图3-21-2 武汉市地价整体增长率（%）

表3-21-2 武汉市地价整体增长率历年状况

单位：%

	综合	商业	居住	工业
2003年	5.86	6.56	6.48	4.65
2004年	8.56	9.77	10.21	0.04
2005年	3.98	4.83	6.92	1.27
2006年	4.69	4.70	6.15	1.42
2007年	7.83	9.05	7.35	4.43

4. 地价与相关经济指标及房价协调状况

与2006年同期相比，2007年武汉市城市国内生产总值增长率为15.60%，城镇固定资产投资增长率为30.10%，城市居住用房价格①增长率为27.74%。居住地价增长率为7.35%，比固定资产投资增长率低22.75个百分点，比国内生产总值增长率低8.25个百分点，比居住用房价格增长率低20.39个百分点，地价占居住用房价格比率为17.76%。武汉市地价增长率与国内生产总值、固定资产投资及居住用房价格增长率比较，见图3-21-4。

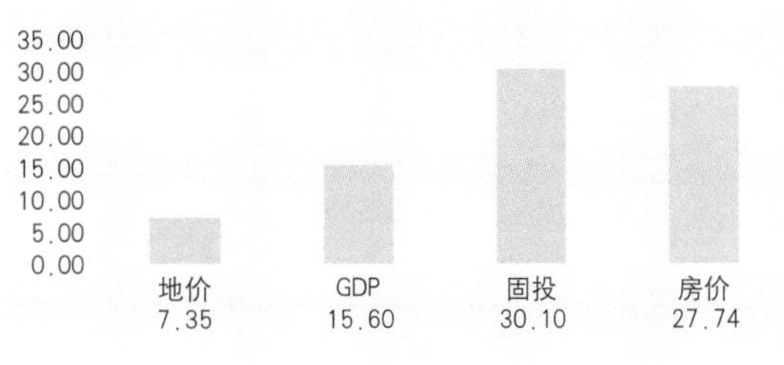

图3-21-4 武汉市地价与相关经济指标增长率（%）比较

① 数据来源：搜房研究院。

二十二、2007 年长沙市地价整体状况

1. 地价整体水平

2007 年长沙市城市地价综合水平值为 1391 元 / 平方米。其中，商业地价水平值为 2247 元 / 平方米，居住地价水平值为 1478 元 / 平方米，工业地价水平值为 492 元 / 平方米。商业地价、居住地价、工业地价水平呈梯状排列，水平值之比为 1 ：0.66 ：0.22。商业地价最高，工业地价最低，见图 3–22–1。

长沙市地价整体水平历年状况如表 3–22–1。

2. 地价整体增长率

与 2006 年相比，2007 年长沙市城市地价总体增幅明显，地价综合增长率（平均值）为 16.05%。其中，商业地价平均增长率为 20.44%，居住地价平均增长率为 12.70%，工业地价平均增长率为 15.00%。其中，商业地价增长率较大，工业地价增长率次之，居住地价增长率最小，见图 3–22–2。

长沙市地价整体增长率历年状况如表 3–22–2。

3. 城市地价指数

2007 年长沙市城市综合地价指数为 159，比 2006 年增加 22 个点数；商业地价指数为 167，比 2006 年增加 29 个点数；居住地价指数为 158，比 2006 年增加 18 个点数；工业地价指数为 153，比 2006 年增加 20 个点数。其中，商业地价指数较高，居住地价指数次之，工业地价指数最低，见图 3–22–3。

长沙市地价整体指数历年状况如表 3–22–3。

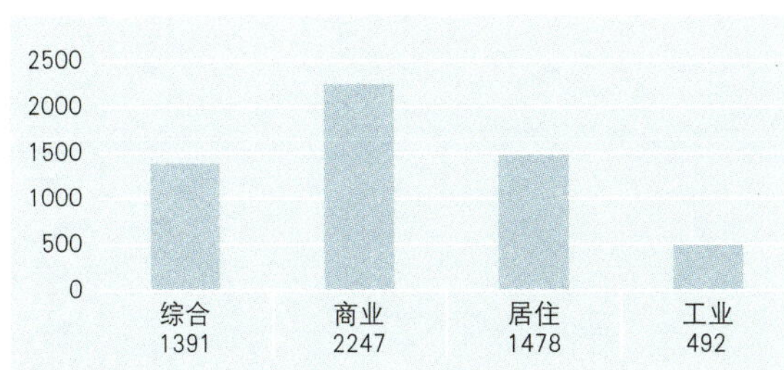

图3-22-1　长沙市地价整体水平值（元/平方米）

表3-22-1　长沙市地价整体水平历年状况

单位：元/平方米

	综合	商业	居住	工业
2003年	913	1445	983	322
2004年	947	1500	1032	330
2005年	1055	1651	1164	366
2006年	1199	1866	1311	428
2007年	1391	2247	1478	492

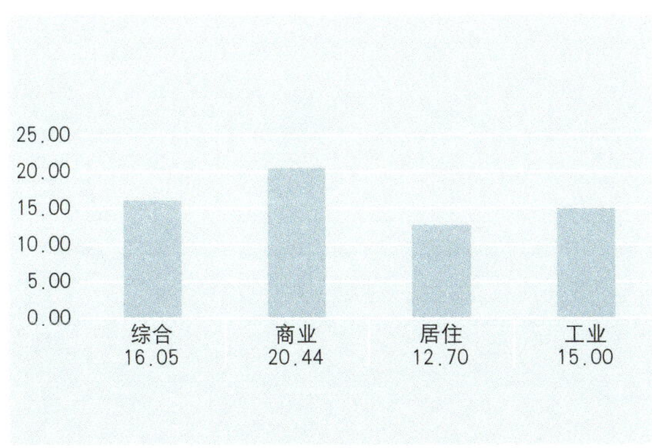

图3-22-2　长沙市地价整体增长率（%）

表3-22-2　长沙市地价整体增长率历年状况

单位：%

	综合	商业	居住	工业
2003年	2.70	2.70	3.15	1.90
2004年	3.70	3.82	4.98	2.31
2005年	6.43	7.32	8.46	3.52
2006年	13.60	13.04	12.60	16.96
2007年	16.05	20.44	12.70	15.00

170
165
160
155
150
145
综合 159
商业 167
居住 158
工业 153

图3-22-3　长沙市地价整体指数

表3-22-3　长沙市地价整体指数历年状况

	综合	商业	居住	工业
2003年	109	110	110	108
2004年	113	114	115	110
2005年	120	122	125	114
2006年	137	138	140	133
2007年	159	167	158	153

4. 地价与相关经济指标及房价协调状况

与2006年同期相比，2007年长沙市城市国内生产总值增长率为16.00%，城镇固定资产投资增长率为36.40%，城市居住用房价格①增长率为31.28%。居住地价增长率为12.70%，比固定资产投资增长率低23.7个百分点，比国内生产总值增长率低3.3个百分点，比居住用房价格增长率低18.58个百分点，地价占居住用房价格比率为24.38%。长沙市地价增长率与国内生产总值、固定资产投资及居住用房价格增长率比较，见图3-22-4。

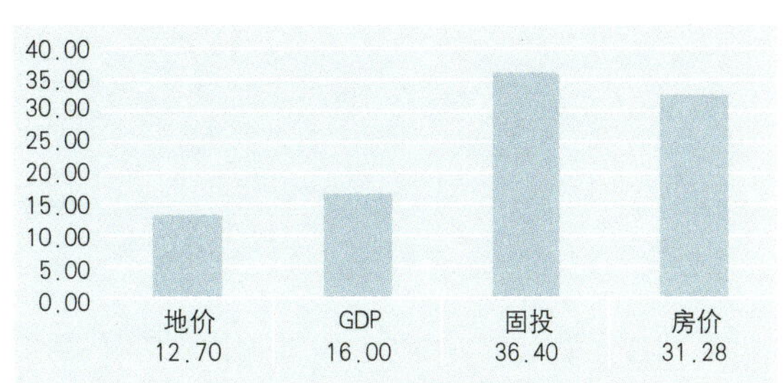

图3-22-4　长沙市地价与相关经济指标增长率（%）比较

① 数据来源：搜房研究院。

二十三、2007 年 广州市地价整体状况

1. 地价整体水平

2007 年广州市城市地价综合水平值为 3394 元／平方米。其中，商业地价水平值为 3750 元／平方米，居住地价水平值为 5007 元／平方米，工业地价水平值为 854 元／平方米。其中居住地价、商业地价、工业地价水平呈梯状排列，商业、居住、工业水平值之比为 1 ： 1.34 ： 0.23。居住地价最高，工业地价最低，见图 3-23-1。

广州市地价整体水平历年状况如表 3-23-1。

2. 地价整体增长率

与 2006 年相比，2007 年广州市城市地价总体增幅明显，地价综合增长率（平均值）为 15.04%。其中，商业地价平均增长率为 6.30%，居住地价平均增长率为 8.42%，工业地价平均增长率为 30.40%。其中，工业地价增长率较大，居住地价增长率次之，商业地价增长率较小，见图 3-23-2。

广州市地价整体增长率历年状况如表 3-23-2。

3. 城市地价指数

2007 年广州市城市综合地价指数为 148，比 2006 年增加 19 个点数；商业地价指数为 131，比 2006 年增加 7 个点数；居住地价指数为 145，比 2006 年增加 11 个点数；工业地价指数为 166，比 2006 年增加 39 个点数。其中，工业地价指数较高，居住地价指数次之，商业地价指数最低，见图 3-23-3。

广州市地价整体指数历年状况如表 3-23-3。

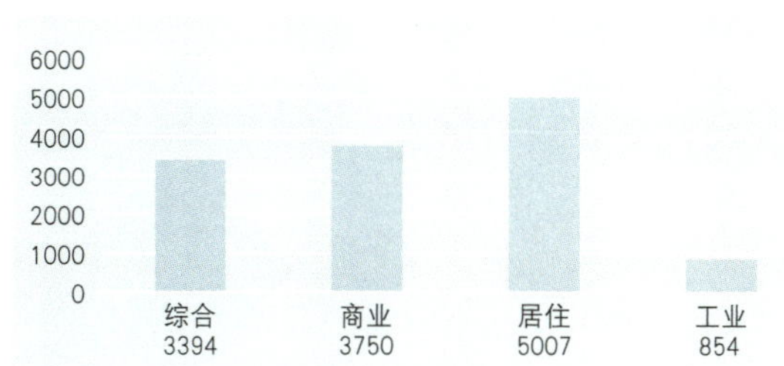

图3-23-1 广州市地价整体水平值（元/平方米）

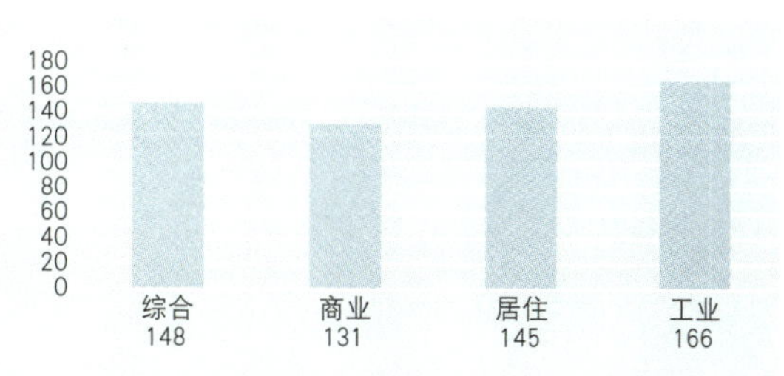

图3-23-3 广州市地价整体指数

表3-23-1 广州市地价整体水平历年状况

单位：元/平方米

	综合	商业	居住	工业
2003年	1396	2341	1294	533
2004年	1444	2416	1348	550
2005年	2617	3221	4024	582
2006年	2950	3527	4618	655
2007年	3394	3750	5007	854

表3-23-3 广州市地价整体指数历年状况

	综合	商业	居住	工业
2003年	102	101	101	103
2004年	106	104	105	107
2005年	114	113	116	113
2006年	129	124	134	127
2007年	148	131	145	166

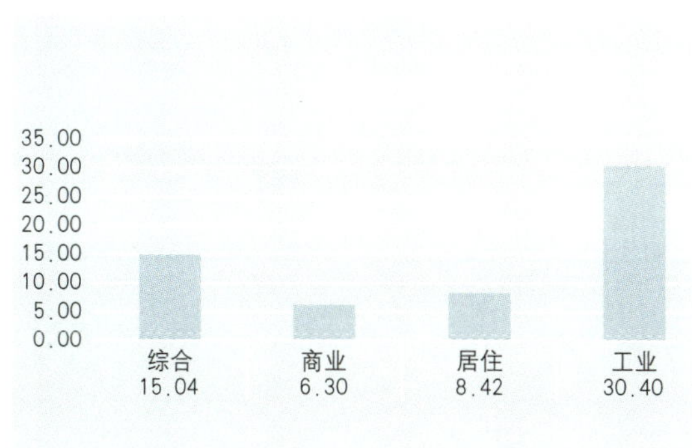

图3-23-2 广州市地价整体增长率（%）

表3-23-2 广州市地价整体增长率历年状况

单位：%

	综合	商业	居住	工业
2003年	1.75	3.68	−1.07	2.69
2004年	3.49	3.18	4.20	3.10
2005年	8.19	8.00	10.56	6.00
2006年	12.70	9.51	14.78	12.47
2007年	15.04	6.30	8.42	30.40

4. 地价与相关经济指标及房价协调状况

与2006年同期相比，2007年广州市城市国内生产总值增长率为14.50%，全社会固定资产投资增长率为9.80%，城市居住用房价格[①]增长率为29.92%。居住地价增长率为8.42%，比固定资产投资增长率低1.38个百分点，比国内生产总值增长率低6.08个百分点，比居住用房价格增长率低21.50个百分点，地价占居住用房价格比率为23.20%。广州市地价增长率与国内生产总值、固定资产投资及居住用房价格增长率比较，见图3-23-4。

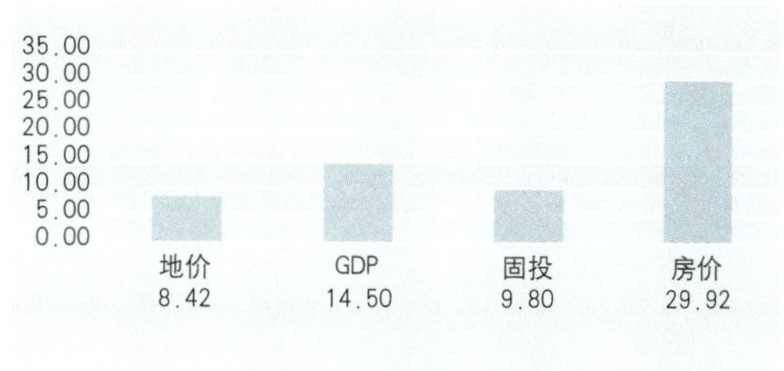

图3-23-4 广州市地价与相关经济指标增长率（%）比较

① 数据来源：搜房研究院。

二十四、2007年深圳市地价整体状况

1. 地价整体水平

2007年深圳市城市地价综合水平值为1875元/平方米。其中，商业地价水平值为2659元/平方米，居住地价水平值为1936元/平方米，工业地价水平值为606元/平方米。商业地价、居住地价、工业地价水平呈梯状排列，水平值之比为1∶0.73∶0.23。商业地价最高，工业地价最低，见图3-24-1。

深圳市地价整体水平历年状况如表3-24-1。

2. 地价整体增长率

与2006年相比，2007年深圳市城市地价增幅明显，地价综合增长率（平均值）为18.23%。其中，商业地价平均增长率为17.24%，居住地价平均增长率为18.77%，工业地价平均增长率为6.89%。其中，居住地价增长率较大，商业地价增长率次之，工业地价增长率最小，见图3-24-2。

深圳市地价整体增长率历年状况如表3-24-2。

3. 城市地价指数

2007年深圳市城市综合地价指数为143，比2006年增加22个点数；商业地价指数为118，比2006年增加18个点数；居住地价指数为149，比2006年增加24个点数；工业地价指数为132，比2006年增加9个点数。其中，居住地价指数较高，工业地价指数次之，商业地价指数最低，见图3-24-3。

深圳市地价整体指数历年状况如表3-24-3。

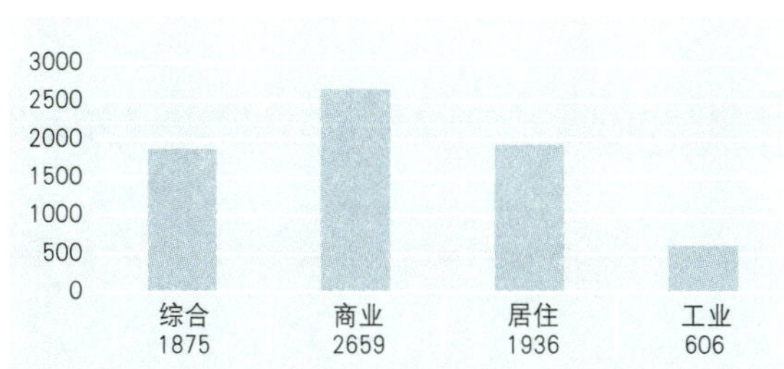

图3-24-1 深圳市地价整体水平值（元/平方米）

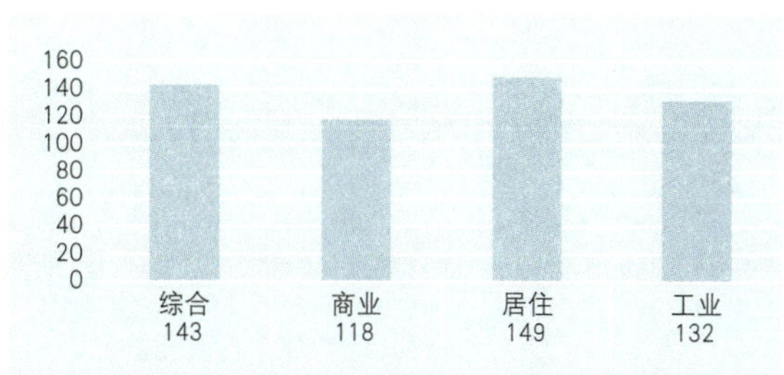

图3-24-3 深圳市地价整体指数

表3-24-1 深圳市地价整体水平历年状况

单位：元/平方米

	综合	商业	居住	工业
2003年	1360	2236	1362	486
2004年	1379	2251	1371	500
2005年	1376	2257	1379	497
2006年	1586	2268	1630	567
2007年	1875	2659	1936	606

表3-24-3 深圳市地价整体指数历年状况

	综合	商业	居住	工业
2003年	102	99	104	104
2004年	104	99	105	106
2005年	105	100	106	108
2006年	121	100	125	123
2007年	143	118	149	132

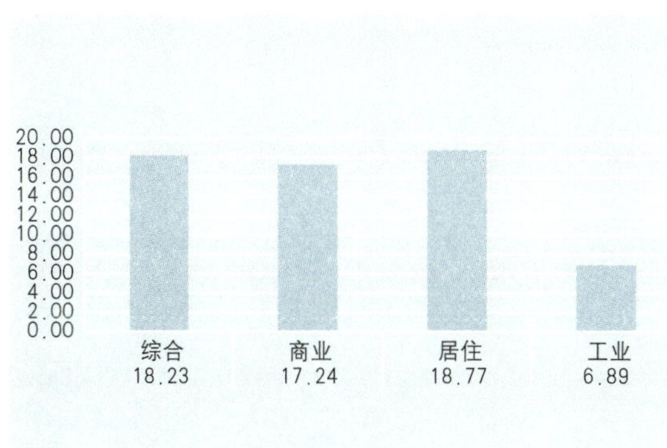

图3-24-2 深圳市地价整体增长率（%）

表3-24-2 深圳市地价整体增长率历年状况

单位：%

	综合	商业	居住	工业
2003年	1.87	−0.40	2.48	1.46
2004年	1.40	0.67	0.62	2.87
2005年	1.29	0.42	1.30	1. 74
2006年	15.20	0.50	18.20	13.90
2007年	18.23	17.24	18.77	6.89

4. 地价与相关经济指标及房价协调状况

与2006年同期相比，2007年深圳市城市国内生产总值增长率为14.70%，全社会固定资产投资增长率为5.60%，城市居住用房价格[①]增长率为51.11%。居住地价增长率为18.77%，比固定资产投资增长率高13.17个百分点，比国内生产总值增长率高4.07个百分点，比居住用房价格增长率低32.34个百分点，地价占居住用房价格比率为7.24%。深圳市地价增长率与国内生产总值、固定资产投资及居住用房价格增长率比较，见图3−24−4。

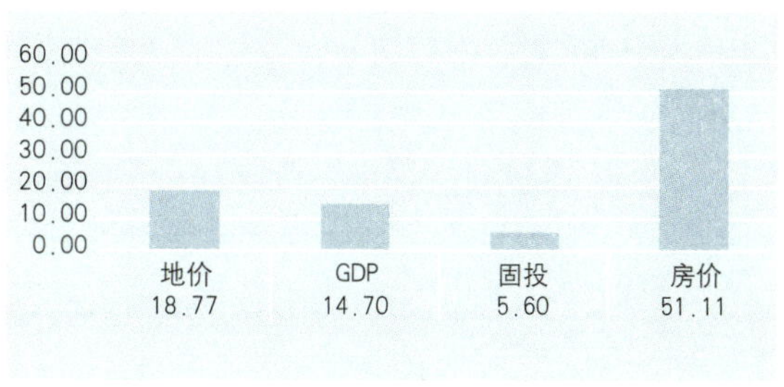

图3-24-4 深圳市地价与相关经济指标增长率（%）比较

① 数据来源：搜房研究院。

二十五、2007 年南宁市地价整体状况

1. 地价整体水平

2007 年南宁市城市地价综合水平值为 1679 元 / 平方米。其中，商业地价水平值为 3111 元 / 平方米，居住地价水平值为 1281 元 / 平方米，工业地价水平值为 503 元 / 平方米。商业地价、居住地价、工业地价水平呈梯状排列，水平值之比为 1 ：0.41 ：0.16。商业地价最高，工业地价最低，见图 3-25-1。

南宁市地价整体水平历年状况如表 3-25-1。

2. 地价整体增长率

与 2006 年相比，2007 年南宁市城市地价总体呈上升趋势，地价综合增长率（平均值）为 7.87%。其中，商业地价平均增长率为 4.87%，居住地价平均增长率为 7.95%，工业地价平均增长率为 10.78%。工业地价增长率较高，居住地价增长率次之，商业地价增长率最低，见图 3-25-2。

南宁市地价整体增长率历年状况如表 3-25-2。

3. 城市地价指数

2007 年南宁市城市综合地价指数为 131，比 2006 年增加 9 个点数；商业地价指数为 130，比上一年增加 6 个点数；居住地价指数为 144，比 2006 年增加 11 个点数；工业地价指数为 119，比 2006 年增加 12 个点数。其中，居住地价指数较高，商业地价指数次之，工业地价指数最低，见图 3-25-3。

南宁市地价整体指数历年状况如表 3-25-3。

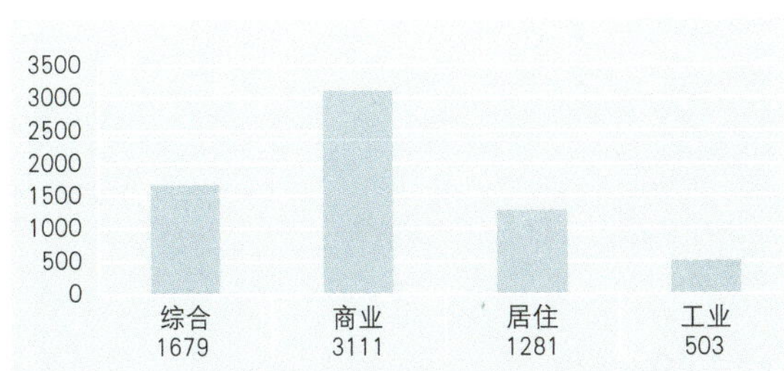

图3-25-1　南宁市地价整体水平值（元/平方米）

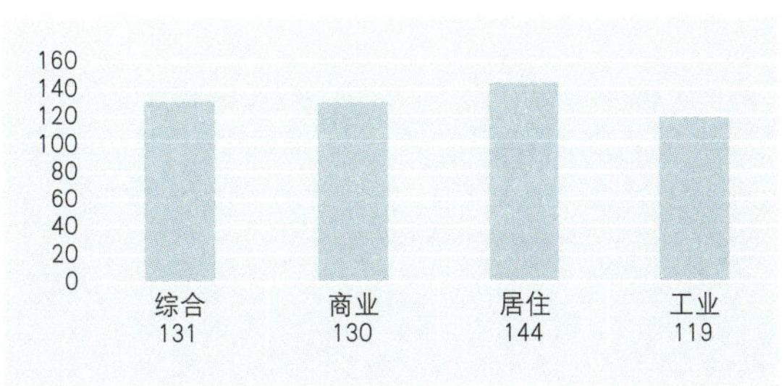

图3-25-3　南宁市地价整体指数

表3-25-1　南宁市地价整体水平历年状况

单位：元/平方米

	综合	商业	居住	工业
2003年	925	1609	886	379
2004年	968	1615	969	394
2005年	1557	2967	1187	454
2006年	1557	2967	1187	454
2007年	1679	3111	1281	503

表3-25-3　南宁市地价整体指数历年状况

	综合	商业	居住	工业
2003年	116	124	122	103
2004年	122	124	133	107
2005年	122	124	133	107
2006年	122	124	133	107
2007年	131	130	144	119

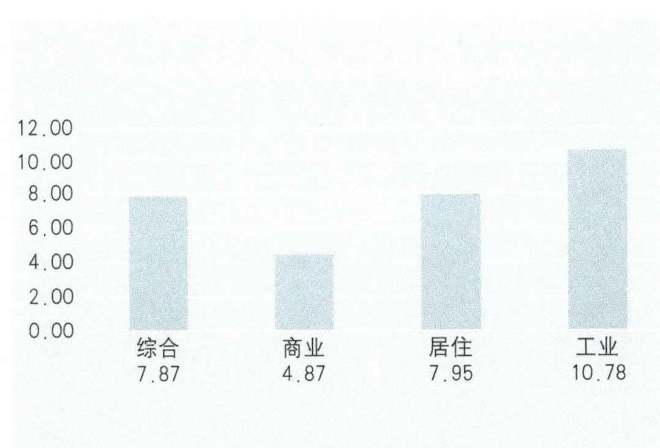

图3-25-2　南宁市地价整体增长率（%）

表3-25-2　南宁市地价整体增长率历年状况

单位：%

	综合	商业	居住	工业
2003年	5.47	7.84	7.00	0.00
2004年	4.69	0.34	9.30	4.03
2005年	0.00	0.00	0.00	0.00
2006年	0.00	0.00	0.00	0.00
2007年	7.87	4.87	7.95	10.78

4. 地价与相关经济指标及房价协调状况

与2006年同期相比，2007年南宁市城市国内生产总值增长率为17.10%，城镇固定资产投资增长率为27.02%，城市新建商品住房销售价格①增长率为9.83%。居住地价增长率为7.95%，比固定资产投资增长率低19.07个百分点，比国内生产总值增长率低9.15个百分点，比新建商品住房销售价格增长率低1.88个百分点，地价占新建商品住房销售价格比率为19.97%。南宁市地价增长率与国内生产总值、固定资产投资及居住用房价格增长率比较，见图3-25-4。

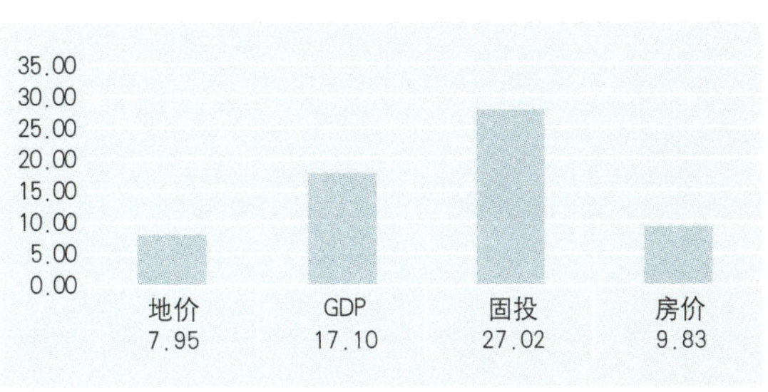

图3-25-4　南宁市地价与相关经济指标增长率（%）比较

① 数据来源：国家发展和改革委员会网站。

二十六、2007 年 海口市地价整体状况

1. 地价整体水平

2007 年海口市城市地价综合水平值为 500 元 / 平方米。其中，商业地价水平值为 659 元 / 平方米，居住地价水平值为 531 元 / 平方米，工业地价水平值为 310 元 / 平方米。商业地价、居住地价、工业地价水平呈梯状排列，水平值之比为 1 ：0.81 ：0.47。商业地价最高，工业地价最低，见图 3-26-1。

海口市地价整体水平历年状况如表 3-26-1。

2. 地价整体增长率

与 2006 年相比，2007 年海口市城市地价总体呈大幅上升趋势，地价综合增长率（平均值）为 20.15%。其中，商业地价平均增长率为 19.25%，居住地价平均增长率为 20.96%，工业地价平均增长率为 21.70%。其中，工业地价增长率较大，居住地价增长率次之，商业地价增长率最小，见图 3-26-2。

海口市地价整体增长率历年状况如表 3-26-2。

3. 城市地价指数

2007 年海口市城市综合地价指数为 137，比 2006 年增加 23 个点数；商业地价指数为 148，比 2006 年增加 24 个点数；居住地价指数为 140，比 2006 年增加 24 个点数；工业地价指数为 114，比 2006 年增加 20 个点数。其中，商业地价指数较高，居住地价指数次之，工业地价指数最低，见图 3-26-3。

海口市地价整体指数历年状况如表 3-26-3。

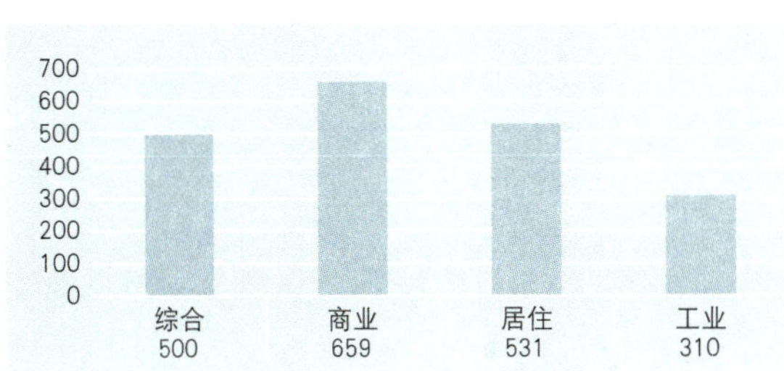

图3-26-1 海口市地价整体水平值（元/平方米）

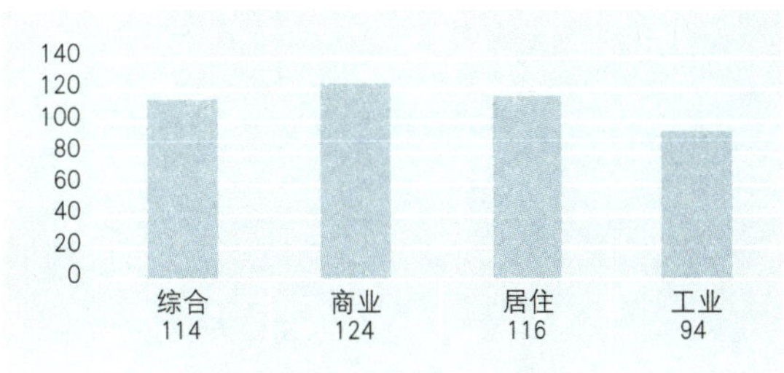

图3-26-3 海口市地价整体指数

表3-26-1 海口市地价整体水平历年状况

单位：元/平方米

	综合	商业	居住	工业
2003年	784	1365	736	255
2004年	837	1517	764	264
2005年	404	516	431	265
2006年	416	553	439	255
2007年	500	659	531	310

表3-26-3 海口市地价整体指数历年状况

	综合	商业	居住	工业
2003年	102	103	102	102
2004年	109	114	106	105
2005年	111	116	114	98
2006年	114	124	116	94
2007年	137	148	140	114

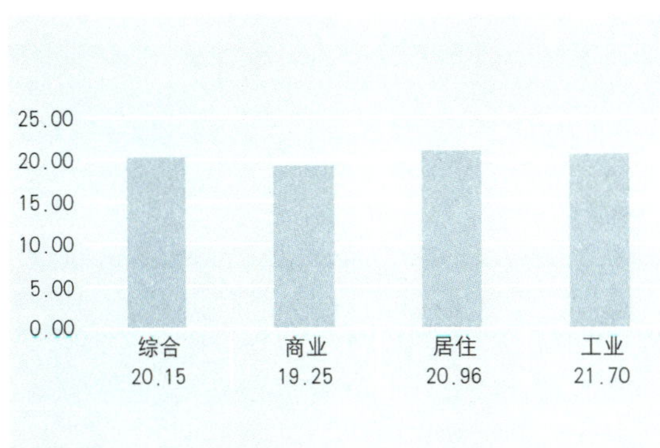

图3-26-2 海口市地价整体增长率（%）

表3-26-2 海口市地价整体增长率历年状况

单位：%

	综合	商业	居住	工业
2003年	1.03	1.49	1.10	0.79
2004年	6.76	11.16	3.87	3.14
2005年	1.26	1.16	6.95	−7.22
2006年	3.00	7.06	1.85	−3.69
2007年	20.15	19.25	20.96	21.70

4. 地价与相关经济指标及房价协调状况

与2006年同期相比，2007年海口市城市国内生产总值增长率为12.60%，全社会固定资产投资增长率为15.50%，城市新建商品住房销售价格[①]增长率为7.66%。居住地价增长率为20.96%，比固定资产投资增长率高5.46个百分点，比国内生产总值增长率高8.36个百分点，比新建商品住房销售价格增长率高13.30个百分点，地价占新建商品住房销售价格比率为15.39%。海口市地价增长率与国内生产总值、固定资产投资及居住用房价格增长率比较，见图3-26-4。

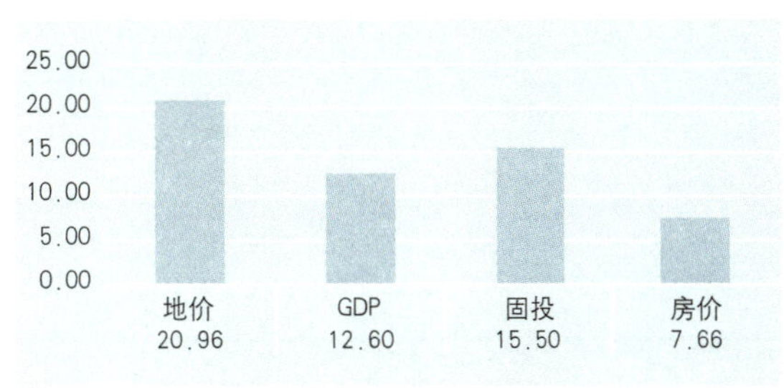

图3-26-4 海口市地价与相关经济指标增长率（%）比较

① 数据来源：国家发展和改革委员会网站。

二十七、2007 年 重庆市地价整体状况

1. 地价整体水平

2007 年重庆市城市地价综合水平值为 1630 元／平方米。其中，商业地价水平值为 3260 元／平方米，居住地价水平值为 1613 元／平方米，工业地价水平值为 626 元／平方米。商业地价、居住地价、工业地价水平呈梯状排列，水平值之比为 1 ：0.49 ：0.19。商业地价最高，工业地价最低，见图 3-27-1。

重庆市地价整体水平历年状况如表 3-27-1。

2. 地价整体增长率

与 2006 年相比，2007 年重庆市城市地价总体呈大幅上升趋势，地价综合增长率（平均值）为 34.71%。其中，商业地价平均增长率为 6.05%，居住地价平均增长率为 48.39%，工业地价平均增长率为 7.19%。其中，居住地价增长率较大，工业地价增长率次之，商业地价增长率最小，见图 3-27-2。

重庆市地价整体增长率历年状况如表 3-27-2。

3. 城市地价指数

2007 年重庆市城市综合地价指数为 201，比 2006 年增加 52 个点数；商业地价指数为 131，比 2006 年增加 3 个点数；居住地价指数为 185，比 2006 年增加 17 个点数；工业地价指数为 149，比 2006 年增加 3 个点数。其中，居住地价指数较高，工业地价指数次之，商业地价指数最低，见图 3-27-3。

重庆市地价整体指数历年状况如表 3-27-3。

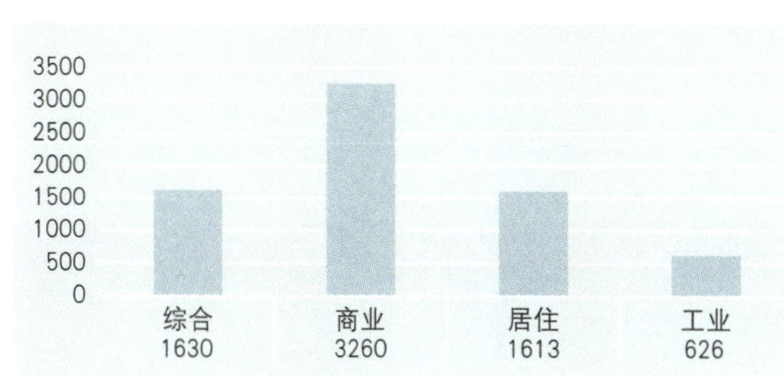

图3-27-1 重庆市地价整体水平值（元/平方米）

表3-27-1 重庆市地价整体水平历年状况

单位：元/平方米

	综合	商业	居住	工业
2003年	1391	2246	1262	589
2004年	1450	2256	1332	621
2005年	1173	3015	1049	564
2006年	1210	3074	1087	584
2007年	1630	3260	1613	626

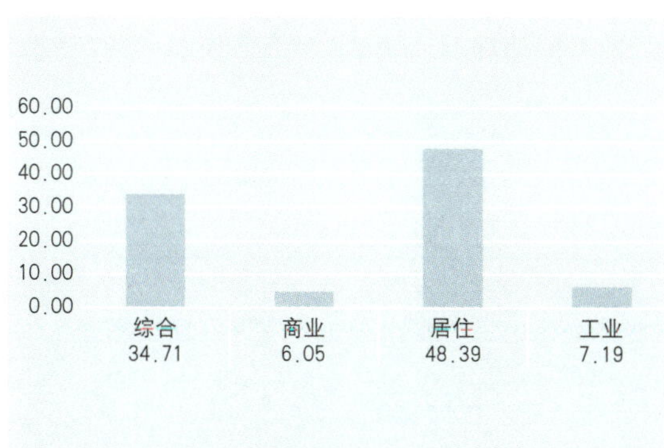

图3-27-2 重庆市地价整体增长率（%）

表3-27-2 重庆市地价整体增长率历年状况

单位：%

	综合	商业	居住	工业
2003年	8.50	7.72	12.39	5.18
2004年	4.21	0.47	5.60	5.38
2005年	5.20	1.48	6.93	2.92
2006年	3.15	1.96	3.62	3.55
2007年	34.71	6.05	48.39	7.19

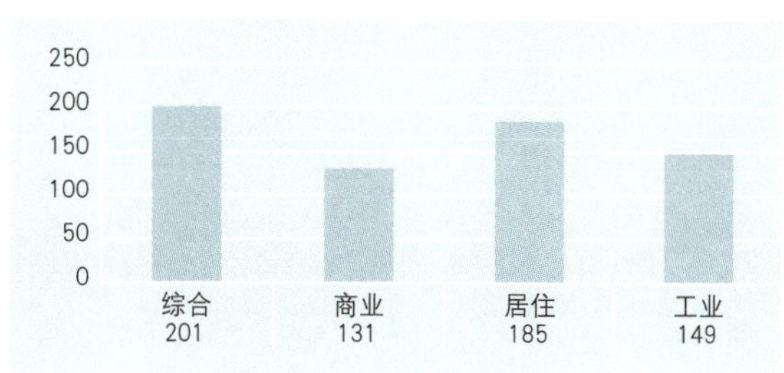

图3-27-3 重庆市地价整体指数

表3-27-3 重庆市地价整体指数历年状况

	综合	商业	居住	工业
2003年	132	123	143	130
2004年	138	124	151	137
2005年	145	125	162	141
2006年	149	128	168	146
2007年	201	131	185	149

4. 地价与相关经济指标及房价协调状况

与2006年同期相比，2007年重庆市城市国内生产总值增长率为15.60%，全社会固定资产投资增长率为28.90%，城市居住用房价格[①]增长率为24.34%。居住地价增长率为48.39%，比固定资产投资增长率高19.49个百分点，比国内生产总值增长率高32.79个百分点，比居住用房价格增长率高24.05个百分点，地价占居住用房价格比率为20.78%。重庆市地价增长率与国内生产总值、固定资产投资及居住用房价格增长率比较，见图3-27-4。

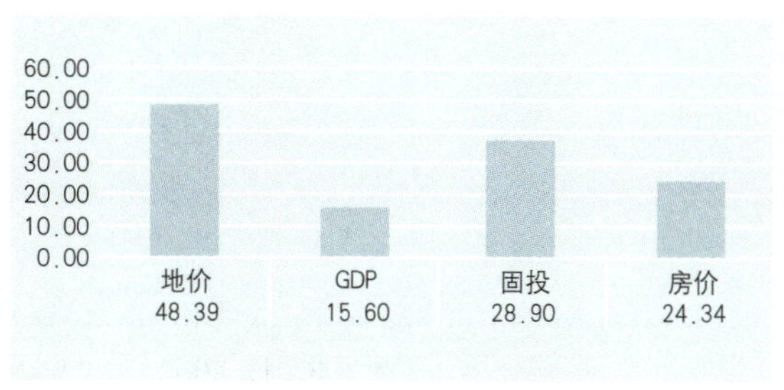

图3-27-4 重庆市地价与相关经济指标增长率（%）比较

① 数据来源：搜房研究院。

二十八、2007 年
成都市地价整体状况

1. 地价整体水平

2007 年成都市城市地价综合水平值为 1683 元 / 平方米。其中，商业地价水平值为 2559 元 / 平方米，居住地价水平值为 2232 元 / 平方米，工业地价水平值为 571 元 / 平方米。商业地价、居住地价、工业地价水平呈梯状排列，水平值之比为 1 ：0.87 ：0.22。商业地价最高，工业地价最低，见图 3-28-1。

成都市地价整体水平历年状况如表 3-28-1。

2. 地价整体增长率

与 2006 年相比，2007 年成都市城市地价总体呈上升趋势，地价综合增长率（平均值）为 8.80%。其中，商业地价平均增长率为 5.90%，居住地价平均增长率为 10.47%，工业地价平均增长率为 5.37%。其中，居住地价增长率较大，商业地价增长率次之，工业地价增长率最小，见图 3-28-2。

成都市地价整体增长率历年状况如表 3-28-2。

3. 城市地价指数

2007 年成都市城市综合地价指数为 150，比 2006 年增加 12 个点数；商业地价指数为 146，比 2006 年增加 8 个点数；居住地价指数为 166，比 2006 年增加 15 个点数；工业地价指数为 111，比 2006 年增加 6 个点数。其中，居住地价指数较高，商业地价指数次之，工业地价指数最低，见图 3-28-3。

成都市地价整体指数历年状况如表 3-28-3。

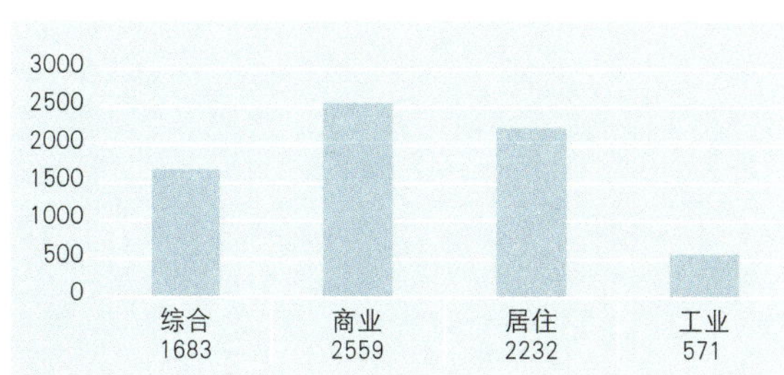

图3-28-1 成都市地价整体水平值（元/平方米）

表3-28-1 成都市地价整体水平历年状况

单位：元/平方米

	综合	商业	居住	工业
2003年	1489	3003	1026	601
2004年	1690	3345	1275	591
2005年	1420	2344	1801	521
2006年	1547	2416	2020	541
2007年	1683	2559	2232	571

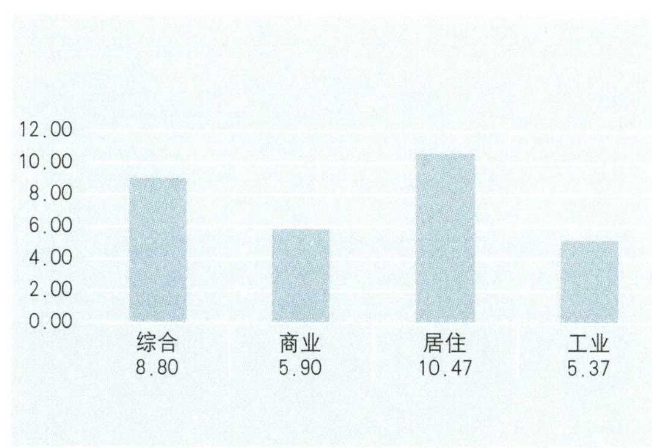

图3-28-2 成都市地价整体增长率（%）

表3-28-2 成都市地价整体增长率历年状况

单位：%

	综合	商业	居住	工业
2003年	2.69	10.96	−4.47	1.69
2004年	13.51	11.37	24.20	−1.65
2005年	4.07	3.25	6.69	0.00
2006年	8.95	3.09	12.20	3.90
2007年	8.80	5.90	10.47	5.37

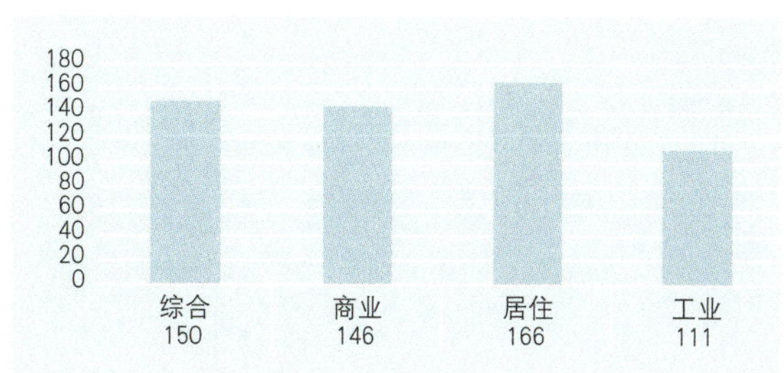

图3-28-3 成都市地价整体指数

表3-28-3 成都市地价整体指数历年状况

	综合	商业	居住	工业
2003年	107	116	101	103
2004年	121	129	126	101
2005年	126	134	134	101
2006年	138	138	151	105
2007年	150	146	166	111

4.地价与相关经济指标及房价协调状况

与2006年同期相比，2007年成都市城市国内生产总值增长率为15.30%，全社会固定资产投资增长率为26.10%，城市居住用房价格[①]增长率为19.75%。居住地价增长率为10.47%，比固定资产投资增长率低15.63个百分点，比国内生产总值增长率低4.83个百分点，比居住用房价格增长率低9.28个百分点，地价占居住用房价格比率为22.20%。成都市地价增长率与国内生产总值、固定资产投资及居住用房价格增长率比较，见图3-28-4。

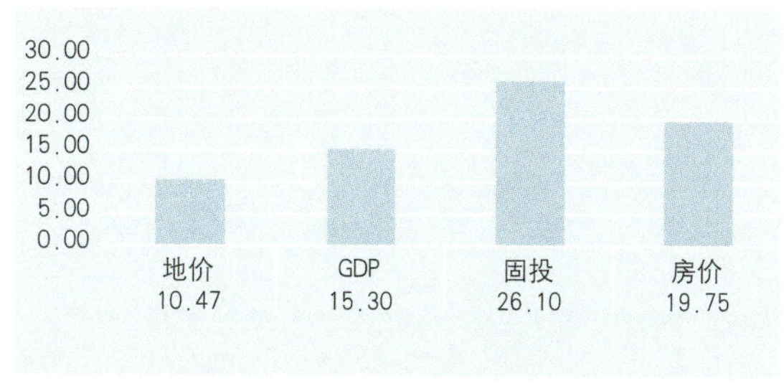

图3-28-4 成都市地价与相关经济指标增长率（%）比较

① 数据来源：搜房研究院。

二十九、2007 年
贵阳市地价整体状况

1. 地价整体水平

2007 年贵阳市城市地价综合水平值为 2528 元／平方米。其中，商业地价水平值为 5481 元／平方米，居住地价水平值为 1947 元／平方米，工业地价水平值为 412 元／平方米。商业地价、居住地价、工业地价水平呈梯状排列，水平值之比为 1 ：0.36 ：0.08。商业地价最高，工业地价最低，见图 3−29−1。

贵阳市地价整体水平历年状况如表 3−29−1。

2. 地价整体增长率

与 2006 年相比，2007 年贵阳市城市地价总体增幅明显，地价综合增长率（平均值）为 13.02%。其中，商业地价平均增长率为 16.12%，居住地价平均增长率为 20.71%，工业地价平均增长率为 2.23%。其中，居住地价增长率较大，商业地价增长率次之，工业地价增长率最小，见图 3−29−2。

贵阳市地价整体增长率历年状况如表 3−29−2。

3. 城市地价指数

2007 年贵阳市城市综合地价指数为 168，比 2006 年增加 19 个点数；商业地价指数为 175，比 2006 年增加 24 个点数；居住地价指数为 246，比 2006 年增加 42 个点数；工业地价指数为 110，比 2006 年增加 2 个点数。其中，居住地价指数较高，商业地价指数次之，工业地价指数最低，见图 3−29−3。

贵阳市地价整体指数历年状况如表 3−29−3。

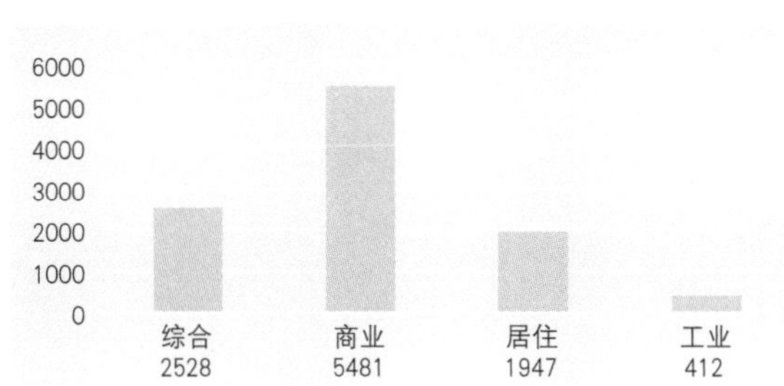

图3–29–1　贵阳市地价整体水平值（元/平方米）

表3–29–1　贵阳市地价整体水平历年状况

单位：元/平方米

	综合	商业	居住	工业
2003年	1280	2572	944	402
2004年	1455	2992	1178	402
2005年	2135	4538	1463	403
2006年	2236	4720	1613	403
2007年	2528	5481	1947	412

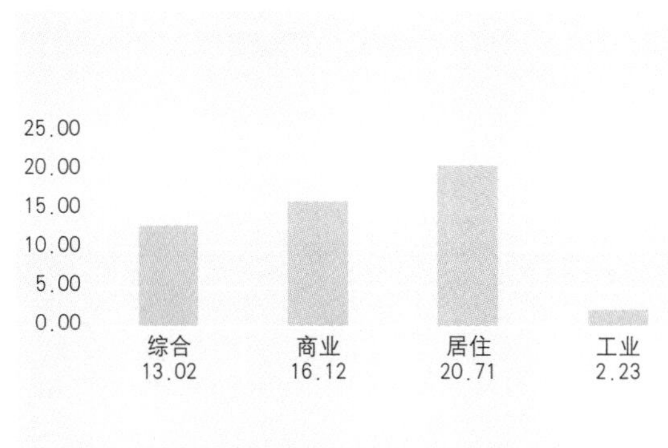

图3–29–2　贵阳市地价整体增长率（%）

表3–29–2　贵阳市地价整体增长率历年状况

单位：%

	综合	商业	居住	工业
2003年	10.83	10.53	16.40	5.24
2004年	13.73	16.33	24.85	0.00
2005年	2.16	0.00	10.08	0.00
2006年	4.75	4.01	10.25	0.00
2007年	13.02	16.12	20.71	2.23

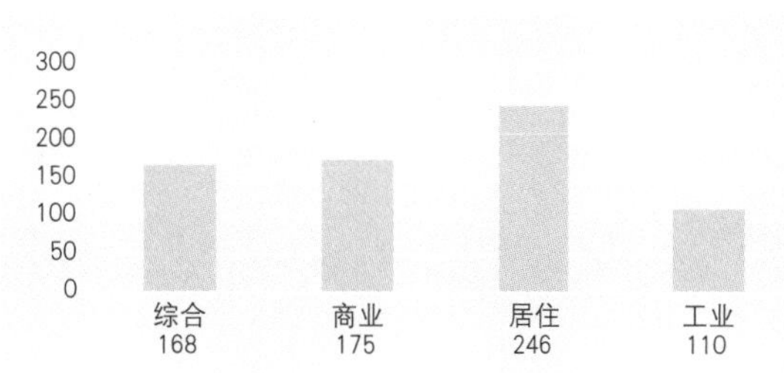

图3–29–3　贵阳市地价整体指数

表3–29–3　贵阳市地价整体指数历年状况

	综合	商业	居住	工业
2003年	122	125	134	108
2004年	139	145	168	108
2005年	142	0	185	0
2006年	149	151	204	108
2007年	168	175	246	110

4. 地价与相关经济指标及房价协调状况

与2006年同期相比，2007年贵阳市城市国内生产总值增长率为15.80%，城镇固定资产投资增长率为20.50%，城市新建商品住房销售价格①增长率为7.73%。居住地价增长率为20.71%，比固定资产投资增长率高0.21个百分点，比国内生产总值增长率高4.91个百分点，比新建商品住房销售价格增长率高12.98个百分点，地价占新建商品住房销售比率为56.37%。贵阳市地价增长率与国内生产总值、固定资产投资及居住用房价格增长率比较，见图3–29–4。

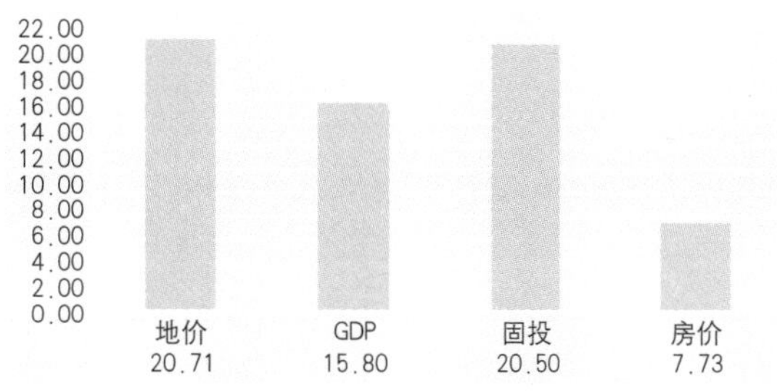

图3–29–4　贵阳市地价与相关经济指标增长率（%）比较

① 数据来源：国家发展和改革委员会网站。

三十、2007年 昆明市地价整体状况

1. 地价整体水平

2007年昆明市城市地价综合水平值为1285元/平方米。其中，商业地价水平值为2057元/平方米，居住地价水平值为1271元/平方米，工业地价水平值为526元/平方米。商业地价、居住地价、工业地价水平呈梯状排列，水平值之比为1 ：0.62 ：0.26。商业地价最高，工业地价最低，见图3−30−1。

昆明市地价整体水平历年状况如表3−30−1。

2. 地价整体增长率

与2006年相比，2007年昆明市城市地价总体呈大幅上升趋势，地价综合增长率(平均值)为44.71%。其中，商业地价平均增长率为57.02%，居住地价平均增长率为45.92%，工业地价平均增长率为8.45%。其中，商业地价增长率较大，居住地价增长率次之，工业地价增长率最小，见图3−30−2。

昆明市地价整体增长率历年状况如表3−30−2。

3. 城市地价指数

2007年昆明市城市综合地价指数为168，比2006年增加52个点数；商业地价指数为176，比2006年增加64个点数；居住地价指数为189，比2006年增加60个点数；工业地价指数为116，比2006年增加9个点数。其中，居住地价指数较高，商业地价指数次之，工业地价指数最低，见图3−30−3。

昆明市地价整体指数历年状况如表3−30−3。

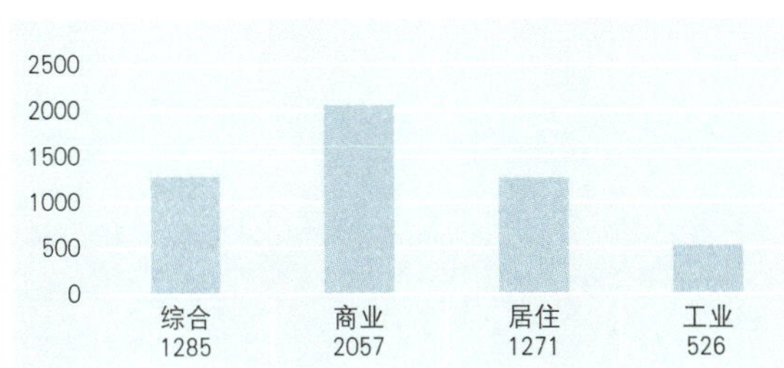

图3-30-1 昆明市地价整体水平值（元/平方米）

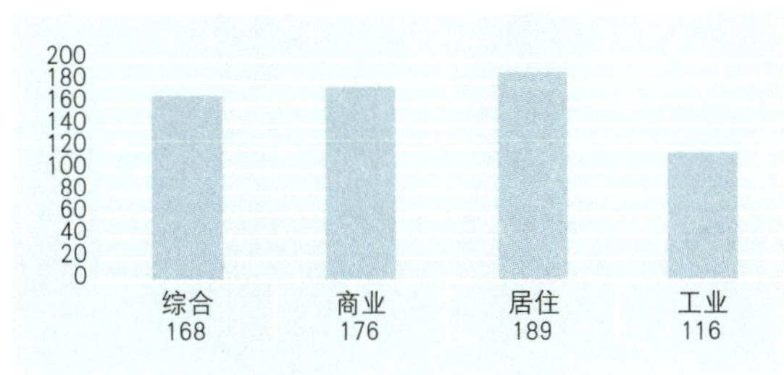

图3-30-3 昆明市地价整体指数

表3-30-1 昆明市地价整体水平历年状况

单位：元/平方米

	综合	商业	居住	工业
2003年	772	1168	693	454
2004年	819	1241	749	472
2005年	870	1283	849	479
2006年	888	1310	871	485
2007年	1285	2057	1271	526

表3-30-3 昆明市地价整体指数历年状况

	综合	商业	居住	工业
2003年	101	100	103	100
2004年	107	106	111	104
2005年	114	110	126	105
2006年	116	112	129	107
2007年	168	176	189	116

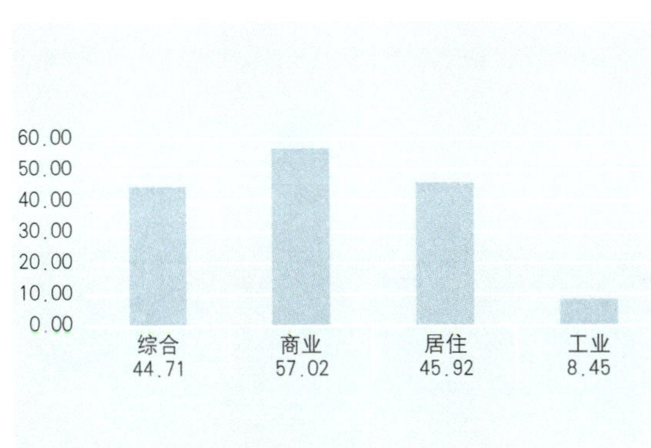

图3-30-2 昆明市地价整体增长率（%）

表3-30-2 昆明市地价整体增长率历年状况

单位：%

	综合	商业	居住	工业
2003年	0.78	0.00	2.67	0.00
2004年	6.10	6.26	8.08	3.96
2005年	6.23	3.38	13.35	1.48
2006年	2.07	2.10	2.59	1.25
2007年	44.71	57.02	45.92	8.45

4. 地价与相关经济指标及房价协调状况

与2006年同期相比，2007年昆明市城市国内生产总值增长率为12.50%，城镇固定资产投资增长率为23.20%，城市新建商品住房销售价格[①]增长率为2.83%。居住地价增长率为45.92%，比固定资产投资增长率高22.72个百分点，比国内生产总值增长率高33.42个百分点，比新建商品住房销售价格增长率高43.09个百分点，地价占新建商品住房销售价格比率为25.12%。昆明市地价增长率与国内生产总值、固定资产投资及居住用房价格增长率比较，见图3-30-4。

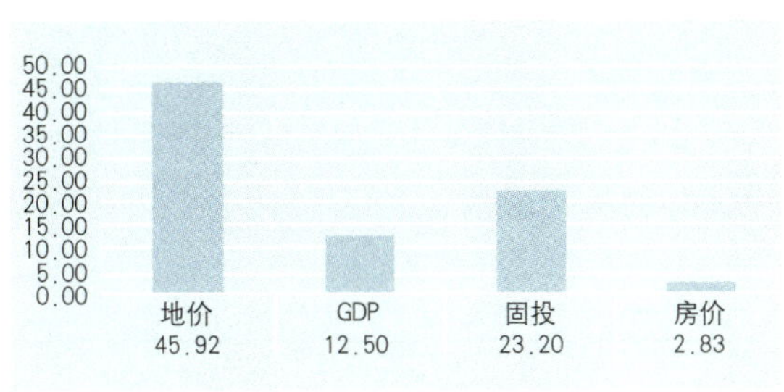

图3-30-4 昆明市地价与相关经济指标增长率（%）比较

① 数据来源：国家发展和改革委员会网站。

三十一、2007 年西安市地价整体状况

1. 地价整体水平

2007 年西安市城市地价综合水平值为 1355 元 / 平方米。其中，商业地价水平值为 2114 元 / 平方米，居住地价水平值为 1637 元 / 平方米，工业地价水平值为 406 元 / 平方米。商业地价、居住地价、工业地价水平呈梯状排列，水平值之比为 1 ：0.77 ：0.19。商业地价最高，工业地价最低，见图 3-31-1。

西安市地价整体水平历年状况如下如表 3-31-1。

2. 地价整体增长率

与 2006 年相比，2007 年西安市城市地价总体呈上升趋势，地价综合增长率（平均值）为 7.28%。其中，商业地价平均增长率为 8.70%，居住地价平均增长率为 9.27%，工业地价平均增长率为 9.07%。其中，居住地价增长率较大，工业地价增长率次之，商业地价增长率最小，见图 3-31-2。

西安市地价整体增长率历年状况如表 3-31-2。

3. 城市地价指数

2007 年西安市城市综合地价指数为 150，比 2006 年增加 10 个点数；商业地价指数为 146，比 2006 年增加 12 个点数；居住地价指数为 173，比 2006 年增加 15 个点数；工业地价指数为 131，比 2006 年增加 11 个点数。其中，居住地价指数较高，商业地价指数次之，工业地价指数最低，见图 3-31-3。

西安市地价整体指数历年状况如表 3-31-3。

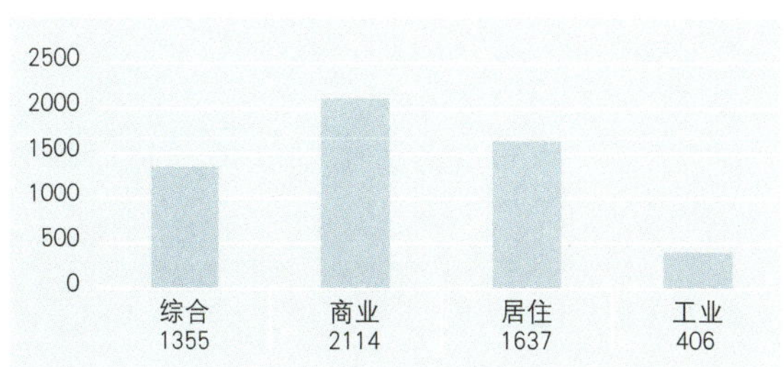

图3-31-1　西安市地价整体水平值（元/平方米）

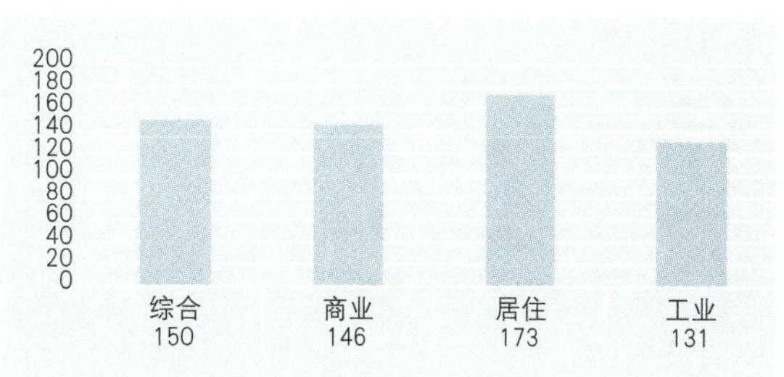

图3-31-3　西安市地价整体指数

表3-31-1　西安市地价整体水平历年状况

单位：元/平方米

	综合	商业	居住	工业
2003年	995	1625	1088	322
2004年	1142	1767	1289	343
2005年	1213	1833	1397	358
2006年	1263	1945	1498	372
2007年	1355	2114	1637	406

表3-31-3　西安市地价整体指数历年状况

	综合	商业	居住	工业
2003年	110	112	115	104
2004年	127	122	136	111
2005年	134	126	148	116
2006年	140	134	158	120
2007年	150	146	173	131

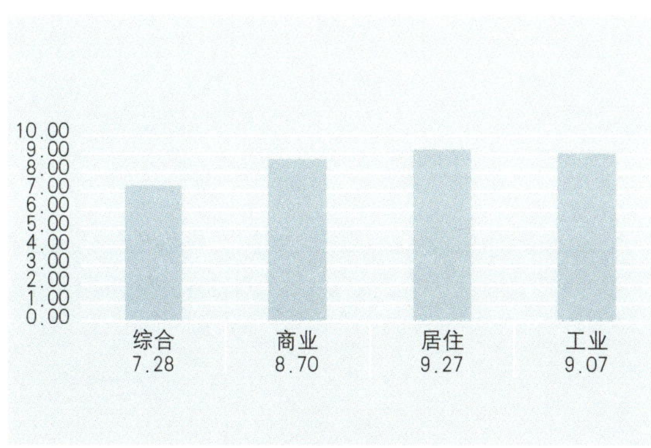

图3-31-2　西安市地价整体增长率（%）

表3-31-2　西安市地价整体增长率历年状况

单位：%

	综合	商业	居住	工业
2003年	3.75	5.66	4.62	0.94
2004年	14.76	8.77	18.47	6.58
2005年	6.21	3.74	8.40	4.25
2006年	4.12	6.10	7.23	4.05
2007年	7.28	8.70	9.27	9.07

4. 地价与相关经济指标及房价协调状况

与2006年同期相比，2007年西安市城市国内生产总值增长率为14.60%，城镇固定资产投资增长率为37.90%，城市居住用房价格[①]增长率为4.63%。居住地价增长率为9.27%，比固定资产投资增长率低28.63个百分点，比国内生产总值增长率低5.33个百分点，比居住用房价格增长率高4.64个百分点，地价占居住用房价格比率为25.46%。西安市地价增长率与国内生产总值、固定资产投资及居住用房价格增长率比较，见图3-31-4。

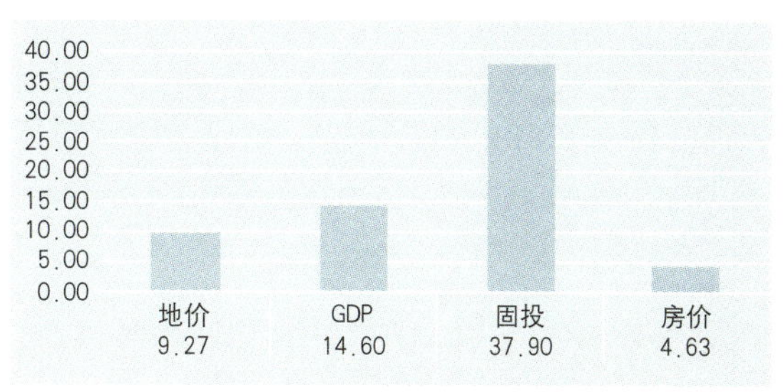

图3-31-4　西安市地价与相关经济指标增长率（%）比较

① 数据来源：搜房研究院。

三十二、2007 年
兰州市地价整体状况

1. 地价整体水平

2007 年兰州市城市地价综合水平值为 1366 元 / 平方米。其中，商业地价水平值为 1715 元 / 平方米，居住地价水平值为 1678 元 / 平方米，工业地价水平值为 702 元 / 平方米。商业地价、居住地价、工业地价水平呈梯状排列，水平值之比为 1 ：0.98 ：0.41。商业地价最高，工业地价最低，见图 3-32-1。

兰州市地价整体水平历年状况如表 3-32-1。

2. 地价整体增长率

与 2006 年相比，2007 年兰州市城市地价呈小幅上升趋势，地价综合增长率（平均值）为 1.15%。其中，商业地价平均增长率为 1.11%，居住地价平均增长率为 1.71%，工业地价平均增长率为 0.63%。其中，居住地价增长率较大，商业地价增长率次之，工业地价增长率最小，见图 3-32-2。

兰州市地价整体增长率历年状况如表 3-32-2。

3. 城市地价指数

2007 年兰州市城市综合地价指数为 109，比 2006 年增加 1 个点数；商业地价指数为 109，比 2006 年增加 1 个点数；居住地价指数为 114，比 2006 年增加 2 个点数；工业地价指数为 104，比 2006 年增加 1 个点数。其中，居住地价指数较高，商业地价指数次之，工业地价指数最低，见图 3-32-3。

兰州市地价整体指数历年状况如表 3-32-3。

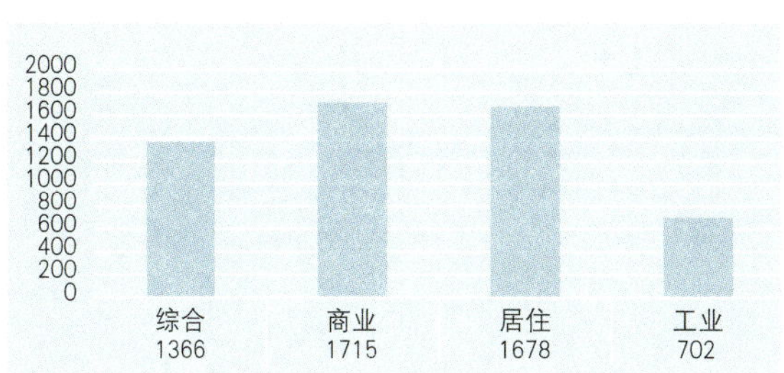

图3-32-1 兰州市地价整体水平值（元/平方米）

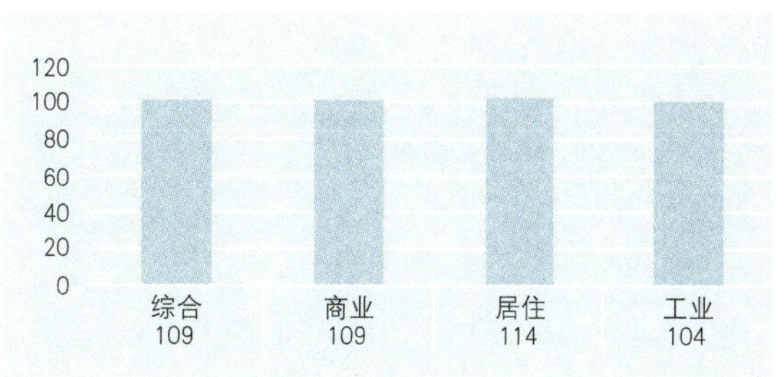

图3-32-3 兰州市地价整体指数

表3-32-1 兰州市地价整体水平历年状况

单位：元/平方米

	综合	商业	居住	工业
2003年	1211	1679	1288	689
2004年	1220	1695	1306	689
2005年	1342	1695	1641	689
2006年	1350	1696	1650	697
2007年	1366	1715	1678	702

表3-32-3 兰州市地价整体指数历年状况

	综合	商业	居住	工业
2003年	106	107	110	102
2004年	107	108	112	102
2005年	107	108	112	102
2006年	108	108	112	103
2007年	109	109	114	104

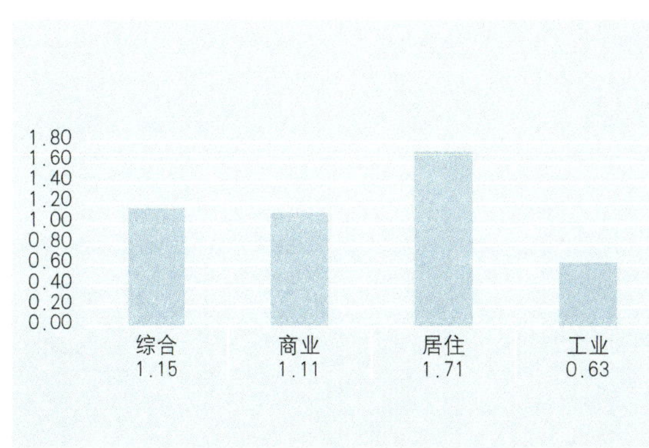

图3-32-2 兰州市地价整体增长率（%）

表3-32-2 兰州市地价整体增长率历年状况

单位：%

	综合	商业	居住	工业
2003年	2.37	0.90	5.57	0.58
2004年	0.79	0.95	1.42	0.00
2005年	0.00	0.00	0.00	0.00
2006年	0.60	0.06	0.52	1.22
2007年	1.15	1.11	1.71	0.63

4. 地价与相关经济指标及房价协调状况

与2006年同期相比，2007年兰州市城市国内生产总值增长率为12.50%，城镇固定资产投资增长率为19.24%，城市新建商品住房销售价格[①]增长率为7.68%。居住地价增长率为1.71%，比固定资产投资增长率低17.53个百分点，比国内生产总值增长率低10.79个百分点，比新建商品住房销售价格增长率低5.97个百分点，地价占新建商品住房销售价格比率为19.37%。兰州市地价增长率与国内生产总值、固定资产投资及居住用房价格增长率比较，见图3-32-4。

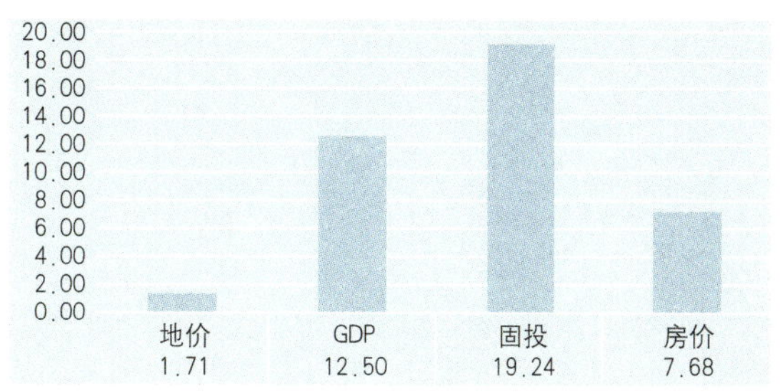

图3-32-4 兰州市地价与相关经济指标增长率（%）比较

① 数据来源：国家发展和改革委员会网站。

三十三、2007 年西宁市地价整体状况

1. 地价整体水平

2007 年西宁市城市地价综合水平值为 608 元 / 平方米。其中，商业地价水平值为 859 元 / 平方米，居住地价水平值为 565 元 / 平方米，工业地价水平值为 388 元 / 平方米。商业地价、居住地价、工业地价水平呈梯状排列，水平值之比为 1 ：0.66 ：0.45。商业地价最高，工业地价最低，见图 3-33-1。

西宁市地价整体水平历年状况如表 3-33-1。

2. 地价整体增长率

与 2006 年相比，2007 年西宁市城市地价总体呈上升趋势，地价综合增长率（平均值）为 5.20%。其中，商业地价平均增长率为 5.00%，居住地价平均增长率为 8.70%，工业地价平均增长率为 1.00%。其中，居住地价增长率较大，商业地价增长率次之，工业地价增长率最小，见图 3-33-2。

西宁市地价整体增长率历年状况如表 3-33-2。

3. 城市地价指数

2007 年西宁市城市综合地价指数为 153，比 2006 年增加 8 个点数；商业地价指数为 162，比 2006 年增加 7 个点数；居住地价指数为 164，比 2006 年增加 13 个点数；工业地价指数为 134，比 2006 年增加 1 个点数。其中，居住地价指数较高，商业地价指数次之，工业地价指数最低，见图 3-33-3。

西宁市地价整体指数历年状况如表 3-33-3。

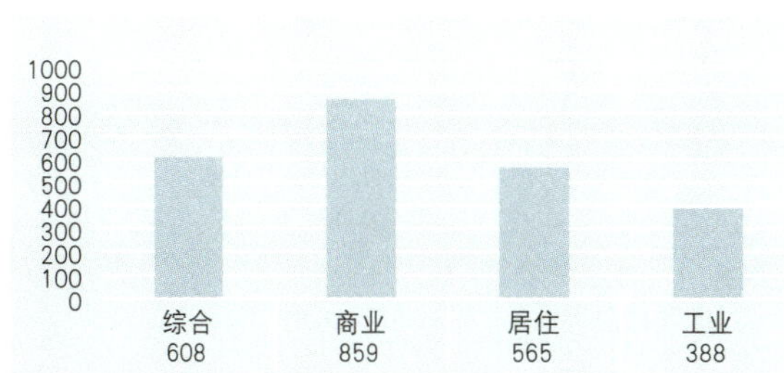

图3–33–1 西宁市地价整体水平值（元/平方米）

表3–33–1 西宁市地价整体水平历年状况

单位：元/平方米

	综合	商业	居住	工业
2003年	545	795	465	376
2004年	545	795	465	376
2005年	567	802	500	380
2006年	578	818	520	384
2007年	608	859	565	388

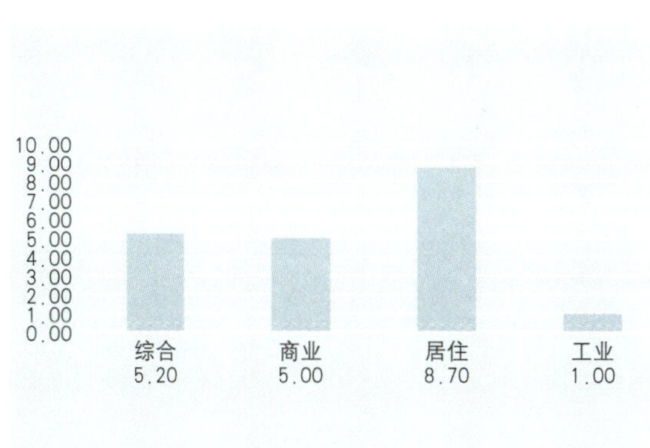

图3–33–2 西宁市地价整体增长率（%）

表3–33–2 西宁市地价整体增长率历年状况

单位：%

	综合	商业	居住	工业
2003年	11.22	19.91	7.14	5.62
2004年	0.00	0.00	0.00	0.00
2005年	3.00	1.00	8.00	1.00
2006年	2.00	2.00	4.00	1.00
2007年	5.20	5.00	8.70	1.00

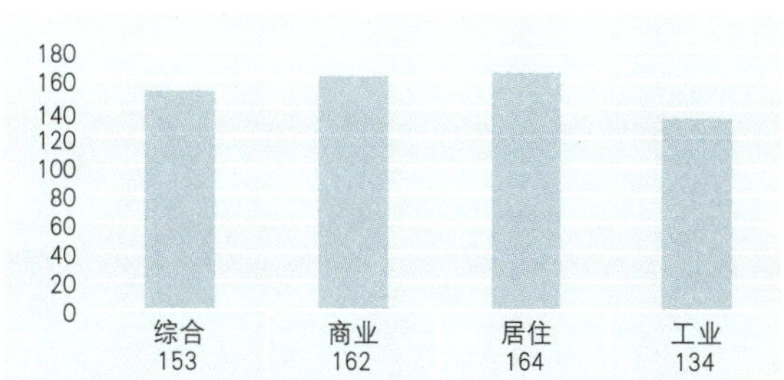

图3–33–3 西宁市地价整体指数

表3–33–3 西宁市地价整体指数历年状况

	综合	商业	居住	工业
2003年	138	150	134	130
2004年	138	150	134	130
2005年	142	152	145	131
2006年	145	155	151	133
2007年	153	162	164	134

4. 地价与相关经济指标及房价协调状况

与2006年同期相比，2007年西宁市城市国内生产总值增长率为15.30%，城镇固定资产投资增长率为37.81%，城市新建商品住房销售价格①增长率为4.84%。居住地价增长率为8.70%，比固定资产投资增长率低29.11个百分点，比国内生产总值增长率低6.6个百分点，比新建商品住房销售价格增长率高3.86个百分点，地价占新建商品住房销售价格比率为11.11%。西宁市地价增长率与国内生产总值、固定资产投资及居住用房价格增长率比较，见图3–33–4。

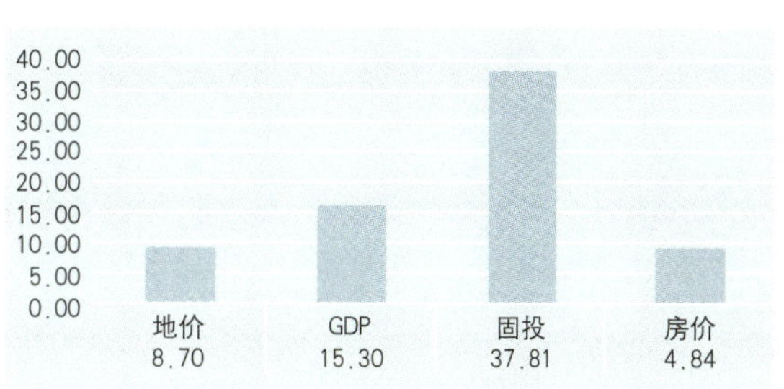

图3–33–4 西宁市地价与相关经济指标增长率（%）比较

① 数据来源：国家发展和改革委员会网站。

三十四、2007 年 银川市地价整体状况

1. 地价整体水平

2007 年银川市城市地价综合水平值为 775 元 / 平方米。其中，商业地价水平值为 1199 元 / 平方米，居住地价水平值为 682 元 / 平方米，工业地价水平值为 444 元 / 平方米。商业地价、居住地价、工业地价水平呈梯状排列，水平值之比为 1 ：0.57 ：0.37。商业地价最高，工业地价最低，见图 3–34–1。

银川市地价整体水平历年状况如表 3–34–1。

2. 地价整体增长率

与 2006 年相比，2007 年银川市城市地价总体呈上升趋势，地价综合增长率（平均值）为 9.15%。其中，商业地价平均增长率为 5.45%，居住地价平均增长率为 14.81%，工业地价平均增长率为 11.56%。其中，居住地价增长率较大，工业地价增长率次之，商业地价增长率最小，见图 3–34–2。

银川市地价整体增长率历年状况如表 3–34–2。

3. 城市地价指数

2007 年银川市城市综合地价指数为 144，比 2006 年增加 12 个点数；商业地价指数为 158，比 2006 年增加 8 个点数；居住地价指数为 151，比 2006 年增加 19 个点数；工业地价指数为 126，比 2006 年增加 13 个点数。其中，商业地价指数较高，居住地价指数次之，工业地价指数最低，见图 3–34–3。

银川市地价整体指数历年状况如表 3–34–3。

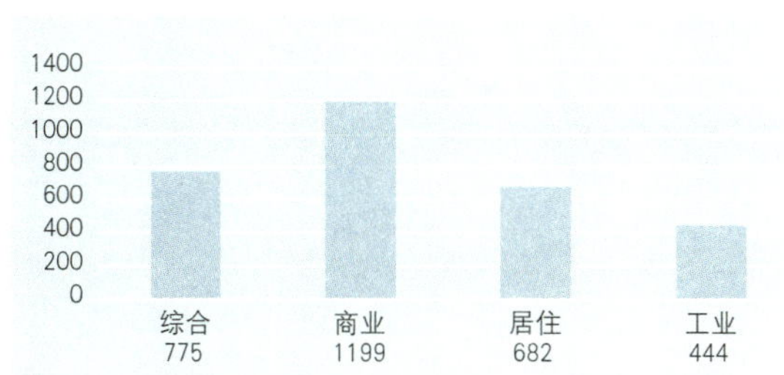

图3-34-1 银川市地价整体水平值（元/平方米）

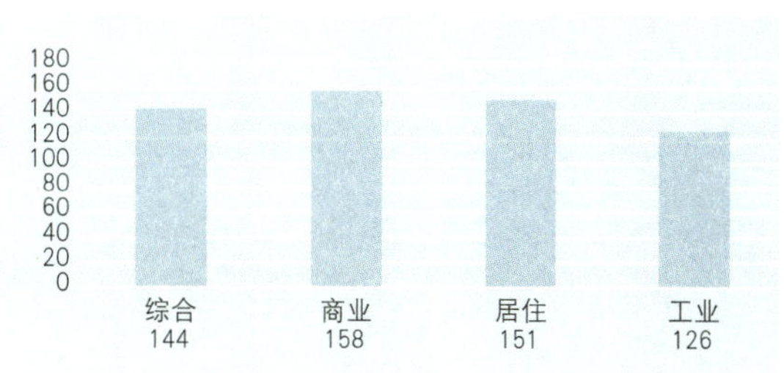

图3-34-3 银川市地价整体指数

表3-34-1 银川市地价整体水平历年状况

单位：元/平方米

	综合	商业	居住	工业
2003年	658	1159	525	367
2004年	693	1221	563	377
2005年	689	1109	565	394
2006年	710	1137	594	398
2007年	775	1199	682	444

表3-34-3 银川市地价整体指数历年状况

	综合	商业	居住	工业
2003年	116	132	111	106
2004年	122	139	118	109
2005年	128	146	125	111
2006年	132	150	132	113
2007年	144	158	151	126

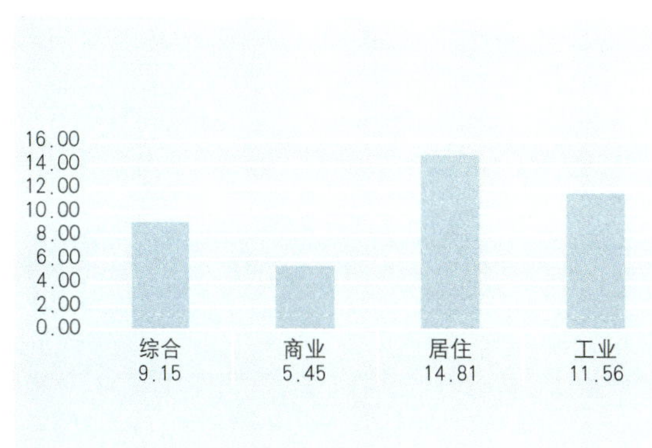

图3-34-2 银川市地价整体增长率（%）

表3-34-2 银川市地价整体增长率历年状况

单位：%

	综合	商业	居住	工业
2003年	7.87	17.30	3.75	1.94
2004年	5.36	5.42	7.18	2.75
2005年	4.87	5.42	5.81	2.60
2006年	3.05	2.52	5.13	1.02
2007年	9.15	5.45	14.81	11.56

4. 地价与相关经济指标及房价协调状况

与 2006 年同期相比，2007 年银川市城市国内生产总值增长率为 13.80%，城镇固定资产投资增长率为 26.30%，城市新建商品住房销售价格[①]增长率为 4.27%。居住地价增长率为 14.81%，比固定资产投资增长率低 11.49 个百分点，比国内生产总值增长率高 1.01 个百分点，比新建商品住房销售价格增长率高 10.54 个百分点，地价占新建商品住房销售价格比率为 24.94%。银川市地价增长率与国内生产总值、固定资产投资及居住用房价格增长率比较，见图 3-34-4。

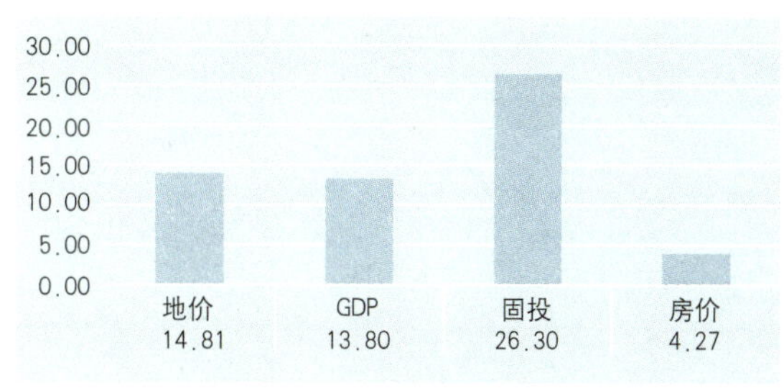

图3-34-4 银川市地价与相关经济指标增长率（%）比较

① 数据来源：国家发展和改革委员会网站。

三十五、2007 年
乌鲁木齐市地价整体状

1. 地价整体水平

2007 年乌鲁木齐市城市地价综合水平值为 595 元 / 平方米。其中，商业地价水平值为 870 元 / 平方米，居住地价水平值为 594 元 / 平方米，工业地价水平值为 332 元 / 平方米。商业地价、居住地价、工业地价水平呈梯状排列，水平值之比为 1 ：0.68 ：0.38。商业地价最高，工业地价最低。见图 3-35-1。

乌鲁木齐市地价整体水平历年状况如表 3-35-1。

2. 地价整体增长率

与 2006 年相比，2007 年乌鲁木齐市城市地价总体呈小幅上升趋势，地价综合增长率（平均值）为 3.01%。其中，商业地价平均增长率为 2.82%，居住地价平均增长率为 6.26%，工业地价平均增长率为 0。其中，居住地价增长率较大，商业地价增长率次之，工业地价与 2006 年持平。见图 3-35-2。

乌鲁木齐市地价整体增长率历年状况如表 3-35-2。

3. 城市地价指数

2007 年乌鲁木齐市城市综合地价指数为 127，比 2006 年增加 4 个点数；商业地价指数为 138，比 2006 年增加 4 个点数；居住地价指数为 132，比 2006 年增加 8 个点数；工业地价指数为 114，比 2006 年增加 0 个点数。其中，商业地价指数较高，居住地价指数次之，工业地价指数保持不变。见图 3-35-3。

乌鲁木齐市地价整体指数历年状况如表 3-35-3。

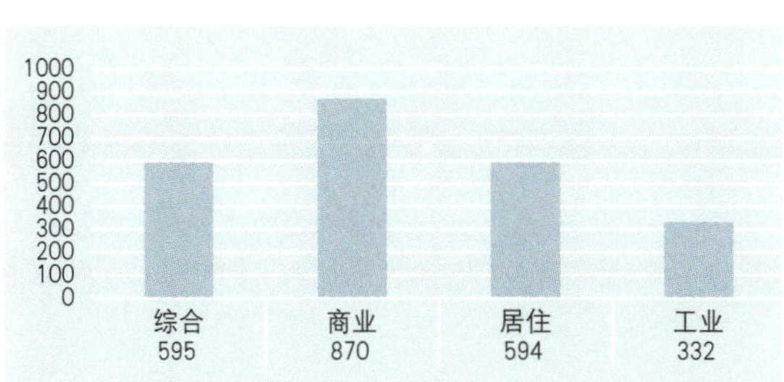

图3-35-1 乌鲁木齐市地价整体水平值（元/平方米）

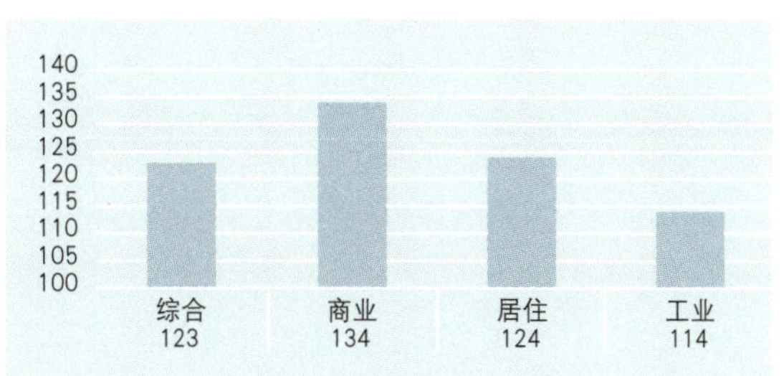

图3-35-3 乌鲁木齐市地价整体指数

表3-35-1 乌鲁木齐市地价整体水平历年状况

单位：元/平方米

	综合	商业	居住	工业
2003年	507	706	496	318
2004年	479	678	460	302
2005年	530	762	509	320
2006年	577	847	559	332
2007年	595	870	594	332

表3-35-3 乌鲁木齐市地价整体指数历年状况

	综合	商业	居住	工业
2003年	111	112	110	110
2004年	105	107	102	104
2005年	113	121	113	110
2006年	123	134	124	114
2007年	127	138	132	114

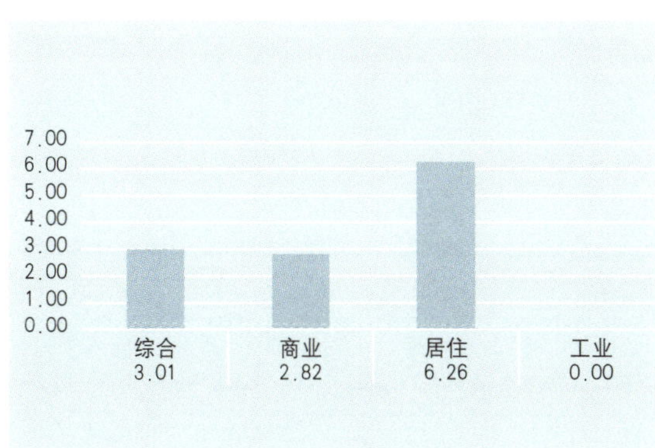

图3-35-2 乌鲁木齐市地价整体增长率（%）

表3-35-2 乌鲁木齐市地价整体增长率历年状况

单位：%

	综合	商业	居住	工业
2003年	3.26	4.13	2.69	2.25
2004年	−5.42	−3.99	−7.23	−5.03
2005年	7.90	12.41	10.69	6.10
2006年	8.91	11.09	9.87	3.67
2007年	3.01	2.82	6.26	0.00

4. 地价与相关经济指标及房价协调状况

与2006年同期相比，2007年乌鲁木齐市城市国内生产总值增长率为15.20%，城市固定资产投资增长率为15.23%，城市新建商品住房销售价格①增长率为11.08%。居住地价增长率为6.26%，比固定资产投资增长率低8.97个百分点，比国内生产总值增长率低8.94个百分点，比新建商品住房销售价格增长率低4.82个百分点，地价占新建商品住房销售价格比率为16.55%。乌鲁木齐市地价增长率与国内生产总值、固定资产投资及居住用房价格增长率比较，见图3-35-4。

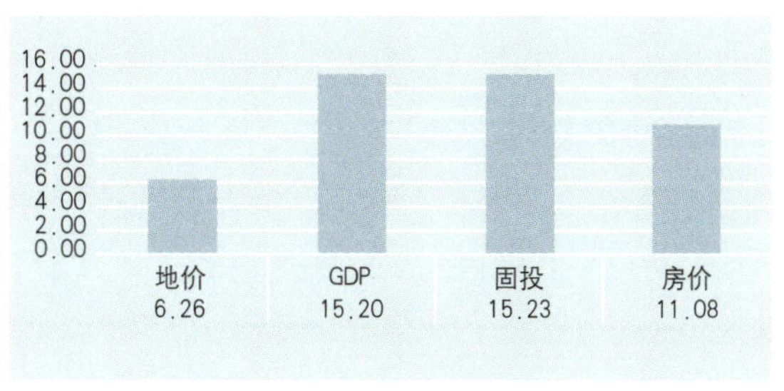

图3-35-4 乌鲁木齐市地价与相关经济指标增长率（%）比较

① 数据来源：国家发展和改革委员会网站。

04 部分 附 录

ANNUAL REPORT
CITIES LAND PRICE
CHINA 2007
CLV
2007 中国城市地价状况
国土资源部土地利用管理司
中国土地勘测规划院

一、2007年我国城市地价与房价关系专题报告

2003年以来，国家陆续出台了一系列的宏观调控政策，综合运用行政手段、法律手段、金融手段、税收手段对房地产市场进行调控，但对于2007年我国的房地产市场来说，依然存在房屋价格增长速度过快的问题，同时，地价也有较大的升幅，各地的“地王”频现，有些地方的楼面地价甚至超过周边房屋销售价格。在这种背景下，地价与房价的问题继续成为业界普遍关注的热点问题。

经过长期的讨论和大量的实证研究，对于地价与房价的关系，目前有三种主要观点和结论：第一种认为地价决定房价，这种观点以生产费用价值论为依据，从成本的角度探讨了房价的构成，认为地价是房价上涨的主要原因之一。第二种认为房价决定地价，这种观点以效用价值论为理论依据，认为房价上涨增加了对土地的引致需求，地价是房价的结果而不是原因。第三种支持地价与房价不是简单的因果关系，而是在一定范围内、一定程度上相互作用，形成相互影响的联动关系；房价上涨提高了开发商对未来的预期，提高了其对地价的承受能力，导致地价的提高，而地价作为房价构成的一部分，其价格上涨必然对下一轮房价上涨有直接的作用和影响，也会带动同期周边房价的上涨；虽然地价的上涨和房价的上涨可能不在同一个时点上，但房价和地价在长期内相互作用、相互影响形成一个联动的关系。

影响地价和房价的因素是多方面的。影响一个城市房价水平的主要因素有职工平均工资、单位面积固定资产投资、城市的区位条件、城市的环境质量条件等；地价水平除受上述因素影响外，还受一个城市发展历程、城市经济结构、城市地域空间特征等其他多种因素的影响；而且地价与房价的形成机制不同、市场环境有别，价格内涵的变化也不同，因此房价水平相对于地价水平有更多的规律性和可预见性，地价与房价的关系也在一定的规律性和协调性之外表现出有不少的个别性和不协调性。

本文在全国城市地价动态监测系统的监测地价和搜房研究院公布的房价数据的支持下，对全国及典型城市地价与房价变动趋势及其关系进行探索与分析。

（一）全国地价房价的变动趋势

1. 综合地价与商品房价格的变动趋势

2001 年以来，我国的综合地价和商品房价格都呈逐步上涨的趋势。2007 年全国商品房平均价格为 3885 元／平方米，增长率为 15.38%；平均地价为 1751 元／平方米，增长率为 13.37%，见表 4-1-1。

表4-1-1 2001年以来全国综合地价与商品房价格增长率①

年份	地价/元·平方米	地价增长率/%	商品房价格/元·平方米	房价增长率/%
2001	1033		2170	
2002	1078	4.39	2250	3.69
2003	1129	4.68	2359	4.84
2004	1198	6.08	2778	17.76
2005	1468	4.20	3168	14.04
2006	1544	5.19	3367	6.28
2007	1751	13.37	3885	15.38

数据来源：城市地价动态监测资料、《中国统计年鉴》、搜房研究院数据。

从统计数据看，2007 年我国综合地价和商品房价格的增长率比 2006 年有明显提高，房价增长率提高了约 9 个百分点，地价增长率提高了约 8 个百分点，房价增长率高于地价增长率。从 2001 ～ 2007 年综合地价和商品房价格增长的整体变化趋势来看，2007 年综合地价增长率比往年都高，且增幅较大，商品房价格增长率也是历年最高。2006 年、2007 年与 2004、2005 年相比，一个最明显的特征就是综合地价和商品房价格的增长率基本趋于一致。

2. 居住地价与住宅价格的变动趋势

2007 年全国平均住宅价格为 3665 元／平方米，增长率为 17.51%；平均居住地价为 1941 元／平方米，增长率为 15.44%，居住地价和住宅价格的增长趋势与综合地价和商品房价格的增长趋势基本一致（表 4-1-2）。

表4-1-2 2001年以来全国居住地价与住宅价格增长率①

年份	地面地价/元·平方米	地价增长率/%	住宅价格/元·平方米	房价增长率/%
2001	965		2017	
2002	1019	5.59	2092	3.72
2003	1070	5.07	2197	5.02
2004	1166	8.94	2608	18.71
2005	1582	5.96	2937	12.62
2006	1681	6.27	3119	6.20
2007	1941	15.44	3665	17.51

数据来源：城市地价动态监测资料、《中国统计年鉴》、搜房研究院数据。

2001 年以来，我国的居住地价和住宅价格都呈逐步上涨的趋势。2007 年居住地价增长率最高，且增长幅度较大；住宅价格增长率也较高，仅次于 2004 年。与 2004、2005 房价增长率远远高于地价增长率不同，2006 和 2007 两年我国居住地价和住宅价格的平均增长率基本趋于一致。

从分用途的角度看，2001 ～ 2007 年，全国居住地价增长率、住宅价格增长率都高于同期综合地价增长率和商品房价格增长率。

① 因测算方法不同，地价监测点所属区段、级别有异，2005 ～ 2007 年地价水平值测算结果与 2001 ～ 2004 年不具有可比性。本文 2007 年房价采用搜房研究院数据，其余年份房价采用中国统计年鉴数据。

（二）2007年典型城市的地价房价关系分析

房地产市场具有显著的区域差异性，因此，本次分析选择了东部北京、天津、上海、南京、杭州、广州、深圳，中部武汉、长沙、南昌，以及西部重庆、成都、西安13个典型城市，对这些城市的地价和房价进行全面具体分析，进一步探讨地价与房价的关系。

1. 综合地价增长率与商品房价格增长率

2007年我国典型城市综合地价增长率和商品房价格增长率均比2006年有较大的提高。2007年13个城市的综合地价平均增长率为13.37%，商品房价格平均增长率为22.94%，分别比2006年高6.7和7.4个百分点。可以看出，13个城市的商品房价格平均增长率持续高于综合地价平均增长率，并且商品房价格平均增长幅度较大。与全国总体的平均水平相比较，13个城市的综合地价平均增长率与全国的相同，而商品房价格平均增长率高出全国7.56个百分点，这说明国家对大中城市土地市场的宏观调控已起到了明显的效果，同时更应注重加强对房地产市场的宏观调控，避免房价增长速度过快和引起二、三线城市房价的快速增长，从而稳定全国的地价和房价。

从各个城市的具体情况分析来看（图4-1-1），西安市、南昌市和重庆市的综合地价增长率高于商品房价格增长率，其他10个城市综合地价增长率低于商品房价格增长率，综合地价的变化率和商品房价格的变化率在城市之间差别较大、规律性不显著。

影响地价和房价的因素是不完全相同的，既有土地属性和房屋属性的影响，也有国家政策和城市自身特点的影响，而这些因素作用到地价和房价的机理和程度是不同的。以重庆市为例，2007年重庆市的综合地价增长率比2006年高出31.6个百分点，商品房价格增长率比2006年高出13.7个百分点，综合地价增长率明显高于商品房价格增长率。分析其原因，其中最主要的原因之一是国家批准在重庆市设立“国家城乡统筹发展综合

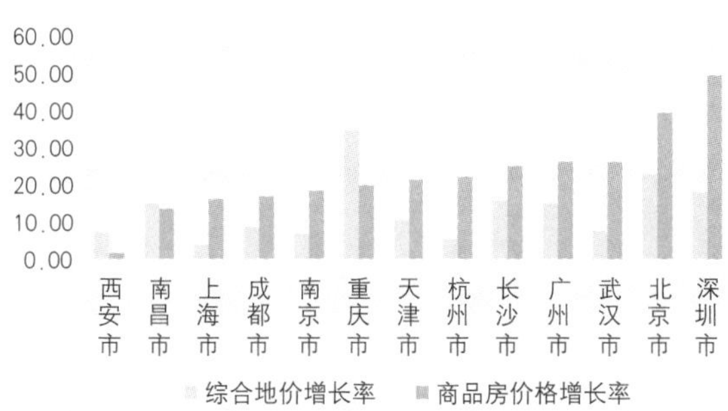

图4-1-1 2007年典型城市综合地价增长率与商品房价格增长率（%）比较[①]

改革试验区”，要实现城乡统筹发展，需要国家给予特殊政策，并在多方面进行配套改革和创新，“新特区”效应使重庆市的房地产市场显现出很强的活力，房屋需求在短时间内快速增加，加之《全国工业用地出让最低价标准》的实施，使地方政府出让工业用地有“硬约束”可依，杜绝了“零地价”出让土地行为，引起了对土地需求的集中和提前释放，工业用地价格与往年相比也有较大幅度上涨，显化了工业用地的价值，一定程度上使综合地价有较大幅度上涨，这也是土地市场健康发展的必然趋势。其次，重庆市作为一个山地城市，土地资源的稀缺性、土地供应的有限性、土地开发时间长、开发成本高以及区位的差异性显著等比一般城市显著，客观上决定了土地供应在短时间内快速增加尤为困难。在住房需求快速增长和投机性购房比例大幅提高的情况下，土地供需矛盾进一步加剧，地价的涨幅高于房价的涨幅。

房价和地价的增长受多种因素的影响，互动机理比较复杂，因此，对于不同的城市，应该根据城市自身的土地市场和房地产市场状况及出台的相关政策，正确合理分析地价和房价上涨的原因，从而能有针对性的制定相关措施，正确调控土地市场和房地产市场的发展。

2. 居住地价增长率与住宅价格增长率

2007年13个典型城市中，除重庆市和西安市住宅价格增长率低于居住地价增长率外，其他11

① 数据来源：城市地价动态监测资料、《中国统计年鉴》、搜房研究院数据。

个城市住宅价格增长率均高于居住地价增长率。个别城市两者相差较大，如深圳市和广州市住宅价格增长率分别高于地价增长率32.3个百分点和21.5个百分点；重庆市居住地价增长率高于住宅价格增长率24.3个百分点，见图4-1-2。平均来看，13个城市的住宅价格平均增长率为25.15%，居住地价平均增长率为14.71%，居住地价增长率和住宅价格增长率均比2006年有较大的提高，分别提高7.01和8.84个百分点，住宅价格增长速度快于居住地价，这与商品房价格和综合地价的情况相同。

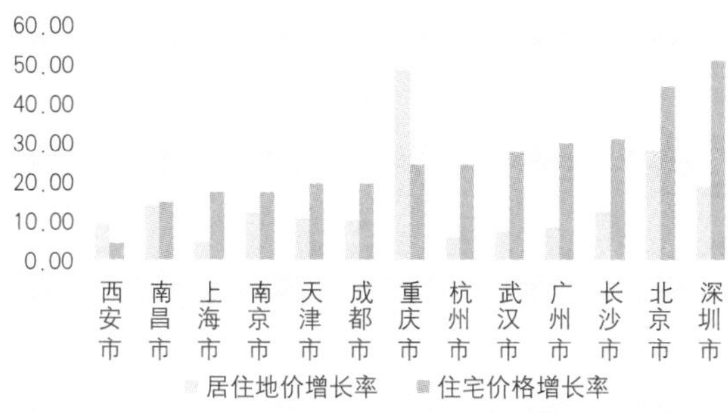

图4-1-2 2007年典型城市的居住地价增长率与住宅价格增长率①

综合分析各城市居住地价与住宅价格上涨的原因，主要有以下几个方面：①市场交易地价大幅提高，城市地价测定逐渐由参照协议出让地价转向参照招拍挂出让地价，显化了土地的隐性价值，反映出了地价的真实水平；②城市基准地价设定范围、城市地价动态监测范围有所变化，城市地价设定内涵、城市基准地价等有所更新与调整；③在良好的经济发展形势、股市等金融市场空前繁荣以及人民币升值预期等多因素带动下，2007年投资性购房比例有所扩大，加之住房的供不应求，住宅价格有较大提高，一定程度上也促使了地价的上升；④国家政策的实施和城市基础设施的改善，如2007年重庆市的“新特区”效应，加之国家及地方政府出台的一系列规定如征地成本的提高，都一定程度上加快了地价和房价的上涨。

3. 居住地价与住宅价格水平

2007年典型城市居住楼面地价与住宅价格如图4-1-3所示：

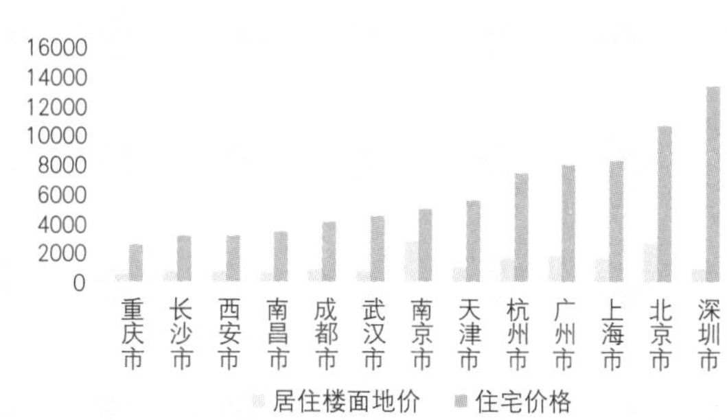

图4-1-3 2007年典型城市居住楼面地价与住宅价格② (元/平方米)

与2006年的情况基本一致，2007年13个城市中，住宅价格最高的是深圳市，最低的是重庆市；居住地价最高的是南京市，最低的是重庆市。同时从图中也可以看出，从重庆市到深圳市，随着住宅价格的升高，居住楼面地价的波动较大，二者的协调性较差。通过图4-1-2与图4-1-3的综合分析，居住楼面地价和住宅价格与各自的增长率没有明显的规律，即地价房价水平的高低与其增长速度没有明显的关系。因此，应该分析各个城市的具体情况，根据存在的问题制定相关措施，使各个城市的居住楼面地价和住宅价格的变动趋势趋于一致，使居住楼面地价和住宅价格呈现良好的动态效果状态。

4. 居住地价与住宅价格比及其空间分析

为了更直观地看到地价、房价及其关系的空间分布特征，利用2007年居住楼面地价与住宅价格的数据，运用MapInfo软件制作专题图（图4-1-4），分析地价房价及其关系的空间分布规律，并对二者之间的关系进行空间分析。

①② 数据来源：城市地价动态监测资料、《中国统计年鉴》、搜房研究院数据。

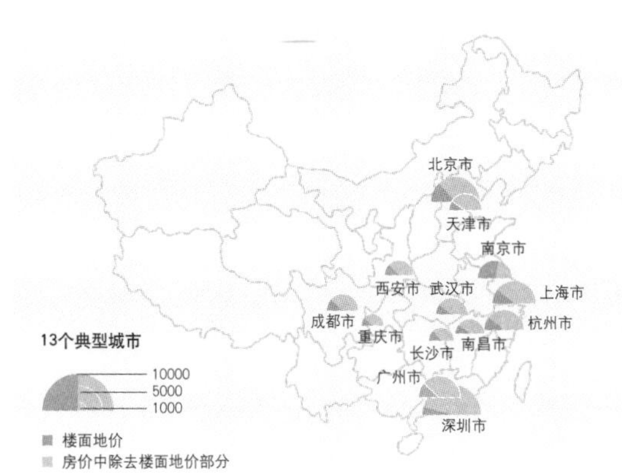

图4-1-4　2007年典型城市居住楼面地价占房价的比例①

从图 4-1-4 可以明显地看出，京津地区、长江三角洲地区和珠江三角洲地区的城市住宅价格较高，其分布规律和前两年基本相同，主要原因是这些城市一直是我国经济比较发达、人均收入水平较高的区域，受供需关系的影响，推动了这些城市的住宅价格远远高于其他的几个城市。

13 个典型城市居住地价的空间规律性没有住宅价格的规律性明显，在北京、南京、深圳等几个住宅价格较高的城市中，居住地价差异较大，北京市、南京市的居住地价较高，而深圳市的居住地价却很低。

房价最低的重庆市其居住地价占住宅价格的比例比房价最高的深圳市还要高，这说明目前我国的一些城市，居住地价占房价的比例还不是很合理，与地价和房价的关系也不协调。就我国目前的房地产市场来说，居住地价占房价的比例比其他国家同时期水平低，住宅价格相对较高。因此，各个城市应该根据具体情况，制定有针对性的措施，调整地价与房价的关系，并通过调整地价与房价的关系实现以下目的：①显化土地的价值，促进土地的集约节约利用；②促进利益的均衡分配，降低房地产商的开发利润，提高失地农民、被拆迁户和政府收益，改善城市基础设施和环境条件，提高城市居民的住宅生活质量；③稳定住宅价格，促进我国住房保障体系的建设和公共民生政策的落实，实现政府对房地产市场调控的最终目标。对于个别城市居住地价占住宅价格比例很高或很低的情况，如南京市过高，深圳市过低，要进一步核查数据调查、搜集和处理的准确性和真实性，并对当地进行实际调研，找出问题存在的真正的原因，并针对问题采取相应的措施与对策。

根据已有的理论和实证研究成果，地价房价比应该与房价呈正相关关系，即地价房价比随房价的升高而升高。但从对 2007 年 13 个城市居住楼面地价占房价比的空间分析看，其在空间上没有规律，与房价的空间分布规律不一致。地价房价比最高的南京市 (56.50%) 和最低的深圳市 (7.20%) 都在东部地区，其余城市的地价房价比都在 17% ～ 26% 之间。分析结果显示，13 个城市地价和房价比存在不协调、不合理的问题。随着不断强化土地管理，健全土地及房地产市场机制，各个城市的地价房价比会逐步趋于合理。

5. 居住地价与住宅价格比的时间序列分析

通过纵向对比 2000 ～ 2007 年 13 个典型城市地价房价比的平均值，我们得出 2000 ～ 2004 年居住地价占住宅价格的比值基本没变，2005 年提高较多，但 2006 和 2007 年该比值又呈下降趋势 (图 4-1-5)，而且居住地价占住宅价格的比值仍然相对较低，绝大多数城市在 20% ～ 30% 之间。因此，政府应该继续在落实以往国家宏观调控政策的基础上，运用土地、金融和税收等手段，加强对土地市场和房地产市场的监督和管理，在稳定住宅价

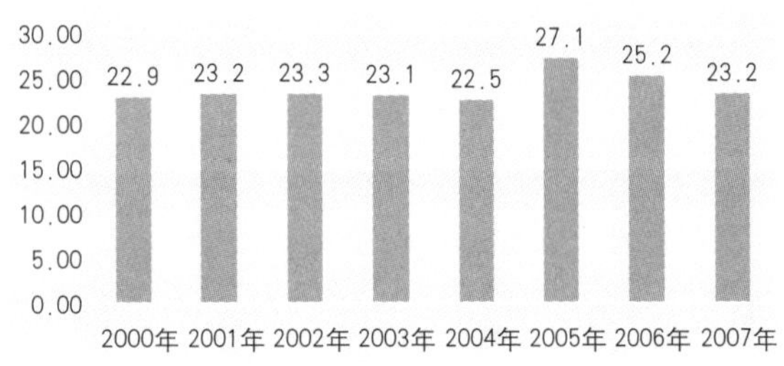

图4-1-5　13个城市2000～2007年平均地价房价比①

① 数据来源：城市地价动态监测资料、《中国统计年鉴》、搜房研究院数据。

格的同时，使居住地价占房价的比例回归到一个合理值，实现国家对房地产市场宏观调控的目标。

为了更加深刻揭示城市居住地价和住宅价格的关系，我们选择了13个城市2000～2007年的居住地价和住宅价格的比值作进一步的时间序列分析。13个城市2000～2007年的居住楼面地价占住宅价格的比值，见表4-1-3。

表4-1-3 13个城市居住楼面地价占住宅价格的比例

单位：%

	2000年	2001年	2002年	2003年	2004年	2005年	2006年	2007年
北京市	20.9	20.8	22.5	23.1	22.4	31.5	28.8	25.5
天津市	26.7	26.9	25.9	30.7	29.3	23.1	20.6	19.1
上海市	17.7	17.0	17.3	14.8	14.4	23.7	21.8	19.5
南京市	22.7	28.7	29.0	28.7	29.7	62.3	59.1	56.5
杭州市	18.1	22.9	21.7	20.6	19.6	27.5	25.3	21.5
南昌市	24.3	22.0	21.3	18.9	20.1	21.2	19.2	19.1
武汉市	30.8	29.4	28.2	28.4	25.7	23.6	21.1	17.8
长沙市	26.3	27.8	30.4	29.0	30.6	29.3	28.4	24.4
广州市	11.9	10.9	12.1	12.0	11.5	29.6	27.8	23.2
深圳市	12.4	12.0	12.6	11.8	10.7	9.9	9.2	7.2
重庆市	27.2	28.2	29.3	31.8	28.2	18.4	17.4	20.8
成都市	26.3	27.2	25.2	22.4	23.9	26.1	24.1	22.2
西安市	32.6	27.1	26.9	28.3	26.9	26.0	24.4	25.5
平均值	22.9	23.2	23.3	23.1	22.5	27.1	25.2	23.2

从表中可以看出，2000～2004年13个城市地价房价比变动趋势都比较缓和，各个城市2005年该比值与2004年相比都发生了较大的变化。主要原因是2004年之前和2005年之后地价测算方法不同，国家实施的一系列土地、税收等宏观调控政策也对显化土地价值起了一定的作用。但从2005～2007年，除重庆市和西安市的地价房价比有波动外，其余11个城市地价房价比持续降低。

楼面地价占房价的比例受地价因素、房价因素及城市容积率的共同影响。由于楼面地价占房价的比例是一个数值，因此，在分析其数值变化的同时，要综合分析城市地价、房价及城市容积率的变化。特别是近年来，随着国家严格的土地政策和集约节约利用土地的要求，城市住宅的容积率较以前有较大提高。因此，必须对城市的基准地价、城市监测地价等地价内涵及时更新，以便能及时准确地反映城市楼面地价的变化。

尽管2007年我国居住地价比往年有较大幅度的上涨，但由于以往土地的价格相对较低，房价相对较高，房价增长速度较快，楼面地价占房价的比例仍然相对较低。

（三）基于交易案例的北京市地价与房价关系分析

本部分通过对北京市2007年土地招拍挂出让的实际案例和当年部分楼盘实际成交均价的分析，进一步探讨北京市2007年地价与房价的关系。地价数据来自北京市土地整理储备中心，地价内涵为熟地成交价；房价数据来自各楼盘在搜房网上公布的2007年最新成交均价。为服务于研究目的，克服空间尺度大带来的价格差异，本部分按北京市基准地价级别范围（居住、商业用途）将收集到的地价和房价数据按各自所在的基准地价级别分类。

北京市基准地价级别基本呈环状分布，向西北部和北部有凸起。以居住地价为例，一级、二级区域主要分布在二环以里，并向东西两个方向突出，这里是北京市的核心城区，目前几乎已无可供出让的土地，新开楼盘也很少。三级区域南面在二环一线向方庄突出，东西基本在三环辐射区域，北城到达四环，已经发展为北京市的繁华地区。四级、五级区域是城市繁华区外围地区，也是北京市目前居住类地产发展最快的地域，以上五级地区住宅的主要需求来自主城区。六级、七级是北京市的近郊区，也是北京市未来居住布局的潜力地区，住宅的需求既有面向当地居民的，也有面向主城区的。八级则是北京市的远郊区，住宅的主要需求面向当地居民。

根据北京市土地整理储备中心公布的数据，2007

① 数据来源：城市地价动态监测资料、《中国统计年鉴》、搜房研究院数据。

年北京市通过招标和挂牌共出让土地85宗。其中位于和平门地区的一宗土地属危改项目用地，作为特殊数据剔出。本文共使用84宗土地的出让数据。按土地所属级别归类后，各级别土地平均价格采用下式求出：

级别地价均价 = Σ（级别宗地合同地价）/Σ（级别宗地规划建筑面积）

对应土地出让的数据结构，包括土地用途和空间分布，本文分级别随机选用2007年楼盘销售均价样本84个（来源：搜房网），选用的原则为住宅类楼盘的样本数与对应级别居住及配套用地的样本数相等，商业类楼盘的样本数与对应级别商业用地的样本数相等。将楼盘按土地所属级别归类后，分别计算各级别房屋销售的算术平均价格，结果见表4–1–4。

表4–1–4　2007年北京市招拍挂出让土地和部分楼盘的均价

单价：元/平方米

土地级别	房价均价	地价均价	地价房价比/%
一		无数据	
二		无数据	
三	21500	9593	45
四	16400	5596	34
五	14280	4806	34
六	10308	3061	30
七	8618	2509	29
八	5667	1270	22
平均	12795	4472.5	32.3

数据来源：北京市土地整理储备中心网站、搜房网。

从表中可以看出，土地级别越高，地价越高，房价也越高，地价房价比也越高。就地价来看，主要分布于城市核心区的一、二级土地没有土地招拍挂出让记录；分布于繁华地区的三级土地招拍挂出让均价明显高于其他级别土地；同为外围地区的四、五级土地地价略有差别，但差别不大；同为近郊区的六、七级土地地价也略有差别，差别也不大；分布在远郊区的八级土地地价明显低于其他地区。总体而言，土地价格上体现的因区位不同导致的级差地租是明显的，地价房价比的规律与变化趋势与地价的规律及变化趋势基本一致。如果不考虑地价水平和房价水平的因素，北京市2007年地价与房价的数量关系和空间关系是基本协调和合理的。

（四）北京市限价房对地价与房价关系的启示

随着城市房价的不断上涨，出现了越来越多的买房“夹心层”，他们没能力买商品房，又没资格申请廉租房与经济适用房，只能望“房”兴叹。为了深入贯彻和执行对房地产市场的宏观调控政策，满足普通居民自住需求，必须增加中低价位、中小套型普通商品住房的供应。

针对房地产业发展中存在的问题，为进一步加强市场引导和调控，促进房地产业健康发展，九部委联合制定《关于调整住房供应结构稳定住房价格的意见》，2006年5月24日获得国务院同意，并在全国范围内发布。《关于调整住房供应结构稳定住房价格的意见》的重要内容之一就是建议要切实调整住房供应结构，文中提到“要重点发展满足当地居民自住需求的中低价位、中小套型普通商品住房。‘十一五’时期，要重点发展普通商品住房。自2006年6月1日起，凡新审批、新开工的商品住房建设，套型建筑面积90平方米以下住房（含经济适用住房）面积所占比例，必须达到开发建设总面积的70%以上。”

为调整住房供应结构，控制住房价格过快上涨，促进房地产业健康发展，2007年5月29日，北京市建委、规划委、国土局、统计局、发改委等部门联合召开新闻发布会，北京市将采取限价房等措施调控房地产市场。限价房，也称为“两限房”，即由政府对开发商的开发成本进行测算以后，对房屋的销售价格、建设标准和销售对象等方面进行限制，将开发商的利润控制在一个合理的范围内，并最终设定土地出让价格。

2007年7月18日，北京市人民政府公布了《北京市“十一五”保障性住房及“两限”商品房用地布局规划（2006～2010年）》，对“十一五”期间“两限房”的供应、布局等做出了明确的规划。

1.2007 年北京限价房供应状况

根据《北京市“十一五”保障性住房及“两限”商品房用地布局规划(2006 ~ 2010 年)》，“十一五”期间将建“两限房”1500 万平方米，其中 2007 年推出 300 万建筑平方米的限价房。“两限房”的布局主要选择中心城区以外区域，主要集中在城市东部、南部的边缘集团，重点是定福庄、南苑、丰台、石景山等区域，另外就是集中在轨道交通沿线和站点周围。

2007 年北京市土地储备整理中心陆续推出 11 块入市成交的限价地。11 宗地的建设用地总面积约为 146.8 公顷，建筑总面积已达到 342.1 万平方米，超额完成计划供应限价房面积的 14%。目前，销售限价最高的是丰台区卢沟桥乡小屯村小屯馨城(9 号地)住宅及配套用地，销售限价为 7300 元；最低的销售限价是通州区半壁店，为 4800 元。

北京市土地整理中心推出的 11 宗限价地，主要分布在近郊区，其中朝阳区 3 宗，海淀区 3 宗，丰台区 3 宗，石景山区 1 宗，通州区 1 宗。从环线分布来看，丰台区的 2 宗位于三环至四环之间，1 宗位于四环之五环之间，其余 8 宗位于五环至六环之间。按土地等级来分，4 宗限价地为五级居住用地，6 宗为六级居住用地，另外 1 宗是七级居住用地（图 4−1−6）。

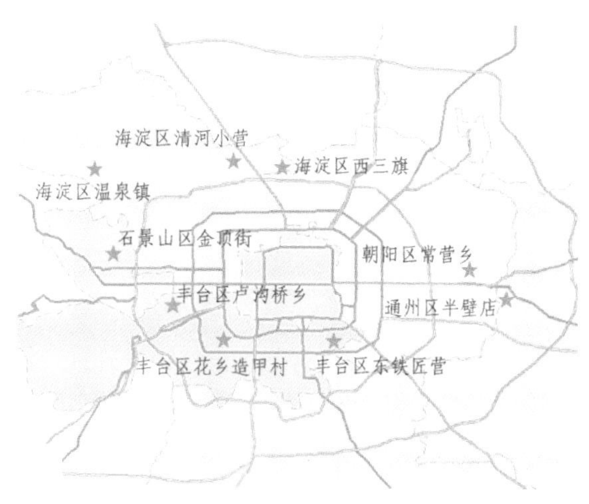

图 4−1−6 2007 年北京市限价房的空间分布示意图

2. 限价房政策的多角度分析及建议

限价房政策，是在削减政府的土地收益、压缩开发商利润的基础上，为购房者提供实惠的一项住房保障政策。为了很好地落实限价房政策，确保政策的可持续发展，必须要寻求政府、开发商、购房者等多方综合利益的平衡点。

(1) 购房者角度分析。从购房者的利益出发，限价房的销售价格与普通商品房的销售价格差距大，购房者是限价房政策主要的受益体。为了确定限价房价格与普通商品房价格的比例关系，我们分别对 11 个限价房与周边普通商品房的销售价格进行比较分析，见表 4−1−5。

表4−1−5 限价房与周边普通商品房的销售价格比较

单位：元/平方米

序号	限价地块	销售限价	周边同质楼盘	楼盘房价	降低比例/%
1	海淀区西三旗	6350	左邻右舍	9500	33
2	丰台区花乡造甲村	6800	怡海花园	11000	38
3	石景山区金顶街	6250	地铁古城家园	10000	38
4	海淀区清河小营	6600	颐清家园	13000	49
5	丰台区东铁匠营	6200	映天朗	12000	48
6、7、8	朝阳区常营乡3个地块	5900	柏林爱乐	11000	46
9	通州区半壁店	4800	阿尔法社区	8500	44
10	海淀区温泉镇	6000	—	—	—
11	丰台区卢沟桥乡	7300	万科紫台	11000	34

数据来源：焦点房地产网。

限价房周边商品房的数据价格，来源于焦点房地产网上提供的楼盘价格，选取的楼盘位置与限价房的位置相临，并对周边楼盘的开盘时间、物业类型、装修状况进行考虑。基本选取的是2007年的新楼盘，只有地铁古城家园楼盘是在2000年开盘的，但是焦点房地产网上提供了其2007年的价格；选取楼盘的物业类型全部为普通住宅；装修状况多为毛坯房，只有万科紫台这个楼盘是精装修，所以我们选取此楼盘2007年期间的最低出售价格作为价格参考。海淀区温泉镇的限价地周边没有新的楼盘，所以暂不作比较。在选取数据时尽可能使选取的周边楼盘与限价房达到同期、同质的要求，具有可比性。

从表中的数据分析来看，限价房的销售价格都比周边商品房平均低40%左右，降低幅度最低的也要达到33%，实际限价房的价格比周边房价下调比例远不止10%～15%的比例。正是这种明显的差距，体现出限价房政策真正考虑到了老百姓的利益，因此限价房受到了购房者尤其是"夹心层"的期望和关注。

(2)政府角度分析。从北京已成交的11宗限价地来看，交易方式均为招标出让，主要采用"限房价，竞地价"的招标方式出让，销售限价主要以该地区同质普通商品房的平均销售价格下浮一定的比例来确定，同时考虑该宗地的土地开发成本，包括土地开发成本、政府土地利益、建安成本、销售费用、财务费用、管理费用、税费和开发企业的利润等，要求全部建设成套型建筑面积90平方米以下的住宅，内部装修达到初装修水平。

考虑到限价房是一种保障性商品房，在评标的过程中不仅考虑到竞标价格，还对投标人的财务实力、企业素质、投标额、付款进度、开发建设方案等进行综合考虑。普通商品住宅用地的评标重点在投标价格上，而限价地的评标重点在限价房的建设及销售方案上。这些都导致限价地的价格较低，为限价房的开发建设以及后期销售提供了保障。

基准地价是各土地级别内，土地具备一定的开发程度，在平均容积率条件下，同一用途的完整土地使用权的平均价格。如果以土地基准地价为参考，每宗地的成交单价与相应等级的基准地价（楼面熟地价）的差值，可以看作是政府获得的土地纯收益。2007年成交的限价地块分布在近郊区，多为五、六级居住用地。通过表4-1-6可以看出每一宗限价地的成交单价都远远高于对应等

表4-1-6 限价地的成交价与基准地价的比较

单位：元/平方米

序号	地块	土地等级	成交单价	对应等级的2002年基准地价	修正基准地价	修正基准地价中值
1	海淀区西三旗	六级	2863	1060～1820	1293～2220	1757
2	丰台区花乡造甲村	五级	3471	1500～2790	1830～3404	2617
3	石景山区金顶街	六级	2921	1060～1820	1293～2220	1757
4	海淀区清河小营	五级	3267	1500～2790	1830～3404	2617
5	丰台区东铁匠营	五级	3200	1500～2790	1830～3404	2617
6	朝阳区常营乡A组团	六级	2938	1060～1820	1293～2220	1756.5
7	朝阳区常营乡B1组团	六级	2467	1060～1820	1293～2220	1756.5
8	朝阳区常营乡B2组团	六级	2589	1060～1820	1293～2220	1756.5
9	通州区半壁店	七级	2164	630～1080	769～1318	1044
10	海淀区温泉镇	六级	3604	1060～1820	1293～2220	1757
11	丰台区卢沟桥乡	五级	3400	1500～2790	1830～3404	2617

数据来源：北京市土地整理储备中心、2002年北京市基准地价资料。

级的基准地价（楼面熟地价）的中值，超过或接近修正后基准地价的高限值。因此，可以看出政府出让限价房用地的土地收益得到了保障。

表 4-1-6 中修正基准地价根据北京基准地价数据（基期为 2002 年 1 月 1 日）和全国城市地价动态监测报告提供的北京市居住地价的指数推算。

(3) 开发商的角度分析。2007 年北京市的 11 宗限价地，均采用招标的方式出让，平均每一宗地的投标单位数量是 7 家，其中投标单位数量最少的是 3 家，最多的是朝阳区常营乡居住及公共服务设施等用地 B2 组团地块有 15 家投标单位。这 11 宗限价地共接收到 79 份投标书，参与投标的单位共有 50 多家，其中 18 家开发企业以独立或者联合的形式参与 2 宗以上土地投标，北辰、懋源、华润置地、北京城市开发等单位投标次数达到 4 次或 5 块以上。从参与投标的数量上来看，限价房建设还是受到一些房地产开发企业的青睐。

从投标价格的范围来看，只有个别单位的投标价格是低于投标起始价的，绝大多数开发单位的投标价格是高于政府制定的投标起始价。最后的成交价平均超出标底 24% 左右，其中丰台区东铁匠营宋庄路 38 号住宅、商业项目用地地块的最后成交价超出标底 68%。由于各地块的位置、用途的不同，标底价不等，受开发商的重视程度也存在很大的差别，限价地的最终成交价与标底价的差距不同。一些区位条件较好、标底较低、或者有配套的商业设施的地块，成交价超出底价的比例就大一些。见表 4-1-7。

从表中可以看出，虽然限价房的销售价格远远低于普通商品房的价格，但是房地产开发商还是积极竞标限价地块，并且开发商的投标价格几乎都高于标底。究其原因主要有以下几点：①开发商开发建设限价房，可以获得基本的利润空间；②由于土地资源的稀缺性，政府大量推出保障性住房土地的供应，导致普通商品房用地供不应求，因此开发商不得不参与限价房开发；③限价房作为保障性商品房，由于相关政府部门的支持和配合，开发周期会缩短，销售有保障，能够降低投资风险，因此吸引了很多的开发商参加竞标；④在已交易的 11 宗限价房地块中，其中 6 宗地的规划用途中包括配套商业，这部分房屋的售价是不受限制的，开发商有一定的获利空间。

综上所述，限价房的开发建设政府有一定的土地收益，开发商也有一定的利润空间，销售价格也大大低于同类同区域的商品住宅价格，均衡了三方利益。

表4-1-7 北京市已交易的限价地的招投标情况

序号	地块	规划用途	起始价 万元	成交价 万元	投标量	投标价格范围 元	受让单位	单位性质
1	海淀区西三旗	居住、商业、公用设施	127000	139800	5	126000～13980	住总	国企
2	丰台区花乡造甲村	居住兼配套	74430	76400	3	75100～79300	首钢	国企
3	石景山区金顶街	居住、公共设施、绿地	106400	124800	6	111700～132800	鸿基世业	其他
4	海淀区清河小营	住宅及配套	39800	46500	9	40169～49000	金隅	国企
5	丰台区东铁匠营	居住、商业兼配套	35200	59000	14	39782～60000	万科	上市公司
6	朝阳区常营乡	居住、公共服务设施、商业	73800	91000	8	81000～145000	保利	上市公司
7	朝阳区常营乡	居住、公共服务设施、商业	49866	65000	8	76000～98600	富力	上市公司
8	朝阳区常营乡	居住、公共服务设施、商业	79100	115000	15	54000～74000	北辰	国企
9	通州区半壁店	住宅、商业	106700	148000	3	125000～14800	龙湖和中佰龙	其他
10	海淀区温泉镇	居住用地	22050	25000	5	22221～25000	凤凰城和兴泉	其他
11	丰台区卢沟桥乡	住宅及配套	65550	66100	3	63900～66100	城市开发与天鸿安信	其他

数据来源：北京市土地整理储备中心网站。

3. 限价房对地价与房价关系的启示

(1) 限价房的地价与房价关系。如前所述，限价房的地价是政府在限定销售价格的基础上充分竞价的结果，均衡了政府、开发商和购房者的三方利益，可以认为限价房中地价与房价的关系基本合理。

如图 4-1-7 所示，北京市 2007 年推出的 11 块限价地的楼面地价与房屋销售价格的比例在 40% ~ 60% 之间，平均比例是 48%，各个级别的比值有差异。

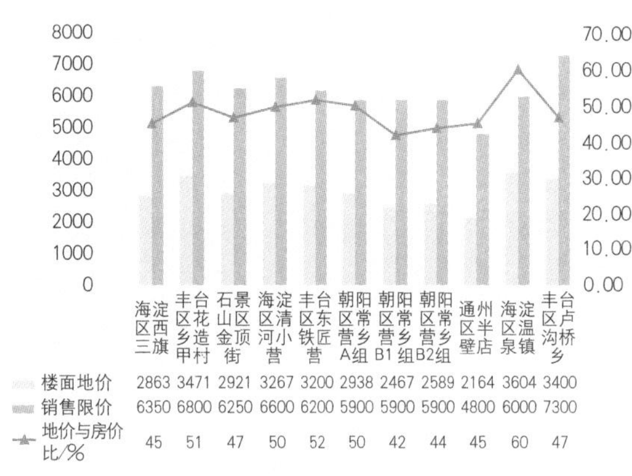

图4-1-7　2007年北京市限价房地价与房价（元/平方米）比较[①]（%）

(2) 限价房与普通商品房的比较。从居住用地级别来看，限价房用地分布在五级、六级和七级居住用地上，对应找到 3 个级别的普通商品房的居住地价和住宅价格，进行比较分析（表 4-1-8）。表中限价房的土地价格和销售限价是各级别的限价地的土地和房屋价格的平均值。普通商品房的居住地价，是将 2007 年交易的所有住宅类的地块的按级别取得的平均价格；普通商品房的价格是表 4-1-5 中的各限价地块周边楼盘的按级别求得的价格平均值。

表4-1-8　限价房和商品房地价房价的比较

单位：元/平方米

土地级别	限价房			普通商品房		
	土地价格	销售限价	地价房价比/%	居住地价	住宅价格	地价房价比/%
五级	3334	6725	50	5717	11750	49
六级	3013	6125	49	4007	10200	39
七级	2164	4800	45	2774	8500	33
3级平均	2837	5883	48	4166	10150	40

数据来源：普通商品房的住宅价格是根据自北京市土地整理储备中心网站的数据求算的。

通过数据分析，发现无论是限价房还是普通商品房，地价房价比都是随着土地级别的降低而逐渐变小的。从表中可以看出，北京市五、六、七级居住用地上的地价房价比平均达到 40% 左右。相比 48% 的相对合理比例，我们认为普通商品房的地价占房价的比例偏低。从成本的角度来看，普通商品房的房价有进一步降低的空间。从各个级别分别来看，五级居住用地中，普通商品房的地价房价比略高于限价房的地价房价比。六、七级居住用地中，普通商品房的地价房价比限价房地价房价比大约低了 10 个百分点。

（五）结论与政策建议

1. 结论

(1)2007 年我国的地价和房价继续有较大幅度的增长，涨幅趋于一致。理论上分析，地价的上涨和房价的上涨不在同一个时点上，但从现实的长期趋势来看，地价和房价相互影响。从需求的角度看，房价上涨导致了地价的提高，从供给角度看，地价作为房价构成的一部分，其价格上涨是房价上涨的一个因素，同时地价上涨也会对开发商和潜在购房人的心理预期产生影响，从而影响房价上涨。在现阶段全国房地产市场中，房价和地价相互作用和影响，形成联动关系。

(2) 通过对 2007 年地价及房价的变化分析看出，心理预期对房价和地价的变化影响很大。2007 年全国经济继续高速发展、资本市场空前繁荣、人民币升值预期显著、个别城市政策利好，在上述多种因素的带动下，社会公众普遍认为房价有较大的上涨空间，一些未来的潜在需求转化为现阶段的消费需求，投资性及投机性需求继续增加，带动房屋价格上涨，也影响土地价格的上涨。

(3) 通过对 2000 年以来地价与房价数据的分

① 数据来源：城市地价动态监测资料、《中国统计年鉴》、搜房研究院数据。

析表明，我国13个典型城市地价与房价关系的个别性和普遍性共存。多数城市多数年份的居住地价与住宅价格的比值在20%～30%之间，个别城市的比值偏离多数城市的经验关系，如南京市2005年该比值为62.3%，深圳市2007年该比值为7.2%。而且，地价房价比没有呈现出与房价正相关的规律。

(4) 对北京市2007年84宗招拍挂土地及其临近房屋交易价格的对比分析，以及北京市2007年限价房项目竞标地价与销售限价的对比分析发现，随土地级别降低，地价房价比呈规律性的下降。

同时数据显示，北京市普通商品住宅项目地价房价比在五级居住用地上略低于同级限价房项目的地价房价比，该比值在六级和七级居住用地低于限价房项目大约10个百分点。

2. 政策建议

(1) 加强政府调控和监管的力度。政府作为房地产市场的管理者、土地供应者和土地所有权的代理者，对房地产业的调控起着至关重要的作用。针对我国房地产市场现状，政府应该在充分发挥市场机制的前提下，规范房地产市场管理。包括对房地产公司竞买土地行为进行监管，特别是对于上市公司的监管，国土管理部门会同证监会有必要对明显偏离市场价格的竞地行为采取适当的方式通告和警告；制定合理的中长期和短期土地供应计划并向社会公布，同时加强土地供后监管；加强对广播、电视、网络等新闻媒体的监管力度，避免媒体错误的舆论导向和过度炒作导致房价和地价的异常波动。

(2) 加大信息公开化建设和信息公开的力度。加大信息公开化建设和信息公开的力度，使相关主体和社会公众都能及时准确了解信息，既便于政府监管，又便于相关研究和预测，也最大可能减少信息的不对称现象。比如加快建立统一、规范、完善的房地产市场信息发布平台，及时发布土地信息、房地产销售信息及相关信息，使消费者有知情权，明白消费，避免盲目跟进，加剧市场供需矛盾，刺激价格上涨；再比如建立房价地价同步对照公示制度，建立房价地价同步对照公示制度，动态公布商品房房价、地价信息，使成本利润一目了然，便于社会公众有更直接的渠道和更公开的信息了解房价、地价水平，同时将社会公众监督和舆论监督力量引入房地产市场规范化建设。

(3) 加快建立完善的房地产市场供应体系，促进房地产的合理消费。我国人口众多，人均资源占有量少，住房消费必须与国情相符。从目前房地产市场现状来说，政府应进一步完善住房保障体系，注重廉租房、经济适用房和限价房的供应，保障居民基本的住房需求。同时，综合运用法律手段、税收手段等抑制奢侈住房需求，规范投资需求，减少投机需求，控制社会住房的总体需求，规范和引导社会公众的住房消费行为，促进居民住房消费模式的变革，实现住房消费多元化的新格局，实现住宅市场结构调整。

(4) 进一步加强对地价与房价的关系的研究。协调合理的地价与房价关系，既可以显化土地的价值，促进土地的集约节约利用，促进各方利益的均衡分配，改善城市基础设施和环境条件，又可以稳定住宅价格，促进住房保障体系的建设和公共民生政策的落实，是房地产市场健康和谐发展的重要指标，必须进一步加强对这个问题的研究。对于地价房价比很高或很低的情况，要进一步核查数据调查和处理的准确性和真实性，并对当地进行实际调研，找出问题存在的真正的原因，并针对问题采取相应的措施与对策。

(5) 加强对重点城市地价房价的监测和监管。我国自然条件决定了适宜人类居住的土地面积十分有限，主要集中在东部沿海地区以及内地一些条件较好的中心城市。随着我国城市化进程加快以及户籍制度的改革，会有越来越多的人口向各个等级的中心城市集聚，这些城市的房地产市场必然在一个较长的时间段内保持旺盛的需求，由刚性需求支持的住宅价格的上涨也会在一个较长的时间内持续。区位条件优好、经济发展快的城市的房价上涨速度加快，需要对地价和房价上涨有一定的预见性，加强对这些城市的调查、监测和监管。

(6) 完善地价体系并切实发挥地价体系的作用。完善地价体系并切实发挥地价体系的作用，包括进一步完善地价动态监测体系工作，及时更新基准地价，建立标定地价，为落实土地增值税清算收缴工作、推进物业税征收做好准备，并通过地价体系和税收体系的双线控制，实现稳定住房价格和保障土地收益的合理分配的双重目的。

二、2007年我国城市房地产租价比专题报告

——以北京、上海、深圳、天津、杭州、青岛六城市为例

引言：房地产租价比是房地产年租金与市场交易价格之比，是房地产市场中的一个重要指标，其能够反映房地产租赁市场与销售市场的相对繁荣程度，二者在正常条件下应保持在一个均衡的发展水平。租价比过高或过低对房地产市场的发展都是不利的，偏高说明房地产租赁市场活跃，而销售市场相对比较低迷；偏低说明租赁市场萧条，同样不利于房地产市场的发展。房地产租价比对于政府制定房地产市场调控政策、房地产投资者进行投资决策及消费者进行住房使用方式选择都具有重要的参考价值。

2007年，我国城市房地产市场发展在曲折中前行，大多数城市房价依然保持快速上涨态势，租赁市场也随之繁荣活跃。尤其是住宅房地产市场，在理性和非理性需求的带动下，销售价格持续上涨，远超过租金的上涨幅度。北京、深圳、上海、杭州、天津、青岛六城市的住宅租价比分别由2006年的6.11%、6.02%、6.92%、5.92%、5.94%和6.31%下降到2007年的4.83%、4.34%、5.50%、5.28%、5.11%和5.30%；对非住宅类房地产租价比的测算显示，上述六大城市写字楼租价比和商铺租价比均呈现小幅下降，租售市场发展均较为平稳；此外，北京、天津、上海三城市工业用地租价比均明显上升。

（一）2007年我国房地产租售市场发展概况

为促进我国房地产市场健康持续发展，2007年政府进一步加大了房地产市场调控力度，围绕抑制房价过快上涨、抑制房地产过度投资、抑制房地产市场投机、规范房地产市场交易秩序陆续出台了一系列新的调控政策。国务院发布的《关于解决城市低收入家庭住房困难的若干意见》及出台的相关配套政策，再次明确必须将保障性住房建设纳入政府公共服务的范畴；国土资源部发布的《招标拍卖挂牌出让国有建设用地使用权规定》，在一定程度上约束了房地产开发商圈地行为；央行6次加息、10次上调存款准备金率，严格控制房地产贷款规模，在一定程度

上抑制了房地产过度投资。

国家出台的这一系列针对房地产市场的政策，改变了房地产行业发展的外部环境，对房地产市场的供给和需求产生了深刻影响，同时，也使得房地产市场的消费结构在一定程度上发生改变。反映房地产市场运行状况的重要指标——房地产租价比对这些变化的综合效应会有所体现。但由于各地经济发展状况和房地产市场发展所处阶段不同，房地产政策对各地房价和租金的影响程度也有所不同，因此，各城市的各类房地产租价比的变化趋势也不尽相同。

从销售市场来看，2007年全国房地产销售价格普遍呈现增长过快的势头，据国家发改委和国家统计局数据显示2007年全国70个大中城市房屋销售价格平均同比涨幅为7.57%，其中新建商品住房的销售价格同比上涨8.23%，二手住房销售价格同比上涨7.38%；非住宅商品房销售价格同比上涨5.75%，其中办公用房、商业娱乐用房及工业仓储用房分别上涨了6.73%、5.35%和3.23%，均高于2006年同比上涨幅度；从租赁市场来看，由于房价的过快上涨及政府出台的相关宏观调控政策使得租赁需求及房源供给同时增加，租金水平也得到一定幅度的提升，租赁市场进一步呈现繁荣态势。但据国家发展和改革委员会数据显示，2007年全国70个大中城市房屋租赁价格仅同比上涨2.60%，其中办公楼、商业娱乐、工业仓储用房租赁价格分别仅同比上涨3.15%、2.03%和2.38%，均低于销售价格同比涨幅，可见全国总体而言租赁价格上涨幅度低于房屋销售价格上涨幅度，房地产租价比普遍呈下降趋势。

据国家发展和改革委员会、国家统计局调查数据显示，2007年深圳和北京的新建商品住房销售价格平均同比涨幅分别为12.8%和13.9%，均位于全国前列；上海、杭州等地房价在经历了2006年回调后，2007年在全国房价较快上涨的背景下也开始较大幅度的补涨，上述现象表明房地产调控是一项复杂的过程，不可轻视。下面主要以北京、上海、深圳、天津、杭州、青岛六城市为样本点，对各类房地产租价比进行比较分析，从一定程度上反映我国房地产销售市场与租赁市场发展的协调程度。

（二）近五年六大样本城市住宅租价比的趋势分析

1. 北京市住宅租价比

2007年北京市住宅商品房销售价格呈现快速上涨态势，一方面是由于刚性的自住需求持续强劲，另一方面是由于住宅商品房市场充斥着较多的投资和投机需求，两方面共同导致供求失衡；在政府大力推行城市多中心的发展策略，轨道交通快速发展的背景下，城市外围的房产交易价格不断上升，从而进一步推动了新建商品住宅价格的快速上涨，同时城八区的二手房由于地理区位优势，整体交易均价较2006年同期也呈现较大幅度增长，与新建商品住宅售价不相上下；住宅租赁价格在房价过快上涨的带动下呈现合理水平的上涨，另外奥运的临近、外来人口的增多、保障性住房的预期以及轨道交通的日趋完善等因素，也进一步促使了住宅租赁市场的繁荣，使租赁市场呈现量价齐升的局面；但由于租金上涨幅度与售价上涨幅度之间存在较大差距，致使北京市2007年住宅租价比不同于前四年租价比下降幅度趋缓的态势，呈现较大幅度的下降（表4-2-1，图4-2-1）。

表4-2-1　北京市2003～2007年住宅租价比

单位：%

年份	住宅租价比
2003	7.34
2004	6.68
2005	6.42
2006	6.11
2007	4.83

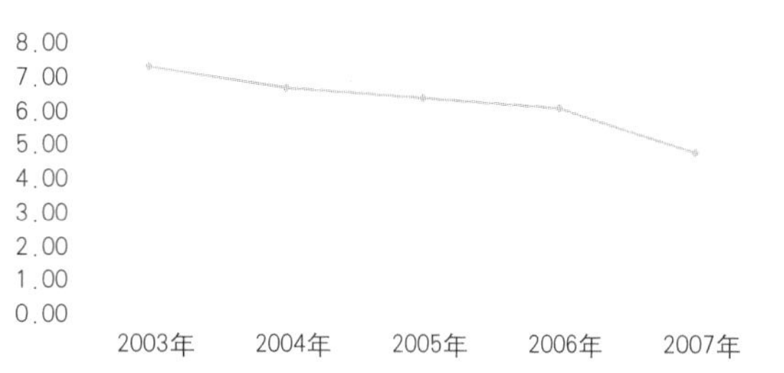

图4-2-1　北京市2003～2007年住宅租价比（%）变化趋势图

2. 深圳市住宅租价比

2007 年前三季度深圳市商品房销售价格呈现非理性快速上涨，同时成交量也不断上升，进入第四季度，一方面由于多方面宏观调控政策综合效应开始显现，另一方面由于人们对房屋售价是否严重偏离房屋价值的质疑，观望氛围进一步加剧，成交量开始大幅下降，市场总体呈“有价无市”状态。房价的过快上涨有以下三方面原因：①近几年深圳市商品房供求比均不足 1.0，需求旺盛是房价快速上涨的主要原因；②随着城市基础设施的不断完善，居住环境逐步改善，外来购房自住、投资、投机需求均快速增加，推动了房价的快速上涨；③购房趋势外移导致特区内外房价差距缩小，一定程度上推动了房价上涨。销售市场价格的快速上涨，导致居民住宅购买能力严重不足，自住性需求更多地通过租房实现。2007 年深圳市房屋租赁管理办公室发布的《深圳市 2007 年房屋租赁指导租金》显示，全市平均租金升幅为 9.13%，住宅租金呈上升趋势，但涨幅与房价涨幅仍差距较大，最终导致住宅租价比较大幅度下降。2007 年深圳市住宅租价比见表 4-2-2；图 4-2-2。

3. 上海市住宅租价比

在深圳市、北京市房价快速上涨的背景下，上海市房价在 2007 年度也以比 2006 年同期较快的上涨速度开始补涨。供应不足、供给结构与需求结构不平衡是房价上涨的主要原因，表现为内中环供应趋紧，而需求旺盛，外环供应充足，但需求不足，结果导致内中环房价以较快速度上涨；再加之需求中的非理性预期，流动性过剩房地产投资需求的进一步增多，刚性需求的进一步释放，共同使得房价呈较 2006 年相比上涨速度加快的态势。然而住宅租赁市场表现出平稳发展态势，租金稳步上涨，但上涨幅度较小，最终导致上海市住宅租金比也呈下降趋势（表 4-2-3；图 4-2-3）。

4. 杭州市住宅租价比

2007 年杭州市房价在全国房价上涨的带动下呈现补涨态势，上涨原因有以下几个方面：①主城区供需比例小于 1.0，供应不足推动房价上涨；②由于杭州市地处最发达的长江三角洲，开发前景广阔，随着大型房地产企业全国化战略布局的实施，大量知名的外地开发商进驻，为市场提供了品牌附加值的高

表4-2-2　2003～2007年深圳市住宅租价比

单位：%

年份	住宅租价比
2003	7.17
2004	6.69
2005	6.35
2006	6.02
2007	4.34

表4-2-3　上海市2003～2007年住宅租价比

单位：%

年份	住宅租价比
2003	7.10
2004	6.56
2005	6.80
2006	6.92
2007	5.50

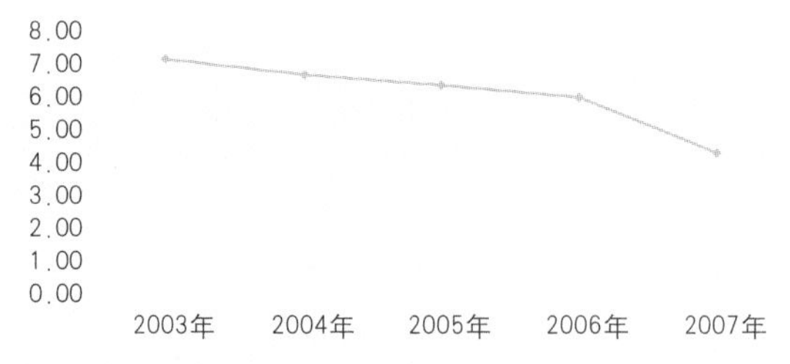

图4-2-2　深圳市2003～2007年住宅租价比（%）变化趋势图

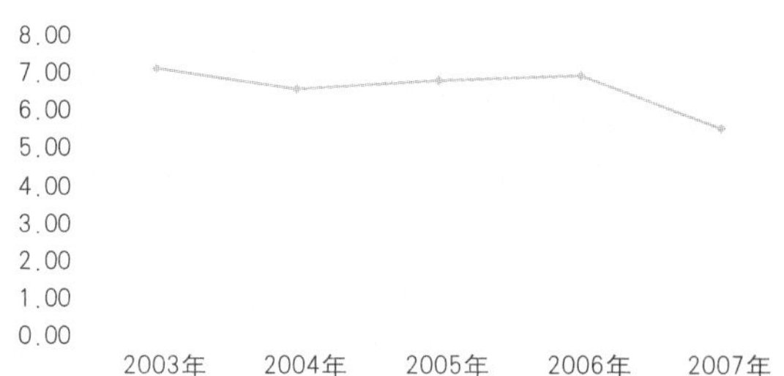

图4-2-3　上海市2003～2007年住宅租价比（%）变化趋势图

价楼盘；③住宅需求旺盛，一方面为本地居民自住性刚性需求，另一方面由于与上海市相比房价相对较低，期望的投资升值空间较大，外地人在杭购房比例明显提高。上述因素共同导致了杭州市新建商品房价格在本年度呈现较快上涨，而不同于2006年房价基本稳定状况。主城区二手房市场在新建商品房房价快速上涨的背景下，交易价格也不断攀升，在部分区域甚至与新建商品房售价不相上下，但由于住宅租金水平较为平稳，导致杭州市住宅租价比也呈现下降趋势（表4–2–4；图4–2–4）。

5. 天津市住宅租价比

天津市住宅市场分为两块，即市内六区、近郊四区与滨海新区。市内六区住宅需求旺盛，但多为本地居民强劲的自住性需求，由于新增房屋供应量不足，供需矛盾的紧张导致市区房价较大幅度上涨；近郊四区普通住宅市场经过2006年的大力开发，目前已形成一定规模且消费者认可程度明显提升，加之滨海新区的开发开放吸引了大量的房地产投资者，使得近郊和滨海新区住宅价格与交易总量均呈快速上涨之势，成为促使2007年天津市房价快速上涨的支撑力量。住宅租金水平虽然在房价快速上升的影响下也随之上涨，但涨幅仍不及房价涨幅，故住宅租价比未能保持2006年有所回升的态势，转而下降（表4–2–5；图4–2–5）。

6. 青岛市住宅租价比

拆迁购房形成的大量被动刚性住房需求直接推动了青岛市新增商品房及二手房的价格，同时也缩小了原来房价较低的四方区、李沧区与房价较高的市南区、市北区的房价差距；另一方面拆迁户过渡期的住房需求，也直接促使普通住宅租金水平的上扬。从青岛市区的住宅销售市场来看，价格2007年呈现大幅上涨，一是由于市内四区的供求关系仍然紧张；二是由于全国房价快速上涨的外围压力；三是由于外来购买力不断增强的潜在压力；四是由于众多外地房地产开发商进驻后，新开楼盘上市且销售价格普遍较高。从租赁市场来看，随着拆迁和外来人口的增多使得住房租赁需求有了大幅提升，租金也有一定幅度的上涨，但随着市区外围住房新增供应量的增多，部分居民转而购买外围新房，使得

表4–2–4　杭州市2003～2007年住宅租价比

单位：%

年份	住宅租价比
2003	5.00
2004	5.34
2005	5.74
2006	5.96
2007	5.28

表4–2–5　天津市2003～2007年住宅租价比

单位：%

年份	住宅租价比
2003	6.59
2004	6.04
2005	5.87
2006	5.94
2007	5.11

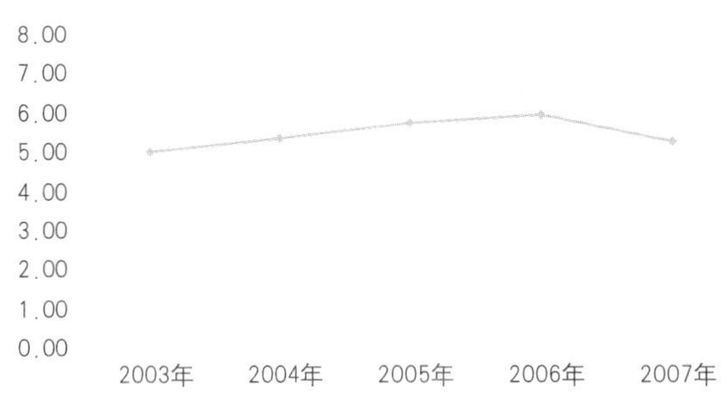

图4–2–4　杭州市2003～2007年住宅租价比（%）变化趋势图

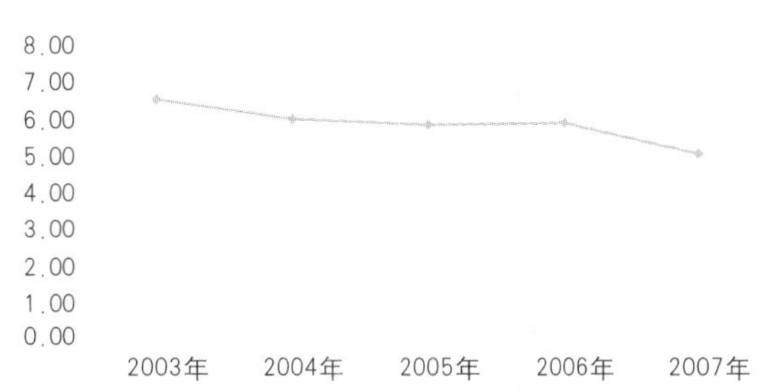

图4–2–5　天津市2003～2007年住宅租价比（%）变化趋势图

市区内租金水平涨幅有限，最终住宅租价比呈小幅下降（表 4-2-6；图 4-2-6）。

表4-2-6　青岛市2003～2007年住宅租价比

单位：%

年份	住宅租价比
2003	6.59
2004	6.76
2005	6.15
2006	6.31
2007	5.30

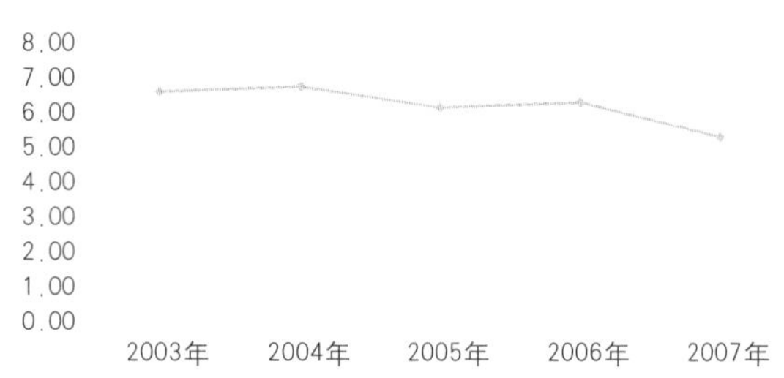

图4-2-6　青岛市2003～2007年住宅租价比（%）变化趋势图

表4-2-7　近三年六大城市写字楼租价比

单位：%

	2005年	2006年	2007年
北京市	7.49	8.12	8.01
深圳市	7.73	7.55	7.37
上海市	7.78	8.23	8.10
杭州市	6.58	7.26	6.76
天津市	6.47	6.98	6.83
青岛市	7.51	7.39	7.14

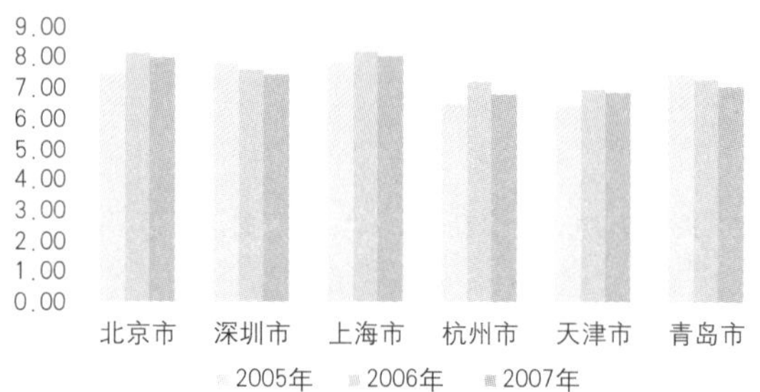

图4-2-7　近三年六大城市写字楼租价比（%）变化趋势图

（三）非住宅类房地产租价比

1. 近三年六大样本城市写字楼租价比

据国家发展和改革委员会统计数据显示，2007年全国 70 个大中城市办公类商品房销售价格同比上涨 5.9%，租赁价格同比上涨 3.15%，可见相对于住宅市场，全国城市写字楼市场整体上呈现稳步发展态势，销售价格涨幅略高于租赁价格涨幅，租售两个市场发展较为协调。表 4-2-7 中六大样本城市的写字楼租价比变化也体现了上述趋势，六大样本城市写字楼租价比均呈现小幅下降趋势。

从表 4-2-7 和图 4-2-7 中我们可以看到，北京市、上海市、深圳市写字楼租价比高于杭州市、天津市、青岛市写字楼租价比。这一特点符合高投资要求高回报率的规律，前三城市写字楼平均价格水平均高于后三城市，故其要求的投资回报率即写字楼租价比也较高。

北京、上海、深圳三城市写字楼租售市场发展状况：随着对外开放的不断深入，国外金融机构、高新技术企业、大型零售商等普遍看好我国市场未来发展前景，纷纷加快进入步伐，北京、上海、深圳三大城市由于综合实力不断提升和产业结构发生转变成为外资企业进入的首选之地，从而促使优质写字楼物业需求强劲，写字楼销售价格与租金水平继续保持平稳上升的势头；但由于随着写字楼租赁市场的日趋火爆，大型的写字楼开发商目前通常采取“只租不售”方式，导致写字楼销售量供应不足，促使销售价格涨幅略高于租赁价格涨幅。

天津、杭州、青岛三城市写字楼租售市场发展状况：随着城市投资环境的进一步成熟以及写字楼投资和消费市场的进一步完善，众多国内知名企业和外资企业纷纷开始进驻，这使得对优质写字楼物业的需求不断增加。面对这一需求，国内各大房地产商不断进入天津、杭州、青岛三城市市场，使得高品质写字楼开始不断放量，写字楼成为投资热点，促使了写字楼租售价格的不断提高。

但真正意义上的甲级写字楼还相对较少，同时写字楼配套设施建设也相对落后，甚至某些区域还继续呈现“价格倒挂”，即写字楼售价低于住宅商品房售价的现象，这一方面表明写字楼市场发展潜力巨大，另一方面也表明其发展存在瓶颈。

2. 商铺租价比

据国家发展和改革委员会统计数据显示，2007年全国70个大中城市商业娱乐用房销售价格同比上涨4.9%，租赁价格同比上涨2.03%，即销售价格上涨速度略快于租赁价格上涨速度，全国城市商业娱乐用房租价比整体上呈现小幅下降趋势，可见商铺租售市场与写字楼租售市场发展趋势基本相同，均呈良好稳定发展态势。样本城市商铺租价比虽然有升有降，但升降幅度均比较微弱，表明各样本城市商业房地产市场发展均较为平稳，其中北京、深圳、上海三城市商铺租价比有小幅上升，杭州、天津、青岛三城市商铺租价比有小幅下降（表4-2-8；图4-2-8）。

表4-2-8 近三年六大城市商铺租价比

单位：%

	2005年	2006年	2007年
北京市	8.73	9.02	9.11
深圳市	8.96	9.13	9.19
上海市	8.87	9.24	9.32
杭州市	7.95	8.06	7.67
天津市	7.39	7.78	7.42
青岛市	8.50	8.78	8.27

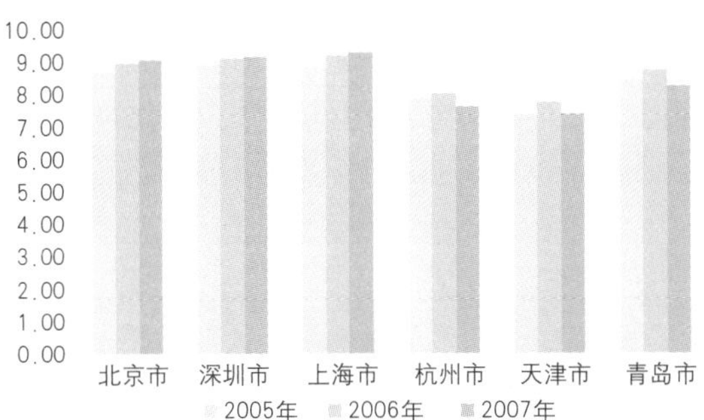

图4-2-8 近三年六大城市商铺租价比（%）变化趋势图

北京市：2007年是北京市商业地产开工、开业最集中的一年，奥运会的临近使北京市商业地产进入全盛时期，但由于对优质物业的强劲需求，供给放量带来的市场压力得到有效抵消，商铺售价仅呈小幅上升，在需求带动下商铺租赁价格稳步上升。

深圳市：2007年深圳市商业物业市场逐渐从“冲动期”过渡到“成熟期”，商业用地供应由于政府调控开始逐步下降，商业物业成交量和成交价格均有一定回归，租赁型物业比例日趋提高，商业物业市场发展愈加趋于理性。

上海市：整个商铺市场呈现一定程度的供应结构失衡，新增商铺供应重心从传统商圈向外环发生转移，在一定程度上拉低商铺销售价格，同时传统商圈优质商铺租赁供给不足，拉动了商铺整体租金水平的稳步上涨，最终导致商铺租价比呈小幅上涨。

杭州、天津、青岛三城市：在经济快速发展及居民收入不断增长的推动下，杭州、天津、青岛三城市商业房地产市场呈现良好的发展势头，商业地产项目的开发量在城市房地产业中的比例正在迅速增加。商业地产发展主要呈现以下特点：随着众多知名品牌及大型房地产开发商的进驻，优质商业物业供求量均呈现较大幅度的上涨，一方面导致商业物业的销售价格出现较大幅度的上涨，另一方面导致租赁价格不断上升，但租赁价格上涨幅度均小于销售价格的上涨幅度。

3. 工业厂房租价比

由于工业用地从2007年1月1日起采用招标拍卖挂牌方式出让，其出让底价和成交价格均不得低于所在地土地等别相对应的最低价标准，受其影响，工业用地的资源稀缺性日趋明显，工业地价稳步回升，土地真实价值得到体现，工业厂房的投资价值也逐步显现，租售价格延续以往稳步上升态势（表4-2-9；图4-2-9）。但与其他许多国家相比，我国的工业土地、工业物业价格还非常低廉，与住宅、商业地产还有很大的差距，因此，工业物业的租售价格还有很大的上升空间，巨大的投资潜力不容忽视。

表4-2-9　近三年北京、天津、上海工业厂房租价比

单位：%

	2005年	2006年	2007年
北京市	4.99	5.31	5.83
天津市	4.87	5.22	5.70
上海市	5.07	5.54	6.69

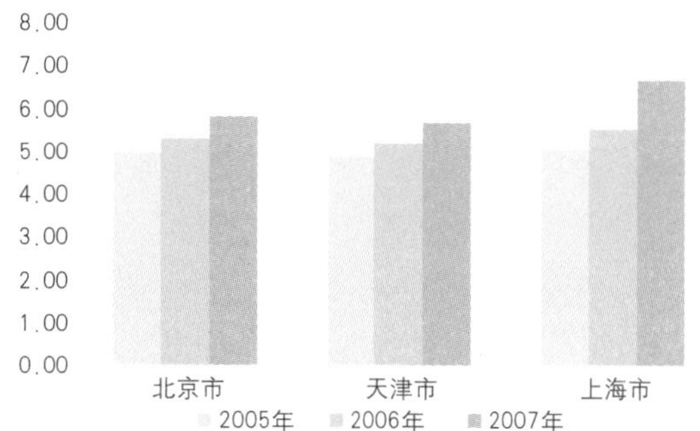

图4-2-9　近三年北京、天津、上海三城市工业厂房租价比（%）变化趋势图

表4-2-10　2007年六大城市不同用途房地产租价比

单位：%

	住宅租价比	写字楼租价比	商业租价比
北京市	4.83	8.01	9.11
深圳市	4.34	7.37	9.19
上海市	5.50	8.1	9.32
杭州市	5.28	6.76	7.67
天津市	5.11	6.83	7.42
青岛市	5.30	7.14	8.27

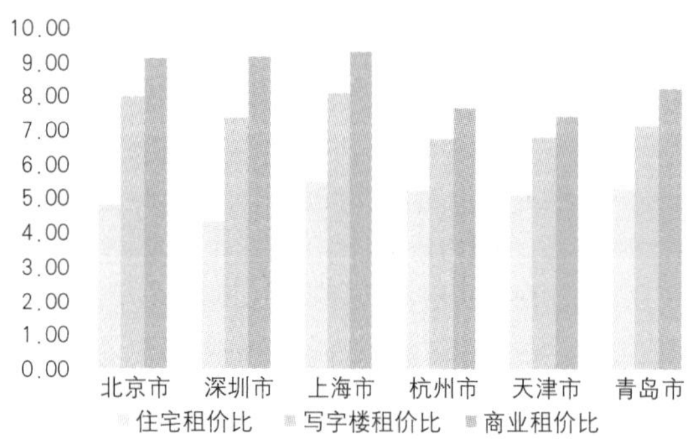

图4-2-10　2007年六大城市不同用途租价比（%）比较分析图

北京市工业地产处于起步阶段，受“限外令”的影响，北京市工业物业正在成为境外机构投资者的又一投资热点，但由于工业物业供应量相对有限，而市场需求又极度强劲，使得北京市工业市场的租金水平总体保持稳步上升的势头。

天津市的工业地产尚处于起步阶段，但其发展优势已日趋体现。天津市在作为北方经济中心地位的确定，以及滨海新区被纳入全国总战略，开发投资潜力巨大，而且天津市在工业用地价格、劳动力成本、交通运输成本等方面与上海、北京等城市相比较低，所以天津市工业地产受到越来越多的投资者关注，使得工业厂房租金售价稳步上升。

上海市凭借其遥遥领先于国内其他城市的成熟产业配套，已成为大型国际物流运营商和物流地产开发商进入我国的首选门户。随着 2007 年起上海市实行工业用地招拍挂及最低限价出让，工业用地及厂房的稀缺性因素凸显，工业厂房市场的投资价值与日俱增，工业房地产市场的供求更为旺盛。进入 2007 年后，上海市工业房地产投资领域继续保持活跃，土地价格和物业租金均呈现上升趋势。

4. 四类租价比比较

不同用途的房地产租价比不同，总体来讲，工业厂房租价比、住宅租价比、写字楼租价比、商业租价比依次升高。从房地产投资者角度分析，价值高、投资风险高的房地产项目，要求的投资收益率即租价比也较高，写字楼的投资风险和收益要大于住宅房地产，而小于商业房地产的投资风险和收益，这与三者租价比之间的关系是一致的。2007 年样本城市不同用途房地产租价比见表 4-2-10。

由表 4-2-10 和图 4-2-10 表明，样本城市的商业房地产租售市场和写字楼房地产租售市场发展是较为协调的，投资回报率较为正常；但住宅房地产租售市场呈现一定的发展不平衡，租价比即投资回报率较低，主要是因为销售价格上涨过快，但租赁市场发展还是较为正常的。另外值得注意的是，2007 年北京、天津、上海三城市的住宅租价比均低于其相应的工业厂房租价比，从投资收益角度讲住宅投资回报率应高于工业厂房投资回报率，这一倒挂现象一方面从侧面反映了上述三个城市住宅价格存在一定程度的虚高，另一方面则反映了住宅用地价格的上涨不同于工业用

地价格的上涨，呈现非理性的特点，表明政府对住宅市场房价的宏观调控还需深入。

（四）住宅租价比与相关经济指标的关系分析

1. 住宅租价比与城市 GDP 总量的关系分析

一般而言，房价、租金和租价比与城市 GDP 之间存在正向变化关系，GDP 总量较高的城市，经济比较发达，房地产的销售和租赁市场都较为繁荣，反映房地产投资回报率的租价比也应该较高。同时，较高的投资回报率使投资者倾向于在经济发达的地区进行房地产投资，促进了当地房价和租金的上涨，房价和租金的上涨反过来又促进了当地 GDP 的增长，近两年六大样本城市 GDP 总量与住宅租价比数值见表 4–2–11。

值得注意的是，2007 年 GDP 总量较高的城市北京、深圳的住宅租价比反而较低，从理论上 GDP 总量较高的城市，经济比较发达，房地产的销售和租赁市场都较为繁荣，反映房地产投资回报率的租价比也应较高，这一现象也从一侧面表明深圳市、北京市房价存在虚高。

2. 住宅租价比与住宅投资回报率的关系

近几年住房贷款利率不断上调，一方面加大了供房者的负担，在一定程度上抑制了住宅市场投机、投资和消费需求；另一方面促进了住宅租赁市场的繁荣，在一定程度上缓解了供需矛盾。2007 年中国人民银行 6 次上调金融机构人民币存贷款基准利率，调整后 5 年期以上个人住房贷款年利率提高为 6.66%。

根据近两年对六大样本城市的统计数据表明，前两年六大城市商品住宅的租价比均大于 5 年期以上的个人住房贷款年利率，从一个侧面表明城市住宅市场的出租投资回报率总体上是正常的，但 2007 年城市住宅商品房销售价格呈快速上涨，致使住宅租价比（即出租投资回报率）低于 5 年期以上个人住房贷款年利率（以租养房成本），见表 4–2–12。

从表中可以看出，目前我国住宅房地产市场的出租投资回报率整体过低。一个正常的房地产投资行为应该是以租金获得稳定的现金流，而出租投资回报率过低，说明对于大部分投资者来说，是靠房地产买卖价格差异来获得收益，这是房地产价格存在泡沫的主要体现。我国住宅房地产价格存在不健康因素，应给相关政府管理部门带来警示。住宅房地产市场显现泡沫迹象，需要引起政府管理部门的足够重视，进而出台有效的宏观调控政策，促使房地产市场回到健康理性的发展轨道。

表4–2–11　2006～2007年六大城市GDP总量与住宅租价比

	城市GDP总量/亿元		住宅租价比/%	
	2006年	2007年	2006年	2007年
北京市	8038	9006	6.11	4.83
上海市	10307	12001	9.92	5.50
深圳市	5684	6765	6.02	4.34
天津市	4330	5018	5.94	5.11
杭州市	3441	4104	5.96	5.28
青岛市	3108	3787	6.31	5.30

表4–2–12　六大城市住宅租价比与个人住房贷款利率对照表

单位：%

	2005年	2006年	2007年
5年以上个人住房贷款利率	5.51	5.81	6.66
北京市住宅租价比	6.42	6.11	4.83
上海市住宅租价比	6.80	6.92	5.50
深圳市住宅租价比	6.35	6.02	4.34
天津市住宅租价比	5.87	5.94	5.11
杭州市住宅租价比	5.74	5.96	5.28
青岛市住宅租价比	6.15	6.31	5.30

（五）租价比变化带来的启示及对策建议

1. 租价比变化带来的启示

租金反映的是居住纯消费需求方面的信息，租金走高，意味着人们对居住的消费需求较高；相反，如果租金走低，则说明人们对房子的消费需求较为疲软。房价则不能完全反映市场的消费需求，在一定程度上反映了市场在信贷支持下的投资需求，因此，房地产租价比反映了现实的有效需求与供应之间的比例关系。当一个城市的房价上升幅度过快或长时间居高不下，而当地的租金却没有随之变动、给予房价有效支撑，致使租价比发生较大程度的变化，就表明该地区房地产市场存在价格虚高的现象，此时房价存在非理性的因素。从 2007 年房地产租价比变化，可以得到如下启示：

(1)2007年，北京、上海、深圳、天津、杭州、青岛六大城市住宅租价比明显下降，其中四个城市的住宅租价比下降了一个百分点以上，其余两个城市的下降幅度也超过0.5个百分点，是近年来住宅租价比下降最大的一年。这主要是由于住宅房价的上涨幅度远大于租金的上涨幅度，这也在一定程度上说明2007年住宅价格的上涨含有更多非理性因素，房价存在泡沫。在土地政策方面，土地供应计划应有目的地向住宅用途倾斜，加强多形式商品住宅用地的供应效率，缓解住宅供需矛盾，缓解价格快速上涨的压力。

(2) 六城市写字楼租价比均呈现小幅下降趋势，写字楼价格略微上涨，上涨幅度属于基本正常的范畴；六大城市商铺租价比略微下降，销售价格上涨速度略快于租赁价格上涨速度。商铺租售市场与写字楼租售市场发展趋势基本相同，均呈良好稳定发展态势。

(3) 对北京市、天津市、上海市工业厂房价格、租金的监测显示，三个监测城市租价比都有所上升。在工业厂房价格上升的同时，工业厂房租金也同时表现出上涨的现象。这表明，工业用地价格在稳步回升，工业厂房的投资价值也逐步显现，是工业土地真实价值的合理体现。上述现象说明，工业用地出让方式的改革初步取得了积极有效的成果，应对这一成果加以巩固。

2. 租价比变化带来的对策建议

(1) 加快推进物业税“实转”进程，尽早开征物业税。目前全国物业税征收仍处于“空转”阶段，应加快推进“实转”进程，尽早开征物业税，使房地产税征收重心从交易环节转向保有环节，以改变目前我国在房地产保有环节涉及税种相对较少、税负相对较轻的现状。通过增加房地产保有者的经济风险，客观上抑制房地产投机需求，促进二手房市场繁荣，有效减缓房价过快上涨。

(2) 完善保障性住房供应制度，加大保障性住房用地供应力度。造成当前房价大幅上涨的核心问题，是住房尤其是具有保障性质的限价房、经济适用房供应量不足，无法满足广大中低收入家庭的住房需求，政府要重新强调住房的居住功能，承担起保障中低收入居民住房的责任，建立完善多层次的住房保障制度。在继续发挥市场配置资源的重要作用、推行土地招标拍卖挂牌出让制度的同时，加大保障性住房用地的供应力度，建议土地管理部门调整土地供应结构，优先保证限价房、经济适用房、廉租房开发建设用地的供应，使保障性住房供应量在短期内较快增加，以缓和当前突出的住房供求矛盾。

(3) 加强对上市房地产公司的监管，特别是购地行为的管理。资本市场对土地市场的影响不容忽视，2007年，土地、上市和融资成为房地产业最热门的词汇。由于上市融资渠道畅通，成本较低，越来越多的房地产公司开始通过各种渠道谋求上市，而已上市的房地产企业纷纷通过股市大举融资，大量融得的资金继而成为房地产开发商圈地的资本，而其所圈的大量土地又成了进一步融资的筹码，上述对上市房地产公司所融资金用途缺乏有效监管的状况，使得上市房地产公司凭借其“雄厚”的资本力量，在土地竞拍中屡屡胜出，导致地块价格不断攀升，为房地产市场的健康发展埋下了严重的隐患。

(4) 巩固工业用地出让方式改革所取得的成果，促进工业用地市场健康发展。工业用地从2007年1月1日起规定采用招标拍卖挂牌方式出让，这一改革举措取得了良好的效果，主要体现在：工业用地的资源稀缺性日趋明显，工业地价稳步回升，土地真实价值得到体现，工业厂房的投资价值也逐步显现。这些都是工业用地出让方式改革所取得的积极成果，需进一步巩固。另一方面，与其他许多国家相比，我国的工业土地、工业物业价格还非常低廉，与住宅、商业地产还有很大的差距，我国的工业用地市场必将长期处于一个发展完善的阶段。因此，要进一步规范工业用地交易市场，使工业用地的价值在市场交易中不断得到显化和提升。

(5) 进一步完善宏观调控政策，加大政策实施保障力度。2007年我国大中型城市的住宅商品房销售价格整体呈现较快上涨势头，致使住宅租价比整体呈现下降趋势。政府目前的宏观调控手段未能有效抑制房价的高涨，房价存在非理性因素，房地产市场出现了泡沫迹象，因此政府有必要对现有的宏观调控思路、措施进行一定的反思、深化和调整，以有效扭转目前房价的快速上涨局面，消除泡沫隐患，加快土地供应向房屋供应的转化速度，切实保证房地产市场供应结构的合理性，缓解供不应求造成房价上涨速度过快的压力，使得房地产市场回到健康理性的发展轨道。